Peter Kammerer
Ekkehart Krippendorff
Wolf-Dieter Narr

Franz von Assisi –
Zeitgenosse für
eine andere Politik

Patmos

Information der Deutschen Nationalbibliothek
Die Deutsche Nationalbibliothek verzeichnet diese Publikation in der
Deutschen Nationalbibliografie; detaillierte bibliografische Daten sind
im Internet über http://dnb.d-nb.de abrufbar.

© 2008 Patmos Verlag GmbH & Co. KG, Düsseldorf
Alle Rechte vorbehalten
Printed in Germany
ISBN 978-3-491-72520-1
www.patmos.de

Inhalt

I. Annäherungen

nic
selb
ihr
de

ge
be
te
p

1. Warum Franziskus?

In Zeiten großer Umbrüche und Krisen, die notwendigerwe
Verunsicherungen sind, wie wir es im 20. und soeben begonne
hundert beobachten, stellt sich die Frage nach der Orientieru
gebenden Menschen« (Karl Jaspers) anders als in Zeiten von C
und fortschrittssicheren Zukunftserwartungen: Sie wird erns
wird existenziell und bleibt nicht beliebig. Jaspers' Erkenntnisin
Sokrates, Buddha, Konfuzius und Jesus hat in diesem Krisenbe
und Orientierungsbedürfnis seine Wurzeln. Die Verweigerung d
kennung des Außergewöhnlichen, des die Norm und die Normalitä
genden ganz Anderen, des radikal Neuen, eines an die Wurzeln geh
gelebten Widerspruchs zur Welt, so wie sie ist und doch nicht sein
ist mehr als Resignation oder Angst vor großen Herausforderunge
negiert das »Prinzip Hoffnung«, ein anthropologisches Grundbedürf

Hier liegen der potentielle Gewinn, die vom Individuum über die
sellschaft bis ins Politische reichenden Chancen, die sich aus Anerkennt
und Rückbesinnung auf historisch beglaubigte Größe ergeben: »Inde
wir uns unserer Kleinheit bewusst werden, aber durch die Großen zugleic
den Anspruch erfahren, erweitern wir die Grenzen unseres möglicher
Menschseins. Größe ist da, wo wir in Ehrfurcht und Hellsicht spüren, wodurch wir selber besser werden. Von den großen Menschen geht die Kraft
aus, die uns wachsen lässt durch unsere eigene Freiheit; sie erfüllen uns mit
der Welt des Unsichtbaren, deren erscheinende Gestalten durch sie entdeckt, deren Sprache durch sie hörbar wird. Wen ich groß sehe, offenbart
mir, was ich bin …« Karl Jaspers erinnert daran – zeitgeistwidrig und
fremd für das postmoderne Bewusstsein –, dass Größe in Menschen verehrt worden sei, »so weit geschichtliche Erinnerung reicht«, was beileibe

zu verwechseln ist mit »Menschenvergötterung« oder mit der Hybris ernannter Führer: »Die wahrhaft großen Menschen haben jederzeit Verhältnis zu anderen Menschen auf derselben gemeinsamen Ebene bloßen Menschseins stattfinden lassen.«

Zu den »maßgebenden Menschen« hat Jaspers Franz von Assisi nicht gezählt. Verständlicherweise. Dieser Große hat keine historische Wende bewirkt, sein Zeugnis, seine Botschaften sind nicht gehört, seine Einsichten und Erkenntnisse auch nicht annähernd in ihrer richtungweisenden Radikalität als Orientierungsmaßstäbe erkannt worden. Die spirituelle Perspektive, die er der Krisenepoche des 12. und 13. Jahrhunderts eröffnete, wurde nicht verfolgt – im Gegenteil. Die Geschichte und Nach-Geschichte des Franz von Assisi ist eine Geschichte systematischer Verdrängung, Verleugnung, Unterdrückung, Zensur und Verfälschung der revolutionären Sprengkraft seines Lebenszeugnisses. Die Heiligsprechung und der Großkirchenbau in Assisi sind die sichtbaren Monumente von der schon zu Lebzeiten einsetzenden Entschärfung und Verkehrung seiner Botschaft. Und doch spricht er, wenn wir zu hören und zu lesen verstehen, noch durch die Verfälschungen hindurch zu uns, lässt sich seine Stimme vernehmen und aus den Legenden das Mosaik seiner Wahrheiten zu einem einigermaßen kohärenten Bild zusammensetzen. Aber es ist, um noch einmal Jaspers über die »maßgebenden Menschen« zu zitieren, auch zugleich ein Schweigen: »Sie schweigen nicht, aber ihre tiefste Wahrheit kann nur indirekt mitteilbar werden, auch für sie selber. Daher sprechen sie in Gleichnissen, werden in Augenblicken stumm, verweigern ausdrücklich die Antwort auf solche Fragen, die sie für ungemäß halten.« Die Gleichnisse aber sind es, die ihren Wahrheitsgehalt nur dem preisgeben, der sie sich mit Empathie aneignet – darum entging ihre Botschaft zumeist dem argwöhnischen Blick der Kirchenherren und hat sie für uns in der Form von Legenden und frommen Geschichten gerettet.

Franz von Assisi ragt einsam aus seiner Zeit, obgleich er Teil einer großen Bewegung war, die nach dem Jahr Tausend die abendländische Welt aufgewühlt und ihre Entwicklung in Frage gestellt hat. Keine seiner Forderungen war neu, nicht die der evangelischen Armut, nicht die der entschiedenen Nachfolge Christi, nicht die der Brüderlichkeit mit allem Geschaffenen. Trotzdem »künden die Zeitgenossen vom Eindruck seiner beispiellosen novitas, sind Chronikberichte, Legenden und geistliches

Schrifttum das ganze Jahrhundert über erfüllt vom unerhört Neuen, das in Gestalt und Wirken des Heiligen vor Augen stand« (Krüger, 9). Franziskus verbreitet kein neues Wissen, sondern eine Lebenspraxis, die eine besondere, eine extreme Möglichkeit des Menschseins aufzeigt und erkundet. Sie wurde von den Zeitgenossen als Vorstufe eines »neuen Menschen« empfunden. Für Franziskus gilt, was Nietzsche im »Antichrist« an Jesus bewundert, wenn er vom »ergreifenden Reiz einer Mischung von Sublimem, Krankem und Kindlichem«, spricht und gegen Begriffe wie Held oder Genie einwendet: »Mit der Strenge des Physiologen gesprochen, wäre hier ein ganz anderes Wort eher noch am Platz, das Wort Idiot« (Antichrist, § 29). Franz gehört wie Jesus und wie Fürst Myschkin zu jenen Antipoden, die als Narren, Idioten und kriminalisierte Außenseiter ein rettendes Gegengewicht bilden zu einer Welt, die aus den Fugen geraten ist, in ihrer Eindimensionalität aber jede Fähigkeit zur Erneuerung erstickt. Das ganz Andere scheint auf als Erlösung. Meist nur für einen kurzen Augenblick, denn die Bewegung, die sich um wenige, vom Geist ergriffene junge Männer und Frauen kristallisiert, verändert ihre Natur und modelliert sich schließlich das Bild des Gründers nach ihren Bedürfnissen. Franz siegt und scheitert wie Jesus. Doch aus der Erinnerung ihres Auftretens lässt sich das Widersprüchliche und Widerständige nie tilgen. Der Welt bleibt die Vorstellung von einer Offenbarung durch die Verrücktheit der Geringsten und Letzten, der Gedemütigten und Beleidigten, der Immigranten, Asylanten und Schiffbrüchigen, des alten und neuen Aussatzes derer, die nicht zur Gemeinschaft der Reichen (und ihrer Länder) gehören.

Heute wissen wir, dass unsere Art des Wirtschaftens die Lebensquellen der Erde zu erschöpfen und zu vernichten droht; dass die modernen Formen des Reichtums Massenelend erzeugen und die Verwirklichung von Menschenrechten vereiteln, die seit der Aufklärung als greifbare Ziele vor unseren Augen stehen; dass es keinen Frieden geben wird, solange der Begriff selbst oberflächlich gefasst wird und nicht die Wurzeln des Unfriedens freilegt: die systematische, wissenschaftlich betriebene Herauslösung des Menschen aus dem Zusammenhang der Schöpfung.

Der Blick zurück auf der Suche nach den Ursprüngen der Krise der modernen Welt trifft auf Franziskus als eine Figur, die im 13. Jahrhundert, im Frühlicht des bürgerlichen Zeitalters, Wahrheiten und Aporien gezeigt hat, die uns heute, am Ende dieser Epoche, immer noch beschäftigen. In seinem von einem außerordentlichen Leben beglaubigten Zeugnis und der davon ausgehenden Botschaft lassen sich – das ist unsere Arbeitshypothese – uneingelöste, in der Vergangenheit aufgehobene Möglichkeiten einer anderen Geschichte erkennen. Franziskus hat für sich und seine »Minderbrüder« eine Lebensform (»Regel«) gesucht und gefunden, die die Verhältnisse zwischen den Menschen in Liebe und durch sie revolutioniert. Er hat den Versuch einer Versöhnung des Menschen mit der Natur unternommen, indem er geschwisterliche Beziehungen zwischen allen Elementen der Schöpfung lebte. Er hat die herrschende Vernunft in naiver Radikalität als »Narr Gottes« hinterfragt. Dass die Erfahrung des Franziskus und seiner Brüder religiös, dass die Triebkraft ihres Handelns keine politische war, ist nicht zu verwundern. Immer erscheinen die tiefsten Wünsche und Sehnsüchte der Menschen zuerst in religiöser Gestalt. Der Schatz der religiösen Vorstellungen enthält Erinnerungen an Glücksvorstellungen, die nicht nur Einzelnen, sondern auch Gemeinschaften Wege zeigen. Diese Träume neu und wirklich zu besitzen, ist das Versprechen, das die Moderne nicht eingelöst hat und auch nicht einlösen kann. Insofern rüttelt, wie Luther sagt, das Wort Gottes immer (noch) an allen weltlichen Ordnungen. Ohne Franziskus »politisieren« zu wollen, fragen wir, ob und wie sich an seiner religiösen Revolution heutiges Handeln orientieren kann. Franziskus hat, um den Beginn seines neuen Lebens anzuzeigen, in seinem Testament geschrieben »*exivi de saeculo*«, er sei »aus der Geschichte ausgestiegen«. Seine Weltabsage ist keine Flucht, sondern bedeutet ein anderes, ein brüderliches »In-der-Welt-sein«. Als Alternative zu den Konflikten zwischen Kaiser und Papst, Rittern und Bürgern, Stadt und Land, Wissenschaft und Theologie hat er eine eigene, radikal andere »Lebensform« entwickelt. Gegen den großartigen Sprung in die moderne Welt predigt er die noch kühnere Rückkehr zu einer evangelischen Armut und Entblößung. In ihrem Namen verweigert er sich der Wissenschaft und den Büchern, verbietet er sich und seinen Brüdern nicht nur den Besitz, sondern auch jede körperliche Berührung mit Geld. Franz von Assisi ist ein Revolutionär – oder, je nach Blickwinkel ein Reaktionär, auf jeden Fall einer, der sich gegen jene Moderne subversiv verhält, die sich im damaligen Italien am europäischen Horizont abzuzeichnen begann.

2. Biographischer und sozialgeschichtlicher Rahmen

Der Nachwelt wurde ein Franziskus überliefert, aus dem gerade jene Elemente verschwunden oder undeutlich geworden sind, die uns heute brennend interessieren: Die praktische Kritik der modernen Welt, noch bevor diese sich voll entfaltet hatte. Dieser »andere« Franziskus wurde von Theologen und Kunsthistorikern, und erst nach ihnen von den Historikern des 19. Jahrhunderts wieder entdeckt. Funde unterdrückter, vergessener oder verloren geglaubter Quellen lieferten ein reiches Material. Bis heute werden diese Wieder-Entdeckungen als »franziskanische Frage« diskutiert.

Eine auf diesem Material fußende Biographie des Franziskus liest sich zusammengefasst folgendermaßen:

1. Ein 1181 oder 1182 in Assisi geborener, reicher, sensibler Kaufmannssohn will Ritter werden und sucht mit all seinem Ehrgeiz den sozialen Aufstieg. Krankheiten und Visionen vereiteln diese Absicht, bis der junge Mann Gottes Plan zu erkennen glaubt und sich zum Abstieg in die Heiligkeit entschließt.

2. Der Bekehrungsprozess der Jahre 1205–1208 besteht in einer Umkehrung der Werte. An seinem Ende steht ein Hinausgehen aus der Welt und ein neues Dasein in der Welt. Diese Umkehr wird eine kurze Zeit isoliert und individuell praktiziert, dann aber in einer Gemeinschaft von Brüdern, die ihre Erfahrung teilen und mitteilen. Unter den verschiedenen Stationen der Umkehr sind entscheidend die Begegnung mit dem Aussätzigen (1205/1206) und das Erkennen einer Sendung: die evangelische Armut zu predigen (Porziuncula, 1208).

3. Um Franziskus bildet sich in den Jahren 1208–1221 eine rasch wachsende Gemeinschaft von Männern (und um Klara, parallel dazu und streng getrennt, von Frauen), deren Bindung auf den Worten des Evangeliums beruht und nicht auf den damals üblichen Ordensregeln und Hierarchien.

4. Franziskus versteht unter »Regel« eine Lebensweise nach Grund-Sätzen des Evangeliums. Papst Innozenz III. billigt mündlich die ihm von Franz überreichte kleine Zusammenstellung solcher Sätze und erteilt der Gruppe von Brüdern die Erlaubnis, zu predigen (1210). Die Brüder dürfen nur Bußpredigten halten, also keine Exegese oder theologischen Betrachtungen anstellen. Das genügt ihren Intentionen. Franziskus versteht unter Buße eine grundlegende Sinnesänderung der Menschen.

Der absolute Gehorsam, den er dem Papst gelobt, entspricht seiner Demut und Selbstverachtung. Er schützt die Brüder auch vor der Verfolgung als Häretiker.

5. Die ersten Brüder predigen und arbeiten vor allem auf dem Land. Sie sind Nomaden ohne festen Wohnsitz und betteln nur im Notfall. Sie leben ohne Unterscheidung in Laien und Kleriker wie »die Lilien auf dem Felde« und treffen sich regelmäßig bei der kleinen Kirche von Porziuncula.

6. Im Sommer 1219 ist Franz bei den Kreuzfahrern im Heiligen Land. Im Frühjahr 1220 kehrt er auf Grund alarmierender Nachrichten zurück. Denn die Bruderschaft war zahlenmäßig rasch angewachsen und auf dem Weg, ein Orden mit den entsprechenden Organisationsproblemen und Konflikten zu werden. Franziskus hatte nicht die Absicht gehabt, einen solchen Orden zu gründen.

7. Im Herbst 1220 erklärt Franz bei der Vollversammlung der Brüder am Feste des Hl. Michael aus Gesundheitsgründen seinen Rücktritt von der Leitung der Bruderschaft (»so als wäre ich tot«). Er akzeptiert die organisatorisch notwendig gewordene, schriftliche Fixierung einer Regel und kämpft um ihre Formulierung. Um das Verhältnis zur Amtskirche direkten Konflikten zu entziehen, stimmt er zu, Kardinal Ugolino als Protektor des Ordens bei der Kurie einzusetzen. Auf Grund seines Rücktritts kann Franz weiterhin mit den Brüdern verkehren, ohne Macht auszuüben, »ohne zum Büttel zu werden«, wie er sagt.

8. Die von ihm 1221 vorgelegte Regel wird vom Papst nicht akzeptiert (*Regula non bullata*). Erst nach langen Diskussionen und Veränderungen des Textes wird eine Regel durch den Papst anerkannt (1223, *Regula bullata*).

9. Franz feiert das Weihnachtsfest 1223 in Greccio, inmitten der Natur, »unter Beteiligung der gesamten Schöpfung«. Bethlehem ist überall.

10. In der Einsamkeit des Berges La Verna empfängt er im Herbst 1224 die Stigmata. Diese Wundmale sind Ausdruck seiner tiefen Krise, was immer sie auch sind und wie sie zustande gekommen sein mögen. Es gibt verschiedene Lesarten des Berges La Verna und dessen, was dort geschah: La Verna kann gelesen werden als Berg Tabor (Verklärung), als Berg Golgotha (Martyrium) oder als Gethsemane (Scheitern im Einverständnis mit Gottes Willen).

11. Der kranke Franziskus singt 1225 seinen »Sonnengesang« als Gast von Klara in San Damiano.

12. Franz verfasst ein erstes Testament in Siena (1225) und ein zweites, sehr viel deutlicheres kurz vor seinem Tod. Er stirbt am 3. Oktober 1226 in Porziuncula.

Ein genaueres Verständnis dieses Menschen ist nicht möglich ohne den sozialgeschichtlichen Hintergrund zu berücksichtigen, aus dem sein Leben für unsere Augen überraschend hervortritt: Eine zunächst langsame, dann an Dynamik gewinnende und sich beschleunigende Entwicklung hatte Europa um das Jahr 1000 aus den Wirren von Völkerwanderung, Invasionen und Hungersnöten herausgeführt. »Wenn hinfort Brandschwaden am Horizont der Wälder aufsteigen, sind es Zeichen der Rodung und nicht mehr die der Plünderung« (Duby, 1992, 14). Im Norden entstehen Zentralgewalten und ermöglichen Kunstwerke wie in Chartres, in Reims oder Bamberg, die im Italien jener Zeit nicht ihresgleichen haben. Im Süden werden urbane Traditionen wiederbelebt. Das alte Netz der Städte knüpft sich neu und wird zum regionalen Träger einer Entwicklung, die breitere Schichten ergreift, als dies nördlich der Alpen zunächst möglich war. Die Städte Mittel- und Norditaliens bringen ihr römisches und byzantinisches Erbe, sowie die in der Begegnung mit dem Islam erworbenen Kenntnisse ein. Ihr Kampf um Autonomie gegenüber Kaiser und Papst und der Zuwachs an städtischen Freiheiten stimulieren vor allem soziale Bewegungen und tragen zur Entwicklung des modernen Individuums bei. Die umbrische Stadt Assisi liegt nicht im Zentrum dieser Entwicklung. Aber all diese Strömungen durchziehen sie. Sie erhebt sich gegen die kaiserliche, die staufische Garnison. Sie kämpft im Innern um eine neue politische und soziale Stellung der *Minores* (Bürger). Durch die Vertreibung adliger Geschlechter (*Maiores*) gerät sie in Konflikt mit der Nachbarstadt Perugia. Sie spürt bürgerlichen Aufstiegswillen (Franz selbst ist dafür ein Beispiel), aber auch die nicht zu umgehende Nähe der päpstlichen Macht.

Die Zeit von 1190 bis 1250 wird zu einem »Zeitalter der Vernunft« (Duby), das 13. Jahrhundert zu einem Jahrhundert der Schulen und Bücher, einer neuen Kunst des Lesens, der Wiederentdeckung des Aristoteles, aber auch eines unruhigen, mündig werdenden Laienvolks. Dieses will, ketzerisch oder nicht, gestärkt und kritisch geworden durch den sich beschleunigenden Geldumlauf der ersten, frisch geprägten Dukaten, Fiorini und Goldscudi, seinen Platz in der Kirche neu definieren. Die Klöster werden als die entscheidenden Zentren christlicher Kultur abgelöst von den städtischen Kathedralen, den neuen Demonstrationen theologischer Beweisführung – einer »in Licht gewebten Geometrie«. Die Universität von Paris entwickelt sich »zu einer Riesenmaschine der geradlinigen Vernunft« (Duby, 1992, 249). Demgegenüber ist Umbrien, mit seinem Netz von kleinen Städten, seinen hohen Bergrücken und tiefen Tälern eine Region, wo diese »Maschine« auf Widerstand stößt: Auf den einer »verrückten«, evangelischen Frömmigkeit.

Der Kaufmannssohn aus Assisi war keine Einzelerscheinung. Es gab in ganz Europa schon seit über hundert Jahren eine große Armen- und Reformbewegung. Es gab Männer wie Arnold von Brescia (geboren um 1100, verbrannt in Rom 1155) oder Peter Valdes (Kaufmann in Lyon, geb. um 1140, gest. nach 1206, Wanderprediger der Armut, zeitweise exkommuniziert, nach dem sich bis heute die in Italien lebenden Protestanten, die Waldenser, nennen). Was Franz vor diesen und anderen Männern auszeichnete, war vor allem die spirituelle Kraft, die von ihm ausging, ein Charisma, das bald in immer größere Kreise wirkte, Brüder, Jünger und Anhänger anzog, die in ihm ein Vorbild für ein neues, dem materiellen Reichtum der frühbürgerlichen Schicht entsagendes Leben sahen, aus der die meisten von ihnen stammten. Innerhalb kurzer Zeit nach seiner Bekehrung sammelten sich Hunderte, schließlich Tausende um ihn. Im Unterschied zu seinen weniger berühmten Vorgängern und Zeitgenossen gelang es Franz und seinen Brüdern, dem Bannstrahl der Kirche gegen die Häretiker zu entgehen und zu einer Bewegung innerhalb der Kirche zu werden.

Um welchen Preis? Welche Kompromisse musste Franziskus schließen, welche Spannungen entstanden unter den Brüdern, wie haben die großen Institutionen, die Kirche und der Orden, das Bild des Heiliggesprochenen und seine Überlieferung beeinflusst und gestaltet? Es gehört zur Dynamik zwischen charismatischen Figuren und ihren Anhängern, dass die Radikalität des verkündeten Neuen und die praktischen Konsequenzen für eine hier und heute zu ändernde Lebensweise nach kurzer Zeit den meisten als zu viel, zu unheimlich, zu extrem und unrealistisch erscheinen. Subjektiv so gut wie objektiv werden daher die Erinnerungen an das Ereignis, an die Erfahrung der Begegnung verzerrt, verbogen, auf ein Normalmaß zurechtgestutzt. Sie werden mehr oder weniger bewusst verfälscht. Ebenso unausbleiblich ist, dass sich Institutionen und Interessen der neuen Botschaft annehmen. Die Institutionalisierung zieht den Revolutionen ihren Reißzahn. Aber sie ist es auch, die schließlich die Bewahrung und Überlieferung garantiert. Das führt zur paradoxen Situation: Indem ein Werk integriert bzw. »verraten« wird, lebt es weiter. Den Einen erlaubt dieses Weiterleben die Suche nach der ursprünglichen Intention, den Andern gibt es jene Distanz, die es gestattet, mit dem großen Anspruch des Vorbilds zu leben. Der General des Franziskanerordens, Bonaventura (1221–1274), als bedeutender Kirchenlehrer in die Kirchengeschichte eingegangen, hat in seiner 1260–1263 entstandenen offiziellen Lebensbeschreibung des Franziskus eher beiläufig dafür folgende Formel geprägt: »Alle sagten offen, dass man eine Demut wie diese wohl bewundern, nicht aber nachahmen könne« (Bonaventura, VI, 2). Die Aufforderung zur Nachfolge wird gelockert und den Verhältnissen angepasst. Die Nachahmung der Umkehr wird durch Bewunderung ersetzt und ihrer Substanz beraubt. Bereits 1230, vier Jahre nach Franz' Tod, hat Papst Gregor IX. mit der Bulle »*Quo elongati*« dessen Testament, das dieser, wohl in Voraussicht kommender Verwässerungen kurz und prägnant abgefasst hatte, für unverbindlich erklärt und als privates Schriftstück hingestellt.

3. Bauten, Texte, Bilder: Welcher Franziskus?

Grabkirche und Papstkirche
Bald nach dem Tod des Franz von Assisi (3. Oktober 1226) stirbt Papst Honorius III. (März 1227). Sein Nachfolger wird Kardinal Ugolino von Ostia, ein Freund von Franziskus und auf dessen Vorschlag seit 1220 päpstlicher Protektor des Ordens. Der neue Papst, der sich Gregor IX. nennt, hatte den steilen Aufstieg des Ordens in den letzten zehn Jahren miterlebt und schon früh die Weichen gestellt, Orden und kirchliche Macht eng zu verbinden. Er sieht in den Franziskanern eine großartige Stütze im Kampf der Kirche gegen die Häretiker und in der Auseinandersetzung mit dem Stauferkaiser Friedrich II. Sofort initiiert er die Heiligsprechung, den Bau der Grabeskirche und die Abfassung einer exemplarischen Vita des Verstorbenen. Mit diesen drei Maßnahmen verfolgt er das Ziel, einen Franziskuskult ins Leben zu rufen. Er hat damit eine neue Art

der Heiligenverehrung geschaffen. Für den evangelischen Theologen Sabatier, engagierter Pionier der Franziskusforschung im 19. Jahrhundert, gleicht diese Instrumentalisierung einem Verrat an Franziskus. Er schreibt von Gregor IX.: »Man sieht ihn ohne Unterlass damit beschäftigt, Franziskus und Klara Beweise seiner Freundschaft und Bewunderung zu schenken ... und dennoch hatte das franziskanische Ideal keinen schlimmeren Gegner als ihn« (zit. bei Feld, 1994, 322). Helmut Feld übernimmt dieses Urteil. Er nennt Gregor IX. den »Totengräber« des Franziskus und seines geistigen Vermächtnisses. Aber es ist nicht der Papst allein. Eine ebenso wichtige Rolle bei der Umfunktionierung des Ordens spielt Bruder Elias, auch er persönlich eng mit Franziskus verbunden, Generalminister des Ordens von 1224–1227 und noch einmal von 1232 bis 1239[1]. Er ist der »Entdecker« und Propagator der Stigmata (Frugoni, 1997, 137 ff., Bösch). Er wird zum energischen Betreiber des Kirchenbaus in Assisi. Später stellt sich Elias auf die Seite von Friedrich II. und wird exkommuniziert. Wie weit er die Konzeption des Kirchenbaus in Assisi bestimmt hat, ist bis heute umstritten. Was uns hier interessiert, ist die Feststellung von Feld: »Der Bau selbst und die näheren Umstände seiner Errichtung stehen in diametralem Gegensatz zu den Auffassungen und Intentionen des Franziskus« (Feld, 1994, 353). Auftraggeber des Baus und Eigentümer des Geländes war der Papst (Belting, 21 f.). Zwar wurde das Armutsgebot formal eingehalten. Doch der aufwendige Klosterbau und die Pracht der Doppelkirche, die zur Hauptkirche des Ordens erklärt wurde (an Stelle der Kapelle von Porziuncula), führen vor Augen, dass hier ein neues Machtzentrum entstanden war. Die Skrupellosigkeit, mit der die Ordensleitung Geld für den Bau der Kirche und des Klosters eintreibt, die Privilegien und Ablässe, mit denen das Unternehmen gefördert und finanziert wird und das sich um den Betrieb des toten Franziskus entfaltende Klosterleben entsetzen manche Brüder, die Franziskus noch gekannt haben. Überliefert ist von Ägidius die Bemerkung: »Brüder, ich sage Euch, jetzt fehlen Euch nur noch die Frauen«.[2]

Jeder Besucher von San Francesco in Assisi muss sich in zwei verschiedenen kirchlichen Räumen zurechtfinden, die aber zusammengehören

---

1 S. die Beiträge von Ulrich Köpf (zu Gregor IX.) und Giulia Barone (zu Elias) in Bauer, 2005.
2 Zit. bei Feld, 1994, 370; Ägidius (ca. 1180–1262) gehört zu den Brüdern der ersten Stunde, vgl. Bösch, 162 f.

und ein Ganzes bilden. Die niedrige, dunkle Unterkirche ist Grabeskirche und Wallfahrtsort, sie trägt lokale, umbrische Züge. Die hohe, helle Oberkirche ist Papstkirche, steht also architektonisch in der Tradition der geistlichen Herrscherkapellen. Hier feiern Papst und Orden ihr Bündnis und ihren Ruhm in einer modernen, stark französisch beeinflussten Sprache (die Universität von Paris wird in dieser Zeit zum geistigen Mittelpunkt der Franziskaner). Entscheidend für den Charakter der Räume ist kein zeitlich bedingter Unterschied des Stils (1230 war die Unterkirche soweit fertig, dass der Leichnam des Heiligen überführt werden konnte, 1236 stand der Rohbau der Oberkirche), sondern der Unterschied ihrer Funktion.

Die Baugeschichte ist bis heute kontrovers und nur lückenhaft dokumentiert, sodass sich die verschiedenen Phasen der geistigen Entwicklung des Ordens in den hundert Jahren nach dem Tod des Franziskus nur grob am riesigen Corpus der beiden Kirchen und des Klosters ablesen lassen. Das gilt für die Architektur, aber auch für das Bildprogramm, mit dem die Unter- und die Oberkirche ausgestattet werden. Es enthält nicht nur eine Summe des theologisch-philosophischen Denkens der Scholastik, sondern eine Darstellung des Franziskus als »zweiter Christus« im großen, heilsgeschichtlichen Zusammenhang der Menschheitsgeschichte. Diese »Summa« wird in einem komplexen Prozess und lebhaften Auseinandersetzungen Schritt für Schritt konstruiert. Wir sehen heute das Ergebnis, wissen aber nur wenig darüber, in welchem Verhältnis die Teilprogramme zueinander stehen, wann und warum sie modifiziert, wie und von wem Entscheidungen gefällt wurden (die Rolle des Papstes, der Ordensleitung, der sich bekämpfenden Strömungen, der ausführenden Künstler).[3] Offen bleibt schließlich die Frage, wie stark die meist durch Privilegien und Ablassversprechen gelösten Finanzierungsprobleme bzw. die Explosion der Besucherzahlen und die sich geradezu epidemisch verbreitenden Formen volkstümlicher Frömmigkeit, Bautätigkeit und Bildprogramme des neuen Kultes beeinflusst haben.

Das Franziskusleben: Ein Text – eine Wahrheit?

Der große, im Wesentlichen Giotto (1266–1336) zugeschriebene Freskenzyklus der Oberkirche hat auf das Bild, das wir uns von Franziskus

---

3 Dazu von grundsätzlicher Bedeutung Hans Belting (1977); wertvolle neuere Hinweise liefern die Arbeiten von Elvio Lunghi, 2006 und Bruno Zanardi, 2002.

machen, wohl den bedeutendsten Einfluss ausgeübt. Er beruht auf dem Text der *Legenda Maior* des Bonaventura (Bonaventura, 1962). Unter den 28 Darstellungen läuft ein heute kaum mehr sichtbares Schriftband, das die entsprechenden Stellen zitiert bzw. verkürzt wiedergibt. Bild und Text sind eng verbunden. Um die Entscheidung für diesen Text zu verstehen, muss kurz auf die Geschichte der Franziskusbiographien im 13. Jahrhundert eingegangen werden.

Den ersten offiziellen Auftrag zu einer Biographie bekam Thomas von Celano (etwa 1190–etwa 1260) wohlgemerkt nicht vom Orden, sondern von Papst Gregor IX. kurz nach dem Tod des Franziskus. Sie sollte zur Heiligsprechung im Jahre 1228 vorliegen. Thomas gehörte zu den Brüdern, die noch von Franz selbst in den Orden aufgenommen worden waren. Er wirkte längere Zeit in Deutschland und galt als ein äußerst gelehrter und in den Ordensgeschäften erfahrener Mann. Sein Buch trägt einen offiziellen Charakter, doch wahrscheinlich genoss der Autor eine gewisse Unabhängigkeit. Im Übrigen war die Erinnerung an Franziskus in vielen Brüdern noch lebendig. Später, im Jahre 1244, bat das Generalkapitel der Franziskaner alle noch lebenden Brüder und Weggefährten des Franziskus, ihre Berichte, Erzählungen und Erinnerungen dem Orden zur Verfügung zu stellen. Auf der Grundlage dieses Materials schrieb Thomas von Celano eine zweite Biographie (1246/1247) und wenige Jahre später ein drittes Werk (1252/1253), speziell über jene Wundertaten des Heiligen, die in den ersten beiden Büchern kaum eine Rolle gespielt hatten. Obgleich es also einen offiziellen Biographen gab, gab es ständige Auseinandersetzungen und heftige Flügelkämpfe um die eigentliche Lehre des Franziskus, d. h. um die »evangelische Lebensform«. Um den Streit zu beenden, beauftragte der Orden schließlich den Generalminister Bonaventura 1260, eine allgemein verbindliche Biographie zu verfassen. Es wurde ein theologisch-hagiographisches Meisterwerk und 1263 vom Generalkapitel in Narbonne genehmigt. Die Konsequenzen dieses Erfolgs waren jedoch verheerend. Drei Jahre später wurde auf dem Generalkapitel in Paris beschlossen, alle anderen Biographien zu vernichten. Alle Berichte, die bislang über Franz geschrieben worden waren, mussten »im Gehorsam« vernichtet werden. Wo sie sich erreichen ließen, sollten die Brüder sie zu beseitigen trachten. Diese Büchervernichtung und Umschreibung der Geschichte im kirchlichen Herrschaftsinteresse war das, was man modern ein Memorizid nennen muss. Es handelt sich nicht um Zensur, sondern um die systematische

Zerstörung von Erinnerung und Gedächtnis. Bonaventuras Biographie sollte durch keinerlei Quellen oder andere Darstellungen je wieder in Frage gestellt werden können (es ist verständlich, dass die franziskanischen Historiker diese Büchervernichtung herunterspielen; wie traumatisch sie gewesen sein muss, kann ermessen, wer sich an moderne Parallelen erinnert, etwa an Stalins »Kurzen Lehrgang zur Geschichte der KPdSU«, der für Jahrzehnte und mehrere Generationen von Kommunisten das einzige und unanfechtbare Schulungsbuch zur Partei- und Revolutionsgeschichte der Sowjetunion gewesen ist). Das ursprüngliche Wissen von Franziskus, sofern es nicht in die autorisierte Biographie eingegangen ist, lebte weiter in mündlich wuchernden Erzählungen und Berichten über die verschiedensten Geschehnisse, Taten und Aussprüche des Heiligen. Sie wurden im 14. Jahrhundert in den »*Fioretti*«, einer Blütenlese, gesammelt. Was aber kirchengeschichtlich und theologisch zählte, ist die kanonische Darstellung des Bonaventura. Sie erfuhr ihre bildliche Umsetzung im Giotto-Zyklus. Damit standen Leben und Lehre des Franz von Assisi für die kommenden Jahrhunderte in den beiden alles beherrschenden Medien, in Wort und Bild, unter der Kontrolle des Ordens bzw. der Kirche. Der »andere« Franziskus hat nie seinen Giotto gefunden.[4] Er und lässt sich nur aus fragmentarischen Erinnerungen und Zeugnissen erschließen.

Die Folgen der Entscheidung Bonaventura/Giotto, die auf höchstem theologischen und künstlerischen Niveau gefällt worden war, kann der heutige Besucher wohl am besten in der Porziuncula-Kirche nachvollziehen: Die kleine, verfallene Landkirche im Wald, von Franz selbst in mühsamer Handarbeit wieder aufgebaut, steht jetzt museal aufgehoben, überdacht von dem kalten, prunkvollen Kirchenbau Santa Maria degli Angeli aus dem 17. Jahrhundert (an dem auch im 19. und 20. Jahrhundert gebaut wurde), im Zentrum eines touristischen Massenbetriebs. Franziskus war dieser Ort durch die Anwesenheit von Engeln und guten Geistern heilig. Nie sollten die Brüder ihn aufgeben, nie sich abschneiden lassen von den Kräften, die er birgt. Aber schon sehr früh wurde seine spirituelle Kraft in ein einträgliches Ablassgeschäft umgemünzt. In einem Dokument notariell beglaubigter Zeugenaussagen wird 1277, also 50 Jahre nach dem Tod des Franziskus, behauptet, dieser selbst habe den Papst gebeten, dem

---

4 Der »andere« Franziskus ist seit seiner Wiederentdeckung Ende des 19. Jahrhunderts vor allem in der Dichtung (von Rilke bis Celan und Pasolini) und in der Musik (Olivier Messiaen) gegenwärtig.

Besucher von Porziuncula jenen vollständigen Ablass zu gewähren, der bislang nur durch eine Pilgerfahrt ins Heilige Land gewonnen werden konnte (Holl, 222). Es entspricht der Auffassung des Franziskus, dass heilige Orte überall zu finden sind und es zur Seligkeit keines Kreuzzugs bedarf. Ein aktiv betriebener kirchlicher Ablasshandel, der dreihundert Jahre später den heiligen Zorn des Reformators Luther auf sich zog, hat aber mit dem franziskanischen Geist »heiliger Orte« nichts gemein. Auch hier wird der tote Franziskus in ein System eingespannt und umfunktioniert, das seine ursprünglichen Intentionen vergessen macht – eine der vielen Folgen des gelungenen Memorizids.

Die »franziskanische Frage«

Nach der Büchervernichtung von 1266 wird 1786 in einem französischen Kloster die erste Biographie des Thomas von Celano (Celano I) wiederentdeckt. 1806 findet man Celano II und 1899 Celano III. Auf Grund dieser und anderer Funde kommt es zu einer Renaissance und Revision des Franziskusbildes durch Henry Thode (1885) und folgenreicher durch das Werk des protestantischen Theologen und Historikers Paul Sabatier (1894). Was man als »franziskanische Frage«, bezeichnet, ist die von Paul Sabatier erstmals systematisch aufgeworfene Frage nach den Quellen. Dieses Problem wird seitdem mit großer philologischer Akribie diskutiert (1898 wird das *Speculum perfectionis*, eine Sammlung von Episoden aus dem Leben des Heiligen erstmals ediert; im Jahre 1922 folgt die erste Veröffentlichung der *Legenda Perusina*), auch wenn es bis heute keine kritische Ausgabe sämtlicher Franziskusquellen gibt. Sabatier hat auf Grund seines Quellenstudiums die Reformideen des Franz von Assisi in einer neuen Perspektive gesehen. Seiner provozierenden These nach hat Franziskus Luther an Radikalität übertroffen. Nicht zuletzt deswegen sei er auch gründlicher gescheitert. Dieses Scheitern wird bis heute in den offiziellen Darstellungen übermalt, in den Stigmata spiritualisiert, durch Wundertaten und fromme Legenden verdeckt. Was als die erfolgreiche Reform des Franziskus gilt und worauf sich die Tätigkeit des Ordens konzentriert hat: Erneuerung und kontrollierte Entfaltung der Volksfrömmigkeit; Predigt in der Volkssprache; Erneuerung der Gebetsinhalte und Gebetsformen; Neugestaltung von Prozessionen, Wallfahrten und anderen Ritualen, hat die von Franziskus intendierte Auffassung einer »evangelischen Erneuerung« vergessen lassen.

Die ursprüngliche Idee des Franziskus (und ihre praktizierten Ansätze) war in den heftigen Auseinandersetzungen zerrieben worden, die in der rasch gewachsenen Brüdergemeinschaft um Geld, Armut, klösterliche Organisation und andere Grundsatzfragen noch zu Lebzeiten des Franziskus ausgebrochen waren. Sabatier thematisiert die Machtlosigkeit des Franziskus gegenüber der Transformation seiner ursprünglichen Gemeinschaft »Minderer Brüder« in die traditionelle Organisationsform eines Ordens. Er, der der Ärmste der Armen sein wollte, wurde zum Vater eines mächtigen Apparats und zum Inspirator einer großen Kunst erklärt, die ihn, wie zum Trost, mit einem Kosewort als den *Poverello*, den kleinen Armen, der Geschichte überliefert hat.

Die drei dynamischen Faktoren, die mit ihrer Wucht den Orden und sein Selbstverständnis in wenigen Jahren veränderten, waren vom Papst selbst und der Ordensleitung in Bewegung gesetzt und »von oben« kontrolliert worden: Das riesige Bauvorhaben von Doppelkirche und Kloster, die rasche Heiligsprechung (im gleichen Tempo erfolgte die Kanonisierung anderer franziskanischer Leitfiguren: Antonius von Padua 1232, nicht einmal 1 Jahr nach seinem Tod, Elisabeth von Thüringen 1235, vier Jahre nach ihrem Tod, und Klara 1255, zwei Jahre nach ihrem Tod) und die Fixierung einer offiziellen Biographie bzw. Lesart des Franziskuslebens. Was hatte die innerfranziskanische Opposition, deren radikale Vertreter zum Teil als Häretiker verurteilt und verfolgt wurden, der massiven Propaganda und der entfesselten religiösen Massenbegeisterung entgegenzusetzen? Welche Fehler, welche Kurzschlüsse führten zur Ausgrenzung derer, die sich der alten Bruderschaft erinnerten? Wo und in welcher Form haben sie Zeichen hinterlassen? Kann man aus ihnen auf einen »anderen Franziskus« schließen? Welche Rolle spielen die von Franziskus selbst hinterlassenen Texte?

Über die Authentizität der wenigen Schriften des Franziskus ist sich die Forschung weitgehend einig. Von seiner eigenen Hand sind nur zwei kurze Texte überliefert. Aus anderen Handschriften, die manchmal in verschiedenen Versionen vorliegen, kennen wir seinen später so genannten Sonnengesang und das Testament; dazu die verschiedenen Regeln, Entwürfe der Lebensform, Gebete, Ermahnungen, einige wenige Briefe, Sendschreiben an die Gläubigen, an alle Geistlichen, an die Regierenden der Völker, an die Oberen des Ordens, an den gesamten Orden. Diese Schriften stammen fast ausnahmslos aus den letzten Lebensjahren. Es scheint, als ob

Franz am Ende seines Lebens die Wichtigkeit erkannt hätte, die eigene Stimme gegen die Strömung der Zeit zu bewahren. Denn Franz hat seine Lebensform vor allem durch das eigene Beispiel verkündet. Er sprach in Gleichnissen und Zeichen. Er konnte auch verstummen. Seine Mitteilung war immer an konkrete Situationen gebunden, war Teilung von Erfahrung. Die zahlreichen Exempla und Parabeln, die die Quintessenz seiner Lehre festhalten, haben zwar die mündliche Überlieferung beflügelt, aber auch deren Integration in die geschriebene Lehre erleichtert. Aus den Legenden und Übermalungen können wir manchmal noch den Grundton seiner Wahrheiten erahnen und versuchen, die Bruchstücke zu einem einigermaßen kohärenten Bild zusammenzusetzen.

4. Das »Franziskusleben« in der Oberkirche von Assisi[5]

Zur »franziskanischen Frage« im weitesten Sinn gehören alle materiellen Zeugnisse, die die Entwicklung des Franziskusbildes dokumentieren. In der Oberkirche von Assisi geschah es zum ersten Mal, dass dem Leben eines Heiligen systematisch die Wände eines ganzen Kirchenschiffs im Kontext einer der größten mittelalterlichen Kultstätten gewidmet wurden, sodass man vom Entstehen eines neuen Bildtypus sprechen kann (Belting). Die Giotto zugeschriebenen Fresken vermitteln durch die Darstellung des Franziskuslebens nicht nur einen neuen Blick auf Gott, sondern auch einen neuen Blick auf die Welt. Der Kunsthistoriker Henry Thode, der als einer der Pioniere der Franziskus-Forschung am Ende des 19. Jahrhunderts diesen Zusammenhang emphatisch betont hat, sieht in Franziskus »die vorbereitende und treibende Kraft der modernen Kultur«, den Höhepunkt einer »Bewegung der Humanität«, den Prediger, der den aufstrebenden, unteren Schichten des Volkes ein neues, individuelles Verhältnis zu Gott und der Welt bewusst macht, Vorbedingung »einer persönlichen Freiheit, einer geistlichen Poesie, einer neuen Kunst« (Thode, XXVIII f.). Giotto wird der Maler dieser »subjektiven harmonischen Gefühlsauffassung der Natur und der Religion«. Er hat im Geiste des Franziskus versucht, den Körper des Menschen und die Natur genau zu beobachten und darzu-

---

5 Für ihr Interesse und die anregenden Gespräche über Assisi seien bedankt: Luisa Briganti, Rita Cassano, Chiara Frugoni, Jelena Jamaikina, Elvio Lunghi, Wolfgang Storch und Bruno Zanardi.

stellen. Damit hat er einer neuen Malerei zum Durchbruch verholfen. Thodes Begeisterung gipfelt in der Behauptung,»dass, wer Franz wirklich verstehen will, eine innige Kenntnis der Fresken in Assisi haben muss«.

Der großartige Zyklus und der hymnische Überschwang des Kunst- und Kulturhistorikers verschweigen aber die für unser Interesse entscheidenden Dimensionen des Wirkens von Franziskus. Die narrative Struktur der Lebensgeschichte folgt zwei großen Thesen: In Franziskus sind die Propheten des Alten Testaments neu erstanden, sein Wirken macht ihn zum Eckpfeiler der Kirche (Fresken der Nordseite); seine Heiligkeit ist etwas bisher noch nie Dagewesenes und besteht in der Verwirklichung eines absolut christusförmigen Lebens, dessen Siegel die Stigmata sind (Fresken der Südseite). Beide Thesen entsprechen dem Bild, das sich Orden und Papst gegen Ende des 13. Jahrhunderts von Franziskus machten und das sie verbreiten wollten.

Es war eine ungeheure künstlerische Aufgabe, diese Thesen zu verbildlichen und eine neue, durch das franziskanische Wirken ermöglichte Auffassung von der Natur und den Menschen zu zeigen. Dabei mag zunächst unerheblich scheinen, wer dieser Künstler war, ob Giotto oder Nicht-Giotto, wie seit über hundert Jahren mit wechselnden Ergebnissen diskutiert wird. Aber für ein ikonographisches Verständnis der Fresken sind Fragen nach der Datierung, dem Auftraggeber, dem Bildprogramm, der Ausführung, über die wir in Assisi viel zu wenig wissen, doch von Bedeutung. Nach der Arbeit von Belting finden wir Hinweise in den neuesten Arbeiten von Bruno Zanardi, die andere Fragestellungen verfolgen, aber zu allgemein relevanten Ergebnissen kommen. Zanardi hat mit den Kenntnissen und dem Rüstzeug eines Restaurators die materielle Beschaffenheit der Fresken untersucht und die Arbeitsweise mittelalterlicher Werkstätten rekonstruiert. Seinen Ergebnissen nach waren die Fresken 1295 vollendet, standen also noch unter dem Einfluss des Pontifikats von Nikolaus IV. (1288–1292), des ersten Franziskaners auf dem Heiligen Stuhl. Zu dieser Zeit war die Unterkirche wegen umfangreicher Erweiterungsarbeiten eine Baustelle. Die großen Arbeiten Giottos in der Unterkirche, die zu seinen bedeutendsten Werken gehören und seinen Namen mit Assisi verbinden, stammen aus den späteren Jahren 1305–1311. Die Präsenz des Giotto in der Oberkirche ist nicht gesichert. Nach Zanardis Untersuchungen wurden die Fresken der Oberkirche von drei Werkstätten ausgeführt, von denen jede verschiedene Maler beschäftigte. Die Technik der Freskomalerei erfordert, dass der frische Verputz aus feinem Sand und altem Kalk bemalt wird, bevor er trocknet. Es darf also nie mehr aufgelegt werden, als der Maler an einem Tag zu vollenden vermag. Dieses »Tagwerk« wird von oben nach unten bemalt. Seine Größe und Position hängen von verschiedenen Faktoren ab. Die Übertragung der Entwürfe auf die Wand wird mit Hilfe von Kartons, Farbskizzen und besonderen Verfahren: Sinopie, Schablonen, Patronpapyre[6] usw. bewerkstelligt. Es können auch mehrere Hände am gleichen Tagwerk arbeiten: Spezialisten für Gesichter, für Faltenwürfe, Ornamente. Sie müssen ihrerseits die quantitativ und qualitativ benötigten Farben rechtzeitig zur Verfügung haben. Bei Zeitdruck können mehrere Tagwerke gleichzeitig gemalt werden, wenn man die Gerüste und den Arbeitseinsatz richtig organisiert.

In Assisi muss eine mit der Ordensleitung und dem Papst genau abgesprochene Gesamtkonzeption des »Franziskuslebens« vorgelegen haben. Das ergibt sich aus den Erfordernissen und Schwierigkeiten der Arbeitsorganisation, die nur mit Hilfe detaillierter Vorbereitungszeichnungen gelöst werden konnten, aber auch aus der politischen und theologischen Brisanz des Themas. Die künstlerisch-technische Leitung des Unternehmens war also zunächst für die Verhandlungen mit dem Auftraggeber und die Anfertigung von Entwürfen verantwortlich. Sie organisierte dann die Verteilung der Arbeit, der Tagwerke und Gerüste. Schließlich kontrollierte sie bei der Ausführung die Einhaltung bestimmter Standards, d. h. sie »normalisierte« die individuellen Temperamente der Gehilfen. Da die Meister und Werkstätten sich nach ihren Vorgehensweisen deutlich unterscheiden, konnte Zanardi für die Arbeiten am Franziskuszyklus drei Werkstätten ermitteln und die Präsenz einer Werkstatt Giotto ausschließen.

Die Arbeiten wurden in großer Eile vorangetrieben. Das ergibt sich nicht nur aus der Verteilung der Tagwerke, sondern auch aus den besonders zahlreichen Korrekturen bzw. Hinzufügungen »a secco«, auf bereits getrocknetem Malgrund. Solche Stellen sind deutlich am aufgetretenen Bleiweiß und an ihrem schlechten Zustand erkennbar. Zum Abkratzen des alten und Auflegen eines neuen Kalkbewurfs hatte es anscheinend an Zeit oder an Geld gefehlt. Es muss Unterbrechungen der Arbeiten gegeben

---

6 Zanardi hat den Gebrauch eines besonderen Modells, des patrono (durchsichtige Pergamentmodelle) verfolgt (in Zanardi, 2002, 62 ff.) und zitiert dazu auch das »Illuminierbuch« des Valentin Boltz von 1549, der von »Patronenpapyr« spricht.

haben. Eine wichtige Zäsur wird auch dem ungeübten Auge auffallen: Die große Zahl an Figuren und der größere Reichtum an architektonischen Details auf den Fresken der Südwand. Die Ausmalung der Südwand kostete nach den Berechnungen Zanardis 323, die der Nordwand hingegen nur 188 Tagwerke.[7] Ob diese Zäsur, die auch von einem Wechsel der Werkstatt begleitet war, einer Änderung der Konzeption zuzuschreiben ist, wissen wir nicht. Die Grundidee dürfte von Anfang an die gleiche geblieben sein: Eine Gegenüberstellung der Propheten des Alten Testaments mit Franziskus als ihrer modernen Verkörperung (Eckpfeiler der Kirche) und des Neuen Testaments mit Franziskus als einer vollkommenen Nachahmung des Lebens Jesu (Christusförmigkeit).

Franz als Eckpfeiler der Kirche (Nordseite)

Die gotische Oberkirche von Assisi ist auf Grund des besonderen Geländes untypisch von Osten nach Westen gerichtet. Im Osten verweist eine wunderbare Rosette auf den auferstandenen Christus, im Westen befindet sich der Chor, vom Langhaus ehemals durch einen Lettner getrennt, dessen Balkenstützen noch zu sehen sind. Hier und nicht am Eingang für die Gläubigen beginnt der Franziskus-Zyklus. Was in diesem Raum zählt, sind nicht die Pilger, sondern der Blick der Hausherren, des Papstes und der Mönche. Sie sind die eigentlichen Adressaten der Fresken. Die Bilder dienen in erster Linie einer Selbstverständigung des Ordens. Die besondere Faszination verdankt der Zyklus seiner doppelten Qualität einer naiv nachvollziehbaren, wunderbaren Erzählung und eines sorgfältig durchdachten theologischen Traktats. Die Geschichte entwickelt sich auf der Nordseite von Westen nach Osten unter den bereits gemalten Darstellungen des Alten Testaments und endet auf der Südseite, jetzt von Osten nach Westen zu lesen, unter den Bildern des Neuen Testaments. Sie nimmt also das ganze Langhaus ein und wird durch keine Seitenkappellen unterbrochen.

Unter dem Ersten der vier fast quadratischen Jochbögen beschreiben drei Bilder die Jugend des Franziskus vor der Bekehrung. Ein einfältiger Mann, von Gott selbst belehrt, legt dem jungen Franziskus als Huldigung seinen Mantel vor die Füße. Die Bürger wundern sich, Franziskus nimmt

---

7 Zanardi, 2002, 86; Die Tagwerke lassen sich auf Grund der Nahtstellen bzw. Überlappungen, die beim Auftragen des Malgrunds entstehen, ermitteln.

Giotto, Assisi, Oberkirche: *Die Huldigung des Tors*

die Ehre mit einer Geste der rechten Hand an. »Giotto«[8] behauptet die
Wahrheit dieser Szene durch den Realismus der Ortsbeschreibung. Das
Fresko zeigt eine der ersten Stadtveduten der italienischen Malerei mit
dem deutlich erkennbaren Tempel der Minerva in der Stadt Assisi. Franziskus tritt energisch ausschreitend von links in die Geschichte und beglei-

---

8 Die Werkstätten des Franziskuszyklus bezeichnen wir im Folgenden als »Giotto«. Bei der Bild-
   interpretation folgen wir im Wesentlichen Ruf und Frugoni.

tet so in den ersten Bildern den Gang des Betrachters. Wer bereits das Ende kennt, wird diese Szene mit der öffentlichen Ehrung in Verbindung bringen, die Jesus am Palmsonntag in Jerusalem erfuhr – kurz vor seiner Passion. Im zweiten Bild begegnet Franz vor der Stadt einem armen Ritter, dem er, nach dem Beispiel des Martin von Tours, seinen Mantel gibt, um eine »doppelte Liebespflicht zu erfüllen, das Schamgefuhl des vornehmen Mannes zu schonen und dem Mangel des Armen abzuhelfen«, schrieb der von Bonaventura fast wörtlich übernommene Celano II (Celano, 233). In der folgenden Nacht sieht Franziskus im Traum, wie Christus selbst ihm einen Palast voll prächtiger Waffen zeigt. Der Palast wird in einer doppelten Perspektive gesehen: Die ersten zwei Stockwerke lassen ein reiches Bürgerhaus erkennen, perspektivisch in der Aufsicht; die oberen Stockwerke sind unvergleichlich prächtiger, von unten nach oben gesehen. »Die Barmherzigkeit, die er aus Liebe zum höchsten König einem armen Ritter erwiesen hatte, wird mit unvergleichlichem Lohn vergolten werden«, schreibt Bonaventura. Es ist das Erste der Traumgesichte, die im Zyklus die großen Wenden markieren. Franz versteht die Vision aber noch nicht zu deuten. Erst in den Bildern des zweiten Jochs kommt es zur Bekehrung. Im verfallenen Kirchlein San Damiano hört er vom Kreuz dreimal die Stimme des Christus, die sagt: »Franziskus gehe hin und stelle mein Haus wieder her, das ganz zerfällt«. Um jedes Missverständnis zu vermeiden, fügt Bonaventura hinzu: »wobei er damit die römische Kirche meinte«. Nach dieser Vision erkennt Franz seinen Weg. Es kommt zum Bruch mit dem Vater. Die neue Rolle des Franziskus erscheint im Traumbild des Papstes. Ein »verächtlich aussehender Mann« in einer Kutte stützt die vom Einsturz bedrohte Lateranbasilika. Damit schließt der erste Teil des Zyklus mit einer bedeutungsschweren Aussage, die in dieser konzentrierten Form nie zuvor über Franz gewagt worden war: »Er ist Eckpfeiler der wankenden Kirche«.

Auf diesen beiden letzten Bildern – und nur hier –, ist »die Blickrichtung des Franziskus dem Zyklusverlauf entgegengesetzt dargestellt« (Ruf, 148). Damit wird der Gang der Erzählung für den wandelnden Bilderleser unterbrochen. Die Zäsur wird im Bild der »Lossagung vom Vater« zusätzlich betont durch einen Himmel, der sich bis auf die Erde senkt und als tiefblauer Riss nicht nur die Welt der Bürger und die der Kleriker, sondern auch den entkleideten Franziskus von seinem bisherigen Lebensweg scheidet. Bei Bonaventura heißt es: »Als er dem Vater alles zurückgab und die

Giotto, Assisi, Oberkirche: *Der Traum des Papstes Innozenz III.*

weder die eine, noch die andere erwähnt. Ursprünglich war der Traum des Papstes zuerst 1244 von den mit den Franziskanern konkurrierenden Dominikanern verbreitet und für den heiligen Dominikus in Anspruch genommen worden (Clasen in: Bonaventura, 182). Celano II nimmt 1247 die Geschichte des Traumbilds für Franziskus in Anspruch, Bonaventura nimmt sie auf und »Giotto« setzt sie an die prominente Stelle. Die beiden Kirchen, die Ruine San Damiano und die Laterankirche, werden, vom Bild der Lossagung unterbrochen, aufeinander bezogen und bilden eine Einheit. Die wohl auf Franziskus selbst zurückgehende Geschichte der Vision im Kirchlein San Damiano, die sich auf seine Erlebnisse in den vor der Stadt verfallenden Kirchen bezieht, wird durch den Traum des Papstes machtpolitisch umgedeutet. Der Traum des Papstes ebnet außerdem (bei Bonaventura/Giotto) Franziskus den historisch faktisch keineswegs leichten Weg einer Anerkennung in Rom.

Bevor wir zu dieser siebenten Szene weitergehen, noch ein kurzer Rückblick voller Bewunderung dafür, was »Giotto« mit »stofflicher« Freude am Schicksal des Tuchhändlersohns mit Hilfe eines Mantels erzählt: er wird ausgebreitet, verschenkt, bedeckt den Träumenden, wird dem Vater zurückgegeben, ein neuer Mantel bedeckt dann die Blöße des Heiligen. Ähnlich vielfältig spiegeln sich die Geschehnisse in der Architektur mit ihren Gegensätzen von Minervatempel, Stadt und Kloster, Traumpalast, Kirchenruine, weltlichem und bischöflichen Palast, wankendem Lateran.

Der Papst hat nach seinem Traum keine Schwierigkeit, Franziskus und seinen elf Gefährten (sie sind die neuen 12 Apostel) die »Regel« (Lebensweise) zu bestätigen und erteilt ihnen die Genehmigung, Buße zu predigen. Sie müssen aber zum Klerikerstand gehören, sich also eine Tonsur schneiden lassen. »Giotto« zeigt, wie der Papst Franziskus eine Schriftrolle überreicht. Da alle Quellen ausdrücklich von einer mündlichen Bestätigung sprechen, kann es sich nur um die Rückgabe des Entwurfs handeln, den Franz dem Papst vorgelegt hatte. Wer das nicht weiß, kann glauben, der Papst überreiche dem Heiligen die akzeptierte Regel, zumal es im Schriftband unter dem Fresko heißt: »Hier bestätigt der Papst die Regel und gab ihm den Auftrag, Buße zu predigen ...«. »Giotto« nimmt die Institutionalisierung vorweg. Er malt die kleine, eher buntscheckig zerlumpte Schar junger Büßer aus Assisi als eine Gruppe organisierter, eingekleideter Ordensmänner.

Die folgenden Bilder glorifizieren die frühe Ordensgeschichte und betonen die hervorragende Rolle des Franziskus. Im Tagtraum sehen die wachenden Brüder Franziskus in einem feurigen Wagen zum Himmel fahren. Bonaventura charakterisiert so die mystische Einheit der kleinen Gemeinschaft: »... in der Kraft dieses wunderbaren Lichtes lag eines jeden Gewissen für den anderen offen da. Weil ein jeder im Herzen des anderen lesen konnte, erkannten sie alle zusammen, der Herr habe ihnen den heiligen Vater, der zwar dem Leibe nach fern, seinem Geiste nach aber gegen-

wärtig war, unter diesem Bild verklärt und durch übernatürliche Kraft in
dem leuchtenden und glühenden Wagen von himmlischem Licht umstrahlt
und von himmlischer Glut entflammt gezeigt, damit sie ihm als wahre
Israeliten folgen sollten; hat doch Gott ihn als zweiten Elias den geistlichen
Männern zum Wagen und Lenker gegeben« (Bonaventura, IV, 4). Elias ist
einer der bedeutendsten Propheten des alten Israel. Er wandte sich gegen
den Götzendienst des Königs Ahab, wurde in seiner Einsiedelei von einem
Raben mit Brot versorgt, wirkte zahlreiche Wunder und wurde schließlich
auf einem feurigen Wagen in den Himmel entrückt. Viel in seiner Geschichte, auch sein Name, deutet auf den Sonnenkult hin. Selbst wenn der
Bezug Franziskus – Elias rein theologisch gemeint sein sollte, schwingt in
diesen Bildern immer mit, dass auch Franziskus eine Sonnengestalt ist, wie
Dante im »Paradies«, im XI. Gesang schreibt: »Dort sah man einer Sonne
Glanz entbrennen, gleich der am Ganges klar im hellsten Licht.« Die Brüder
werden in einem Haus aus Stein und mit Sandalen an den Füßen dargestellt,
nicht in der barfüßigen Armut der Reisighütten, auf die die erste Gemeinschaft so starken Wert gelegt hatte und die auch noch bei Bonaventura
beschrieben wird. An sie erinnert lediglich, dass einer der Brüder einen
Stein als Kopfkissen benutzt.

Die Elias-Vision wird noch gesteigert. Während Franziskus in einer Kirche betet, sieht sein Begleiter, von einem Engel geleitet, himmlische Throne,
»von denen einer alle anderen an Schönheit übertraf. Eine Stimme sprach
zu ihm: ›Dieser Thron gehörte einem gefallenen Engel und steht nun für
den demütigen Franziskus bereit‹«. Franz ist dazu bestimmt, in unmittelbarer Gottesnähe die Stelle eines gefallenen Engels einzunehmen (den durch
Luzifers Sturz provozierten Riss im Kosmos zu heilen?). Die Demutsgeste
des Heiligen bildet den Übergang zur letzten Gruppe von vier Bildern (im
letzten Joch wird der Dreierrhythmus der Erzählung aufgegeben), die
die Macht des Gebets und Franziskus als Friedensstifter zeigen. In der Stadt
Arezzo herrschen die bösen Geister. Was in der Frühzeit der italienischen Kommunen politische Auseinandersetzungen und frühbürgerliche
Kämpfe waren, wird als das Werk von Dämonen dargestellt. Im Stadtbild
sieht man Geschlechtertürme, aber keine Kirche und kein christliches Symbol. Im Gegensatz dazu erhebt sich links im Bild ein riesiger Kirchenbau.
Hier kniet Franziskus und betet. Von ihm geht eine Kraft aus, die über den
Arm des Bruders Silvester, eines Priesters, der die Austreibung vornehmen
darf, die Teufel aus der Stadt verjagt. »Sogleich kehrte wieder Friede in der

Stadt ein und mit großer Besonnenheit reformierten die Bürger ihre Verfassung. So wurden die unheilbringenden, hochmütigen Teufel verjagt, die jene Stadt wie bei einer Belagerung bedrängt hatten; dann kehrte die Weisheit des Armen, nämlich die Demut des hl. Franziskus, in ihr ein, schenkte den Frieden wieder und rettete die Stadt«, kommentiert Bonaventura (VI, 9). Dieser ersten folgt eine zweite Friedensmission. Franziskus steht vor dem Sultan und bietet den heidnischen Priestern eine Feuerprobe an, die diese ängstlich verweigern. Der Heilige und der Sultan, der eine demütig, der andere herrisch, deuten auf das lodernde Feuer. Das Bild folgt

Gitto, Assisi, Oberkirche: *Die Feuerprobe vor dem Sultan*

35

einer beliebten Erzähltradition, in der Heilige die heidnischen Priester mit deren eigenen Waffen schlagen und Magie mit Wundern übertrumpfen. Von dieser Feuerprobe ist erstmals bei Bonaventura die Rede, frühere Quellen erwähnen sie nicht. Unterschwellig mag bei dieser Erzählung die Erinnerung an das besondere Verhältnis mitschwingen, das Franz – ähnlich wie bestimmte Derwische auch – zu »Bruder Feuer« gehabt haben mag. Doch die hier gezeigte Haltung lässt nichts von dem Neuen ahnen, das seine Friedensbotschaft enthält.

Das Kapitel IX der *Legenda Maior* des Bonaventura, in dem die Sultansgeschichte erzählt wird, trägt den Titel: »Seine innige Liebe und seine Sehnsucht nach dem Martyrium«. Die göttliche Liebe, die in Franziskus wie glühende Kohle brannte, schreibt Bonaventura, trieb ihn an, zu predigen und das Martyrium zu suchen. Dieses wurde ihm nicht gewährt, da Gott ihn auf andere Weise auszeichnen wollte. »Da er mit aller Kraft den Tod suchte ... erlangte er aber das Verdienst des ersehnten Martyriums und blieb am Leben, um später einer außerordentlichen Auszeichnung gewürdigt zu werden.« Das göttliche Feuer »wurde später auch an seinem Leibe sichtbar« (Bonaventura, 338). Dieser Kommentar verweist bereits hier in der Sultansszene auf das andere Martyrium: Die Stigmata. Der Hinweis auf die besondere Qualität des Körpers des Heiligen wird im folgenden Bild der Ekstase weiter entwickelt. Franziskus schwebt mit kreuzförmig ausgebreiteten Armen über der Erde, »von einer hellen Wolke umgeben. Dabei legte der strahlende Glanz seines Leibes für die wundersame Erleuchtung seines Geistes Zeugnis ab.« (Bonaventura, X, 4). Vier Brüder verfolgen die Szene mit Erstaunen, ja Schrecken. Hinter ihnen steht ein prächtiges Stadttor, auf der anderen Seite des Bildes werden Bäume angedeutet. Franziskus zog sich mit Vorliebe zum Gebet in die Einsamkeit der Natur zurück. Aus einem Himmelssegment neigt sich Christus segnend zu Franziskus. Thema des Bildes ist das »machtvolle Beten«, das den Betenden verklärt (»der strahlende Glanz seines Leibes«) und die besondere Nähe Gottes spüren lässt. Das Gebet, verstanden als erwirkte Anwesenheit Gottes, vertreibt nicht nur die bösen Geister der Zwietracht, wie wir schon im Bild der Stadt Arezzo gesehen haben. Franziskus betet nicht für den Frieden, sein Gebet ist der Friede.

Im letzten Bild wird die von Bonaventura postulierte Gleichsetzung von Gottesnähe (Gebet) und Friede weiter verdeutlicht. Im Jahre 1223, vier Jahre nach der Begegnung mit dem Sultan, feiert Franziskus im kleinen

Giotto, Assisi, Oberkirche: *Das Weihnachtsfest von Greccio*

umbrischen Ort Greccio das Weihnachtsfest in der freien Natur, zusammen mit Menschen und Tieren. »Franziskus ließ eine Krippe bereiten, Heu herbeibringen und einen Ochsen und einen Esel dorthin führen. Er predigte von der Geburt des armen Königs und zwar mit solcher Kraft, dass ein Ritter sah, dass der Heilige wirklich das Jesuskind in seinen Händen hielt«, lautet die Bildunterschrift nach Bonaventura (X, 7). Der sieht im Wunder des lebendigen Kindes die Wiedererweckung des Glaubens in den stumpf gewordenen Herzen. Das ist der Augenblick, den »Giotto«

zeigt. In den normalerweise nur dem Klerus vorbehaltenen Chor strömen die Gläubigen, die Männer schon im Vordergrund, die Frauen noch unter dem Lettner in gebührender Entfernung. »Giotto« verlegt das Geschehnis von der freien Natur in den kirchlichen Raum, zelebriert am Altar von einem Vertreter der Amtskirche. Damit ist jedes mögliche Ärgernis, jede politische wie auch naturreligiöse Anspielung beseitigt. Schon Bonaventura hatte vorgebeugt, indem er schrieb: »Damit man ihm diese Feier nicht als Neuerung auslege, erbat er vom Papst die Erlaubnis dazu«. In den Biographien von Celano bis Bonaventura handelt es sich um ein »Bethlehemerlebnis«, also um eine Friedensbotschaft besonderer Art. Sie mit dem Aufenthalt des Franziskus in Palästina, also mit dem Bild des Heiligen vor dem Sultan zu verbinden, liegt nahe. Doch auf welche Weise? Wir wissen kaum etwas darüber, wie sich Franziskus gegenüber den Anderen, den Ungläubigen und den Ketzern, z. B. den Katharern, verhalten hat. Im »Giottozyklus« und in fast allen Berichten wird diese Kernfrage des Friedens ausgespart. Daher soll der Besuch des Franziskus im Heiligen Land etwas ausführlicher dargestellt werden.

Franziskus unter den Muslimen

Franziskus hat nach Bonaventura und anderen Quellen drei Versuche unternommen, ins »Land der Ungläubigen«, also zu den vom christlichen Europa bekriegten »Muslimen« zu gelangen. Berichtet wird von einer missglückten Seereise, die schon in Dalmatien endete (1212?) und von einer Landreise, die ihn bis Spanien, aber nicht zum Ziel nach Marokko führte (1214/1215?). Was ihn trieb, war die Sehnsucht nach den heiligen Stätten und der Drang, den Ungläubigen den Glauben zu predigen, womöglich die Palme des Martyriums zu erlangen. Es gibt keine Hinweise darauf, dass Franz diese, der damaligen Christenheit gemeinsamen Grundzüge nicht geteilt oder die Kreuzzüge kritisiert hätte. Und doch zeigen sich in seiner Haltung signifikante Unterschiede. Papst Innozenz III. hatte 1213 einen neuen Kreuzzug ausgerufen, der aber erst 1217 in Gang kam. Im Sommer 1218 begann die Belagerung der im Nildelta gelegenen Festung Damiette. Die Kreuzfahrer wollten auf diesem Umweg die Herausgabe von Jerusalem erzwingen, das seit 1187 verloren war. Im Mai 1217 hatte die Bruderschaft auf ihrem Generalkapitel in Porziuncula beschlossen, Brüder nach Tunesien (Ägidius), nach Syrien (Elias), nach Spanien, Deutschland und Ungarn zu schicken. Die Missionierung, die sich die ersten Brüder als

Kammerer – Krippendorff – Narr
Franz von Assisi

Aufgabe stellten, betraf also nicht bloß die heidnischen, sondern auch die christlichen Länder. Franz selbst wollte nach Frankreich, wo die Kirche einen Vernichtungsfeldzug gegen die Katharer führte, wurde aber vom Kardinal Ugolino von Ostia, dem späteren Gregor IX., von dieser Reise abgehalten. Zwei Jahre später, auf dem Pfingstkapitel von 1219, wurden weitere Missionen dieser Art beschlossen, meist mit wenig glücklichem Ausgang. In Frankreich und Deutschland wurden die Brüder als Ketzer behandelt, in Marokko erlitten im Januar 1220 fünf Brüder das Martyrium. Franz schiffte sich nach dem Pfingstkapitel von 1219 nach Syrien ein und traf in dem in christlicher Hand sich befindenden Hafen Akkon (nördlich von Haifa) den Bruder Elias. Von hier aus erreichte er wahrscheinlich im August die Kreuzfahrer, die die Festung Damiette belagerten. Was er hier sah, bewog ihn, dem Heer eine kurz darauf auch eingetretene Niederlage vorauszusagen und sich zusammen mit dem Bruder Illuminatus unbewaffnet ins Lager der Feinde zu begeben.

Die arabischen Soldaten, schreibt Bonaventura, eine berühmte und Franziskus teure Bibelstelle zitierend, stürzten sich auf die beiden »wie Wölfe auf Lämmer«, brachten sie aber schließlich zu ihrem Herrscher, Sultan Melek el-Kamil. Den Arabern waren Gestalten wie Franz aus der eigenen religiösen Kultur vertraut. Der Sultan konnte in Franz schon auf Grund seiner Kleidung und seines Benchmens einen tanzenden Derwisch oder einen der vielen Mystiker sehen, die in Rumi (1207–1273) ihren höchsten Ausdruck gefunden haben. Im feindlichen Lager soll Franz den Ungläubigen gepredigt haben – ohne Erfolg, wie es heißt –, sofern Bekehrung überhaupt seine Absicht gewesen ist und er nicht vielmehr den Dialog mit einem anerkanntermaßen gebildeten und aufgeklärten Regenten gesucht hat (es ist derselbe, mit dem sich 1228/29, also kaum zehn Jahre später, Kaiser Friedrich II., selbst im Status eines Exkommunizierten, auf dem 5. Kreuzzug vor Jerusalem traf und eine friedliche Konfliktlösung für die umkämpften Heiligen Stätten aushandelte). Die bedeutendsten muslimischen Theologen wurden zum Gespräch herangezogen, wie wir aus einer arabischen Quelle wissen. Leider sagt sie nichts über die Inhalte dieser Gespräche. Die Version Bonaventura/Giotto gipfelt in der Feuerprobe, die Franz den muslimischen Geistlichen als Beweis des wahren Glaubens angeboten habe. Die Legenden (*Speculum* und *Fioretti*) berichten, der Sultan habe Franziskus eine betörende Frau geschickt, deren Verführungsversuch vom Heiligen mit dem Vorschlag beantwortet wurde, »sich zusammen auf ein Bett glühender Kohlen zu legen«. Ferner wird erzählt, der Sultan sei, beeindruckt von dieser Glaubensstärke, insgeheim zum Christentum übergetreten, habe aber seine Konversion aus Angst vor seinem eigenen Volk nicht offiziell zugeben können. Jakob von Vitry, der sich damals bei den Kreuzfahrern befand, schreibt nüchterner, der Sultan habe Franziskus ehrenvoll und mit folgenden Worten verabschiedet: »Bete für mich, damit Gott mich für würdig hält, mir jenes Gesetz und jenen Glauben zu zeigen, der ihm am wohlgefälligsten ist«. Die Höflichkeit und Toleranz, die in diesen Worten mitschwingen, erinnern an Lessings »Ringparabel«, die auch am Hofe eines Sultans während einer Kreuzzugsbelagerung spielt. Eine solche aufklärerische Haltung ist für Franz nicht belegbar. Wahrscheinlich aber hat er mit dem Sultan und seinen Gelehrten darin übereingestimmt, dass das Kriterium echter Religion die Bewährung in der Praxis sei, das fromme Leben habe als Wahrheitsbeweis des Glaubens zu gelten. Das gäbe den Worten des Sultans und damit dem ganzen Gespräch einen Sinn. Unabhängig von dieser Spekulation verweisen aber Worte des Franziskus selbst, die für die Zeit unmittelbar nach seiner Rückkehr nach Italien verbürgt sind, in diese Richtung.

Im Kapitel 16 der *Regula non bullata* von 1221, d. h. der vom Papst nicht bestätigten Ordensregel, befiehlt Franziskus denen, die »zu den Sarazenen und anderen Ungläubigen gehen« an erster Stelle, keine Auseinandersetzungen zu beginnen, »allen Menschen untertan zu sein« (also auch den Heiden!) und sich als Christen zu bekennen. An zweiter Stelle wird die Missionspredigt genannt, aber erst, wenn die Brüder sehen, dass es Gott gefällt. Der echt franziskanischen Predigt durch die Tat, dem einfachen, beispielhaften Vollzug christlichen Lebens, wird der Vorzug vor der verbalen Verkündigung des Wortes gegeben. Diese Verhaltensregeln für den Aufenthalt der Brüder im Bereich der nichtchristlichen Religionen sind in der *Regula bullata*, d. h. der vom Papst schließlich bestätigten Ordensregel von 1223, bezeichnenderweise weggelassen worden. Eine andere Regel dieser Art richtet sich gegen eine christliche Propaganda, die jene verherrlicht, die die Heiden provozieren, um den Märtyrertod erleiden zu dürfen. Die fünf franziskanischen Märtyrer des Jahres 1220 hatten zum Beispiel, da ihre Predigt erfolglos geblieben war, schließlich den Propheten gelästert, bis sie, nach dem Versuch einer friedlichen Ausweisung, hingerichtet wurden. Der Widerhall dieses Martyriums war ungeheuer. Von Klara wird erzählt, sie sei darüber krank geworden und habe unbedingt nach Marokko gehen wollen. Franziskus scheint anders reagiert zu haben. Denn als diese Nachrichten und die sie verherrlichende Legende »dem seligen Franziskus überbracht worden waren, und er nun erfuhr, auch er sei darin lobend erwähnt, und als er noch gewahr wurde, dass Brüder sich mit deren Martyrium rühmten, da lehnte er es ab, die Legende zu lesen, weil er sich selbst ganz und gar verachtete und Lob und Ruhm verschmähte, und er verbot, sie zu lesen, wobei er sagte: Jeder erbaue sich an eigenen Leiden und nicht an der Glorie anderer« (Hardick, 44).

Diese Episode deutet darauf hin, dass Franziskus bemüht war, sich selbst, aber auch die Brüder, dem Druck der herrschenden Propaganda zu entziehen. Diese Propaganda wirkte in zwei Richtungen. Zum einen der Entflammung von Massenbegeisterung für die Eroberung des Heiligen Landes. Der Akzent lag auf Eroberung. Verträge, die den Christen den friedlichen Zugang hätten eröffnen können, wurden weitgehend ausgeschlossen. Angebote dieser Art wurden von den muslimischen Herrschern wiederholt gemacht, wurden von den Christen aber meist abgelehnt, wie Franz in Damiette selbst erlebt hat. Zum anderen war die Propaganda darauf angelegt, ein Feindbild zu kultivieren, das die Ungläubigen als Unmenschen und den Sultan als Bestie, als das »Tier« der Apokalypse zeichnete. Trotz zahlreicher positiver Berichte von christlichen Künstlern und Gelehrten über die arabische Welt, gehörte diese Propaganda zum christlichen Selbstverständnis, auch weil sie von Innozenz III. auf höchster Ebene (Konzil) geschürt wurde. Franziskus vermeidet jede direkte Kritik an dieser Haltung. Aber das nach seinem Aufenthalt im Orient geschriebene Kapitel 16 der *Regula non bullata* liest sich wie ein Kontrastprogramm zu den offiziellen päpstlichen Verlautbarungen (Hoeberichts, 28 ff.). Zu diesen gehörte auch das 1217 ausgesprochene Verbot, bei Strafe der Exkommunikation auf friedlichem Weg, unter Bezahlung eines Tributs, die heiligen Stätten zu besuchen. Wie Franz zu diesem Verbot stand, wissen wir nicht. Es gibt Vermutungen, er habe die heiligen Stätten besucht. Bei seiner Einschiffung zur Rückkehr befand er sich nur drei Tagesreisen von Jerusalem entfernt und konnte sich der Gastfreundschaft des Sultans sicher sein. Dass die biographischen Quellen zu dieser Frage schweigen, könnte als Indiz dafür gelten, dass Franz tatsächlich Bethlehem und Jerusalem besucht hat, was vertuscht werden sollte. Ebenso aber leuchtet die Vermutung ein, Franz hätte den Besuch von Bethlehem und Jerusalem schwerlich verschwiegen. Vielleicht kam er angesichts des Dilemmas

Bethlehem oder Papst zur Überzeugung, dass man nach Bethlehem auch ohne Kreuzzug gelangen könne. Denn Bethlehem ist überall.

Das wird seine frohe Botschaft bei der Weihnachtsfeier in Greccio sein, die er 1223, drei Jahre nach der Rückkehr aus dem heiligen Land und drei Jahre vor seinem Tod hält. Dargestellt wird das Ereignis als letztes Bild auf der Nordseite des Langhauses. Es ist das erste, das der durchs Hauptportal eintretende Besucher sieht. In der Inszenierung des Weihnachtsfestes in Greccio treffen sich drei Bedeutungen, von denen »Giotto« nur die erste dargestellt hat: Die Wiedererweckung des Glaubens durch die Macht des Gebets. Aber Greccio kann auch gesehen werden als die Demonstration eines »neuen Bethlehem«, hier in Italien, das geistlich ebenso wirklich ist wie das historische, den Christen nicht zugängliche Bethlehem in Palästina. Diese Botschaft steht in einer langen Tradition der Mission. Der Prämonstratenser Anselm von Havelberg hatte schon 1151 geschrieben: »In Havelberg, das mein Bethlehem und meine Krippe ist, harre ich Pauper Christi mit den übrigen Pauperes Christi aus« (Elm, 94). Die Botschaft kann aber auch als subversiv ausgelegt werden. »Mit dem Krippenspiel von Greccio erlischt das Bedürfnis, ins Gelobte Land zu reisen und es zu verteidigen« (Frugoni, 1997, 132). Es zeigt eine Alternative zum militärischen Kreuzzug. Schließlich – auch das wird von »Giotto« unterschlagen – verkündet Franziskus in Greccio, dass die Feier des Friedens die Natur und all ihre Geschöpfe umfasst, also den sakralen Raum einer Kirche sprengt.

Die vollkommene Nachfolge Christi (Ostwand und Südseite)

Eine Ahnung vom kosmischen Zusammenhang, in dem Franziskus wirkt und in dem jedes religiöse Fühlen zu Hause ist, bietet die Fassadenwand im Osten, auf die sich der Blick des Papstes und der Brüder vom Chor aus richtet. Er richtet sich zur aufgehenden Sonne der Rosette und auf zwei große Darstellungen: Die Himmelfahrt Christi und die Herabkunft des Heiligen Geistes. Beide Ereignisse verbinden die menschliche Natur und ihre Heimat, die Erde, mit dem Himmel und dem Weltall. Auf diesem privilegierten Platz finden wir zwei Bilder des Franziskus, die ihn in der Natur zeigen. Als einzige des ganzen Zyklus enthalten sie keine Hinweise auf Architektur und Gesellschaft. Das Quellwunder knüpft assoziativ an die Propheten an und lässt an Moses denken, der in der Wüste Wasser aus dem harten Stein schlägt, aber auch an das Neue Testament als Quelle der »Worte des Lebens«. Die Bildunterschrift lautet: »Da der hl. Franziskus

Giotto, Assisi, Oberkirche: *Das Quellwunder*

wegen seiner Schwäche auf einem Esel eines armen Mannes zu dem Berg (La Verna) aufstieg, war der Mann durch Durst erschöpft. Mit der Kraft des Gebets brachte Franziskus Wasser aus dem Felsen hervor, das man weder vorher noch nachher sah«. Berichtet wird die Episode bei Bonaventura im Kapitel VII, das die Überschrift trägt: »Seine Liebe zur Armut und Gottes wunderbare Hilfe in der Not«. Man sieht, wie gierig der Bauer trinkt, wie inständig Franziskus betet und wie sich die beiden Brüder anschauen, als hätten sie von ihrem Heiligen nichts anderes erwartet. Celano (I, 89) hatte geschrieben: »Als neuer Evangelist goss er in jüngster Zeit, wie einer von den Paradiesesströmen, in frommer Benetzung die Wasser des Evangeliums auf dem ganzen Erdkreis aus.«. Im Grunde sagt auch das zweite Bild dieser Fassade nichts anderes. Die »Vogelpredigt«, der volkstümlichste Akt des Heiligen, richtet sich an alle Geschöpfe, so wie Jesus es vor seiner Himmelfahrt den Jüngern geboten hat (Markus 16,15). Die Übereinstimmung mit der Schöpfung, die in den beiden Bildern dieser Fassade zum Ausdruck kommt, erinnert an den Zustand vor dem Sündenfall, dem Franziskus durch die Kraft seiner Liebe nahe gekommen ist (Ruf, 184). Franziskus erscheint als »neuer Adam«. Indem sein Leben in den folgenden Bildern als »christusförmig« gezeigt wird, schließt seine Figur die gesamte Vergangenheit und Zukunft der Menschheitsgeschichte ein. Diesen großen Bogen, von Sonnenaufgang zu ihrem Niedergang im Westen, vollenden nun die Fresken der Südseite unter den Bildern des Neuen Testaments. Sie kulminieren derart, dass sich der Kreuzestod Christi und der Tod des heiligen Franz im Gleichklang übereinander befinden.

Das erste Bild der Reihe zeigt Franziskus, der einem Edlen aus dem Ort Celano (Abruzzen) als Dank für gewährte Gastfreundschaft zu einem guten Tod verhilft. Der Heilige tritt in die Häuser und erkennt mit prophetischem Blick den Zustand des »Lebens« in ihnen. »Auf die Prophezeiung des Heiligen hin hat sich jener fromme Mann auf seinen unerwarteten Tod vorbereitet« (Bonaventura XI, 4). Es folgt die Predigt vor Papst Honorius III., bei der sich Franz von einem vorgefertigten Text löst und mit seinen, von Gott eingegebenen Worten, vor dem Papst und den Kardinälen »so einfältig und voller Macht predigte, dass es ihnen klar wurde, dass er nicht durch gelehrte Worte menschlicher Weisheit, sondern von göttlichem Geist erfüllt, redete« (Bonaventura XII, 7). Wir werden auf diese Szene in anderem Zusammenhang zurückkommen. Erstaunlich ist, dass bei diesen Bildern, wo es um die Franziskus innewohnende Macht der Verkündigung

Giotto, Assisi, Oberkirche: *Die Vogelpredigt*

geht, nie der Volksprediger gezeigt wird. Der Adressat des franziskanischen Wortes, das arme Volk, verschwindet. Was bleibt, sind die Vögel des Himmels, die Reichen und die kirchlichen Würdenträger. Wir sehen hingegen, wie der heilige Antonius predigt, der nach Franziskus populärste Heilige des Ordens. Im Gegensatz zu Franz ist er ein Priester und großer Gelehrter, dessen Erlaubnis zu predigen und die Schrift auszulegen, kein Problem darstellt. Während Antonius 1224 in Arles zu den Mitbrüdern über das Kreuz spricht, hat einer der Brüder eine Vision des Franziskus »mit ausgebreiteten Armen. Alle Brüder fühlten sich mit außergewöhnlicher Tröstung erfüllt« (Bonaventura IV, 10). Franziskus erscheint unter »seinen« Jüngern und beglaubigt die Predigt des Antonius, »besonders jene über das Kreuz Christi, dessen Träger Franziskus war«. Kurz darauf, im Herbst 1224, empfängt Franziskus auf dem Berg La Verna die Stigmata. Sie sind die Zeichen, die das Einswerden mit Christus besiegeln. Der kniende Franziskus blickt auf einen von seraphischen Flügeln getragenen Christus in Kreuzesform, von dessen Wunden Strahlen ausgehen, die Franziskus treffen. Auch dieses Ereignis wird im Kontext des gesamten Bildprogramms verankert. Die Blickrichtung, die starke Diagonale Franziskus-Seraph, mündet oben in den Bildern des Neuen Testaments, im Haupt des am Kreuz sterbenden Christus. Franziskus gleicht, wie Bonaventura schreibt, »im Leben dem lebenden, im Sterben dem sterbenden und im Tod dem toten Christus als vollkommenes Ebenbild« (Bonaventura XIV, 4).

Franziskus ist in der Kirchengeschichte der erste, dessen Stigmata kirchlich anerkannt wurden. Nicht ohne großen Widerstand: Wer behauptete, die Wundmale Christi zu tragen, beging nach der bis dahin herrschenden Auffassung ein vermessenes Sakrileg und wurde als Häretiker behandelt. Bemerkenswert ist, dass Franz seine Wundmale nie gezeigt, sondern immer verschwiegen hat. Sie wurden erst bei seinem Tod 1226 bekannt. Dieser Tod nun ist, wie der Tod Christi, so wichtig, dass er und die Heiligsprechung die folgenden sechs Bilder einnehmen. Der Heilige liegt auf einem Brett, die Stigmata deutlich sichtbar, beweint von den Brüdern. Auf einer zweiten Ebene darüber erfolgt die Einsegnung mit allen Zeichen des feierlichen Ritus. Am Himmel erscheint die von sechs Engeln getragene Seele des Franziskus, erblickt von einem Bruder, der am Kopfende des Toten kniet und sich staunend mit der Hand in den Bart fährt. Nicht die Art, wie Franziskus vom Tod, der *sorella morte*, bei der Hand

Giotto, Assisi, Oberkirche: *Der Empfang der Stigmata*

genommen werden wollte, und zwar nackt auf der bloßen Erde liegend, ist das Thema. »Giotto« verherrlicht erneut den Zugriff der Kirche auf diesen Tod, ihre zwischen Himmel und Erde vermittelnde Funktion. Es ist ein großer Tod, der wie ein Erdbeben in weiter Ferne zu spüren ist: Im anschließenden Bild ruft der in Neapel weilende Bruder Augustinus, der zum Himmel fahrenden Seele des Franziskus zu: »Warte auf mich, Vater, denn ich gehe mit dir«. Der Bischof von Assisi, der sich zu dieser Stunde in Apu-

Giotto, Assisi, Oberkirche: *Der Tod*

lien, auf dem Berg Gargano befand, hört im Traum Franziskus sagen: »Ich verlasse die Welt und gehe zum Himmel« (Bonaventura XIV, 6). Wie beim Tode Christi geschehen Zeichen und Wunder und wie der ungläubige Thomas legt ein vornehmer Ritter seine Hände in die Wundmale des in Porziuncula prächtig aufgebahrten Toten.

Im Bild des toten Franziskus stehen rechts im Vordergrund Soldaten mit Schild. Die Angst, eine so wertvolle Reliquie könnte mit Gewalt ent-

Giotto, Assisi, Oberkirche: *Das Begräbnis*

führt werden, gehörte zu den realistischen Befürchtungen jener Zeit. Im
Jahre 1162 hatte der Erzbischof von Köln bei der Zerstörung Mailands
durch Barbarossa die Gebeine der Heiligen Drei Könige geraubt und damit
den Ruhm des Kölner Doms begründet. Reliquien waren das kostbarste
Handels- oder Raubgut jener Zeit. Der Rivalin Perugia wäre ein Hand-
streich durchaus zuzutrauen, um sich in den Besitz des Toten zu setzen, ver-
sichern zeitgenössische Quellen. Doch nichts dergleichen geschah.

Das folgende Bild zeigt, wie »die Volksmenge mit Olivenzweigen und Kerzenlichtern den mit himmlischen Edelsteinen gezierten, heiligen Körper zur Stadt Assisi trug. Damit die hl. Klara und die anderen frommen Jungfrauen ihn sehen konnten, hielt man dort an« (Bonaventura XV, 5). Es ist ein stürmischer und zärtlicher Abschied der Frauen, die im Zyklus erst nach dem Tod des Heiligen in Erscheinung treten dürfen. Die arme Fassade von San Damiano wird als prächtig dargestellt, angespielt wird auf den Einzug des Toten durch die festliche Menge in ein himmlisches Jerusalem.

Zur Heiligsprechung 1228 kam »der Papst persönlich nach Assisi und trug ihn in das Verzeichnis der Heiligen ein«. Der Text zum stark zerstörten Fresko (Bonaventura XV, 7) konstatiert die Tatsache. Das Bild zeigt, wie schon die Vorigen, große Menschenmengen, die sich um einen Altar scharen und nach oben, auf eine Kanzel (?) schauen. Bemerkenswert sind die Frauen im Vordergrund und die Kinder. Unter den zahlreichen Wundern, die zur Begründung der Heiligsprechung aufgezählt wurden, fehlte erstaunlicherweise das der Stigmata, auf das die Ordensführung größten Wert gelegt hatte. Sie wurden nicht einmal erwähnt. Der Papst selbst hatte nämlich seine Zweifel – und das folgende Bild zeigt, wie ihm Franziskus im Traum erscheint, ihm tadelnd die Seitenwunde zeigt und sagt: »Gib mir eine leere Phiole«, um das aus der Wunde rinnende Blut aufzufangen. Offensichtlich hatte der Papst – aus welchen Gründen wissen wir nicht und können es nur vermuten (kirchentaktische oder echte Bekehrung?) – sehr bald seine Zweifel aufgegeben und trat nun mit solchem Eifer für die Stigmata ein, dass als Häresie galt, sie zu leugnen. Wie brisant das Thema war, geht daraus hervor, dass zwischen 1237 und 1291 zu dieser Frage neun päpstliche Bullen erlassen wurden (Zanardi, 1996, 332). Auf Grund der verbreiteten, von den konkurrierenden Dominikanern geschürten, aber auch von strengen Franziskanern geteilten Skepsis, fehlen auf den meisten frühen Darstellungen des Franziskus die Stigmata. Bonaventura berichtet von einem Fall, wo die vom Maler weggelassenen Stigmata durch ein Wunder auf dem Bild von selbst sichtbar wurden. Mit dem Traum des Papstes beginnt das Kapitel der Wunder, die nach dem Tod des Franziskus nicht nur seine Heiligkeit bestätigen, sondern gleichfalls die Macht seines Wirkens im Himmel zeigen. Damit lenken sie den Kult, der in der Bevölkerung um sich greift und vom Orden und dem Papst organisiert wird, in »sichere« Bahnen. Die Textquelle dieser Fresken ist Bonaventuras Werk

»*De Miraculis*« (Von den Wundern). Die Auswahl der Wunder, die in den letzten drei Bildern gezeigt werden, muss die in Kategorien eingeteilten Hauptwunder eines ordentlichen Heiligen enthalten, aber auch den eben erwähnten organisatorischen Bedürfnissen entsprechen.

Von Engeln begleitet tritt Franziskus in der rechten Bildhälfte an das Lager des todkranken Johannes von Ilerda, verbindet den Verletzten, während ein Engel ein Salbgefäß in Händen hält. Bonaventura schreibt die heilende Kraft des Franziskus seinen durch die Stigmata geheiligten Händen zu. Auf der linken Bildhälfte unterhalten sich zwei Frauen mit dem Arzt, der den Kranken aufgegeben hat. Im folgenden Bild wird eine Frau wieder zum Leben erweckt, »um eine Sünde, die sie noch nicht gebeichtet hatte, zu bekennen«. Man sieht den fürbittenden Franziskus oben links im Bild, ein Engel fliegt durch den Raum, der die Dämonen verjagt und die Seele in Empfang nehmen wird. Das Zentrum, zwischen den zwei Personengruppen der Angehörigen und der Priester, ist dem Franziskaner gewidmet, der die Beichte abnimmt. Ein Lob der Ohrenbeichte also und damit ein Beitrag zu der sich im 13. Jahrhundert entwickelnden Lehre von den Sakramenten. Einem Todkranken die Beichte abzunehmen, bedeutete nicht ganz nebenbei, die letzte Verfügung, d. h. das Testament beeinflussen zu können. Zahlreiche Schenkungen an die Kirche sind auf diese Weise zustande gekommen. Zwischen den Orden und zwischen Orden und Geistlichkeit herrschte eine sehr erbitterte Konkurrenz um das Privileg, die Beichte abnehmen zu dürfen. Hier demonstrieren die Franziskaner also ihre besondere Macht, die auf der Stellung ihres Gründers im Himmel beruht. Die Aussage wird im letzten Bild noch verstärkt, in dem der in den Himmel zurückschwebende Franziskus einen der Häresie angeklagten Gefangenen, der ihn um Hilfe angerufen hatte, soeben befreit hat. Der Bischof fällt auf die Knie und erkennt dieses Wunder an. Es liegt nahe, das Ereignis mit der führenden Rolle der Franziskaner bei der Ketzerbekämpfung in Verbindung zu bringen: Sie haben die Macht, einen Häretiker zu befreien, selbst wenn er »auf Antrag des Papstes dem Bischof von Tivoli unter Strafe anvertraut war«.

Mit diesem Hymnus auf die Macht des Ordens schließt der Zyklus. Von nun an wirkte Franziskus Wunder wie alle anderen Heiligen auch. Im Volk lebte er weiter in zahlreichen Legenden. Das Ordensleben, das während der Scholastik an der Spitze der geistigen Entwicklung gestanden hatte, verlor jede reformerische Energie. In der Wahrnehmung der fortschrittlichen Öffentlichkeit wurden die Franziskaner, wie alle Bettelorden, zunehmend als eine Art Landplage wahrgenommen. In ihrer, von einer primitiven Frömmigkeit getragenen Lebensweise, war auch beim besten Willen keine andere Weltsicht mehr zu erkennen. Für die Aufklärer wurde die Figur des Franziskus uninteressant. Dies änderte sich erst mit der neuen Diskussion der »franziskanischen Frage«, die sich durch Anstöße von außerhalb des Ordens, ja der katholischen Kirche selbst, Ende des 19. Jahrhunderts entzündete und aus Assisi einen zentralen Ort von Erneuerungsbestrebungen machte. Das äußert sich heute in der Begegnung verschiedener Weltreligionen an diesem Ort und in den großen Demonstrationen für den Frieden, dem traditionellen Marsch Perugia-Assisi.

Und die Armut?

Die Armut ist anscheinend die große Abwesende im Zyklus der Oberkirche. In der Unterkirche hingegen wird wenige Jahre später die Verlobung des Franziskus mit der Armut, der »mehr als 1100 Jahre« verschmähten Braut Christi, Gegenstand einer von Giotto gemalten Allegorie. Aus dem Leben mit den Armen wird eine himmlische Hochzeit, die durch die Beschreibung Dantes der damaligen Öffentlichkeit geläufig war. Im »Paradies« heißt es im XI. Gesang:

> *»Denn mit dem Vater stritt er jung an Jahren*
> *Für eine Frau, vor der der Freuden Tor*
> *Die Menschen fest, wie vor dem Tod verwahren.*
> *Bis vor dem geistlichen Gericht und vor*
> *Dem Vater sie zur Gattin er sich wählte,*
> *Und täglich lieber hielt, was er beschwor.*
> *Sie, dess' beraubt, der sich ihr erst vermählte,*
> *Blieb ganz verschmäht, mehr als elfhundert Jahr,*
> *Da bis zu diesem ihr der Freier fehlte.«*

Der »Armutsstreit« war nach dem Tod des Franziskus mit großer Heftigkeit entbrannt und schied den Orden über ein Jahrhundert lang in verschiedene Lager. Es ging darum, was »evangelische Armut« zu bedeuten habe. Das konkreteste Beispiel, an dem die Frage abgehandelt wurde, war der Kirchenbau in Assisi selbst mit allen Problemen, die er aufwarf: Wer ist

Eigentümer des Bauplatzes, wer ist der Auftraggeber, in welcher Weise darf Geld aufgetrieben werden, wer sammelt es, wer verwaltet es, wer entscheidet über die Ausgaben, besonders über den »Luxus« der Ausführung. Dieser Bau hat immer wieder Fakten geschaffen. Der päpstliche Stuhl hat mit seiner Hilfe den Orden systematisch in die Rolle eines Besitzers getrieben, zuerst über die Institution eines von ihm ernannten Treuhänders, dann, indem er auf dessen Ernennung und Kontrolle verzichtete und sie dem Orden anheimstellte. Parallel dazu wurden immer wieder Kommissionen einberufen, die auf höchstem theologischen und juristischen Niveau Programmdiskussionen führten und Resolutionen zur »evangelischen Armut« verabschiedeten, die, wie z. B. die Bulle *Exiit qui seminat* (1279) »von außerordentlicher gedanklicher Reife, sprachlicher Klarheit und Schönheit sind – wenn man bereit ist, einem juridischen Dokument ästhetische Qualität zuzugestehen« (Feld, 1994, 459). Diese Texte kommen den Bestrebungen des radikalen Flügels der Zelanti bzw. der Spiritualen sehr weit entgegen, doch das praktische Leben des Ordens und seine Rolle als geistige und wissenschaftliche Großmacht erzwingen einen Kompromiss, dessen künstlerischer Ausdruck die Fresken des Franziskuszyklus sind. In der Folgezeit wird die Armut immer mehr zu einem rein geistigen Phänomen und zur bloßen Allegorie. Die Forderung ihrer radikalen, materiellen Verwirklichung wird schließlich zur Häresie erklärt.

Peter Weiss hat in seiner »Vorübung zum dreiteiligen Drama divina commedia« sowohl den ideologischen, als auch den ästhetischen Konflikt gesehen, den »Giotto« im »Franziskusleben« zu lösen hatte: »Dieser Heilige hatte die Armut gewählt. Dem Giotto / aber war die Armut verdächtig. Wer arm ist, der lügt. Christus / hatte einmal die Armut für alle getragen, vermessen wäre es, nach ihm / noch arm sein zu wollen« (Weiss, 131). Das entspricht der theologischen Position eines Bonaventura und eines Thomas von Aquin, die die Eiferer tadeln, die Christus an Armut noch übertreffen wollen. In einer Zeit der Entwicklung der Produktivkräfte wird freiwillige Armut zur »Lüge« oder zur anachronistischen Vermessenheit. Sie kann die Haltung eines Einzelnen sein, der sich aus den gesellschaftlichen Bindungen löst, tritt aber in Widerspruch zur Entfaltung des gesellschaftlichen Individuums, der wir in den Fresken so großartig begegnen. Diese Bilder lassen die Ebene mittelalterlicher Spiritualität hinter sich und erzählen Menschen aus Fleisch und Blut. »Seine Farben waren durchleuchtet, / die gemalten Gesichter und Körper gehörten nicht länger / Gedankenwesen an, sondern Lebenden. Sie standen in einer Luft, / die zum Atmen war, sie standen auf sichrem Boden, in einer Bewegung, / die geprägt war vom Augenblick äußerster Wirklichkeit« (Weiss, 125). Mit der Entwicklung der Produktivkräfte bekommt freiwillige Armut eine andere Bedeutung. Weiss entdeckt sie in dieser Malerei als Maß, als heilige Nüchternheit. Er betont die Kargheit und Vereinfachung des Stils, in dem »Giotto vom Leben / des Heiligen von Assisi nur das Entblößte, den Verzicht / auf jede Belastung übernahm« (Weiss, 131). Diese Bedeutung hatten auch die vier Magister im Sinn, die im Jahre 1242 in Bologna im Auftrag des Generalkapitels einen Regelkommentar verfassen sollten (Feld, 1994, 456). Sie unterschieden die »Bettelarmut« von der »Armut des Geistes«, die auf alles Überflüssige verzichtet und sich auf das Notwendige konzentriert. Doch stellten sie auch fest, dass die »evangelische Armut« mehr sein müsse und sich nur auf die Vorsorge Gottes verlassen dürfe. Das, was die Magister die »Bettelarmut« nannten. Sie erst entspräche der Intention des heiligen Franziskus. In der Tat gibt es zahlreiche Zeugnisse, dass Franziskus für seine Bruderschaft steinerne Bauten, Vorratshaltung, Instrumente des Wissens und jede Entfaltung von Aufwand radikal abgelehnt hat. Er lebte die äußerste Bedürfnislosigkeit als Freiheit und als Schönheit und befolgte die Worte des Evangeliums: »Schaut die Lilien auf dem Feld an, wie sie wachsen: sie arbeiten nicht, auch spinnen sie nicht. Ich sage Euch, dass auch Salomo in seiner Herrlichkeit nicht gekleidet gewesen ist wie eine von ihnen. Wenn nun Gott das Gras auf dem Feld so kleidet, das doch heute steht und morgen in den Ofen geworfen wird: sollte er das nicht mehr für euch tun, ihr Kleingläubigen. Darum sollt ihr nicht sorgen und sagen: Was werden wir essen? Was werden wir trinken? Womit werden wir uns kleiden? Nach dem allen trachten die Heiden. Denn euer himmlischer Vater weiß, dass ihr all dessen bedürft. Trachtet zuerst nach dem Reich Gottes und nach seiner Gerechtigkeit, so wird euch das alles zufallen« (Matthäus 6). In diesem Geiste wendet Franziskus sich an Vögel, Felsen, Wasser und Bäume wie an seinesgleichen.

Es ist ein Paradox, dass Franziskus mit bzw. trotz seiner Negation der Welt der Bildung und der Zivilisation den Blick auf die Natur und auf den Menschen frei gemacht und den ungeheuren Aufschwung der Kunst im 13. Jahrhundert beflügelt hat. Dieser war nur möglich bei einem Verzicht auf jene radikale Vorstellung von Armut, die als »Bettelarmut« die normalen Maßstäbe des Lebens außer Kraft setzt. Franz und seine ersten Brüder verkörpern den Einbruch der Heiligkeit in den Alltag und stellen jede Normalität in Frage. Von einer ganz anderen Art hingegen sind die Wunder, die im Freskenzyklus dargestellt werden. Sie stellen die »normalen Verhältnisse« wieder her, wenn sie durch Unfall, Krankheit, Katastrophen gestört werden. »Alles ist irdisch und rational«, bemerkt der Kunsthistoriker Werner Schmalenbach bei seiner Betrachtung der Fresken und fügt hinzu: »Ich komme über diesen Widerspruch zwischen einer religiösen Botschaft, zu der das Wunder gehört, und einer irdischen Buchstäblichkeit, Tatsächlichkeit – über diesen Gegensatz komme ich nicht hinweg« (Schmalenbach, 46).

Bonaventura/Giotto stellen uns vor vollendete, siegreiche Tatsachen: Franz ist von Anbeginn der Auserwählte, vernimmt den göttlichen Auftrag, gründet einen von Anfang an klerikalisierten Orden, bringt den Frieden durch die Kraft seines Gebets, wird christusförmig durch die Stigmata und wird schließlich von der Kirche heilig gesprochen. Aus dem unsteten Nomadisieren und Suchen ist ein vorbildlicher Lebenslauf geworden, aus der freien Vereinigung verrückter und entrückter Brüder ein Orden, aus der radikalen Armut ein geistiges Erlebnis. Armut und Aussatz in ihrer konkreten Form, die zu lieben Franziskus sich in ständiger Selbstüberwindung gezwungen hat, widerstreben dem neuen Realismus der Zeit. »Giotto« malt die Heiligkeit des Irdischen und nicht das Wunder seiner Verwandlung, den Weg der absoluten Entblößung. Er unterschlägt, was er als Künstler nicht malen kann oder will und was auch der Orden bereits nicht mehr lebt. Das ist das Ergebnis des »Armutsstreits«, der stillschweigend in diesen Bildern ausgetragen wird.

5. Frieden

Als eines der Merkmale »maßgebender Menschen« hat Karl Jaspers deren Mitteilungsform genannt: Sie äußerten sich überwiegend in Gleichnissen. Insofern wären die von Franziskus überlieferten Geschichten und Legenden auch als nichtsprachliche Mitteilungen zu verstehen. Sie sind ebenso wie sein Handeln Zeugnisse seines Lebens, soweit wir von ihm historische Kenntnis haben. Selbst Gleichnisse, enthalten in der Form des Einmaligen und Besonderen zu entschlüsselnde allgemeingültige Botschaften. »Alles Vergängliche ist nur ein Gleichnis« (Goethe).

Eine der berühmtesten Franziskus-Geschichten findet sich in den zweihundert Jahre nach seinem Tod aufgeschriebenen und bis dahin vermutlich vielfach ausgeschmückten und veränderten »Fioretti«, den »Blütenlegenden«: *Von dem grimmigen Wolf, den der heilige Franz zu großer Sanftmut zähmte.* Dieser Wolf hatte Tiere und Menschen gleichermaßen angefallen und die Bewohner von Gubbio derart in Angst und Schrecken versetzt, dass sie schließlich nur noch bewaffnet vor die Tore zu treten gewagt hatten und selbst dann noch oft seine Opfer geworden waren. Franz, auf Besuch in der umbrischen Stadt, beschloss, sich dem gefährlichen Wolf »unter dem Schutze des heiligen Kreuzzeichens«, entgegenzustellen. Es gelang ihm, ihn zu bekehren und zum Freund der Bürger zu machen, die ihn dann bis an sein Lebensende durchfütterten. Entkleidet – »entmythologisiert« – man diese kindlich-rührende Geschichte ihrer Märchenform, so wird daraus ein Lehrstück: Der aufwendige Krieg, den die Bürger gegen den Übeltäter geführt hatten, hatte nicht nur nichts gebracht, er hatte sie selbst nur beschädigt, weil sie zuletzt nur noch furchtsam hinter ihren Mauern geblieben waren und unter ihren schweren Waffen die Angst immer mehr zugenommen hatte – städtisch-staatliche Befestigungen und Krieg hatten kein Mehr, eher ein Weniger an Sicherheit zur Folge. Franz dagegen setzt radikal und konsequent auf friedliche Mittel und tritt dem Feind gegenüber als Redender: Er spricht mit dem Gewalttäter – und das nicht selbstgerecht und mit der Haltung moralischer Überlegenheit, sondern von Gleich zu Gleich, ›von Mensch zu Mensch‹: er nennt ihn Bruder, »Bruder Wolf«. Sodann konzediert er ihm subjektiv legitime – wenn auch nicht ehrenwerte – Motive für seine Aggressivität und seine Verbrechen, nämlich den Hunger, ohne die Untaten damit zu rechtfertigen oder zu entschuldigen. Er redet ihm ins Gewissen, stellt ihm vor, dass er sich mit seinen Handlungen nur Feinde geschaffen habe – die ganze Gegend habe er gegen sich aufgebracht. So etwas könne langfristig nicht gut gehen. Er weiß aber, dass ein solcher Appell an Gewissen und Eitelkeit nicht genügt und bietet ihm einen Handel an, ein vertraglich zu regelndes Geschäft: gegen das Versprechen von Vergebung statt Rache und die Garantie gesicherter Ernährung durch Bürger verpflichtet sich der Wolf zu Frieden und Wohlverhalten. Diese vertragliche Verpflichtung erweist sich als »positiver Frieden«, d. h. nicht bloß als Abwesenheit von Gewalt. Die Bürger erfreuten sich an dem friedlichen Wolf. Dieser sah sich in die Gemeinschaft aufgenommen. »Nie bellte ein Hund gegen ihn.«

Im modernen Wissenschaftsjargon gesprochen wird hier eine gewaltfreie Konfliktlösung vorgeführt. Sie basiert auf der unbedingten Waffenlosigkeit des sich wehrenden Opfers der Gewalt einerseits, und dem Weg des Dialogs andererseits, der die Anerkennung der menschlichen Würde und den Versuch des Verstehens der Motive der Gewalt zur Voraussetzung hat – und scheine der Gegner noch so schlimm und böse. Ob im Gewande der Legende eine historische Begebenheit allegorisch verschlüsselt wurde – die Bekehrung eines gefürchteten Mächtigen, der aber nicht beim Namen genannt werden sollte – sei dahingestellt und ist nicht wichtig, um hier Franz' grundsätzliche Haltung zu Krieg und Konflikt zu erkennen. Auf einer tieferen Ebene dieser Parabel stoßen wir auf die franziskische Wahrheit, dass Frieden im letzten Grund nur möglich ist, wenn der Mensch auch sein Verhältnis zur Natur mitsamt dem Tierreich überdenkt und revidiert zugunsten eines kooperativen statt eines feindselig-herrschaftlichen Verhältnisses.

Der bei der Erörterung des Verhältnisses von Franziskus zum Islam erwähnte und interpretierte Besuch beim Kreuzzugsgegner, dem Sultan, gewinnt im friedenspolitischen Kontext noch eine zusätzliche, wichtige Dimension. In der vom Papst nicht bestätigten *Regula non bullata* schärft er seinen Minderbrüdern als Umgangsregeln mit Muslimen »an erster Stelle« ein, keine Auseinandersetzungen zu beginnen, sondern sich den nicht-christlichen Machthabern gegenüber untertänig zu verhalten und sich als Christen zu bekennen. Erst an zweiter Stelle wird die Missionspredigt genannt, die aber nur gehalten werden soll, wenn die Missionare »sehen, dass es Gott gefällt«, wenn sie also ein offenes Ohr finden. Ein vorbildliches christliches Leben, die Praxis der eigenen Existenz, das christliche Tun ist wichtiger als das autoritäre Wort. Es ist bezeichnend, dass diese Bestimmungen und Verhaltensregeln für den Umgang mit potentiell feindseligen Nicht-Christen in der *Regula bullata* von 1223 getilgt worden sind.

Die Botschaft des Franz, seine Methode – auch und nicht zuletzt die friedenspolitische – ist nicht die der politischen Revolution. Gerade das macht sie revolutionär. Sie ist nicht die Revolution, weil er die traditionellen Muster der Auseinandersetzung, des (politischen) Kampfes, der Klassenbeziehungen, der Konfliktlösungen ignoriert, links liegen lässt, unterläuft durch eine radikal neue Ursachenanalyse, die unauflöslich mit dem Armutsgelöbnis seiner selbst und seiner Minderbrüder verbunden ist. Als der Bischof von Assisi dem »*Poverello*« die Beschwerlichkeit der besitzlosen Lebensweise vorhielt, erwiderte ihm Franz: *Mein Herr, wenn wir Eigentum hätten, so wären uns Waffen nötig zu unserm Schutz. Denn aus ihm erwachsen Rechtsstreit und Händel, und hierdurch pflegt die Liebe Gottes und des Nächsten vielfältigen Abbruch zu leiden. Darum wollen wir in dieser Welt durchaus kein zeitliches Eigentum haben.* Die radikal eigentumslose Gesellschaft hat Franz nicht gepredigt, aber friedensstiftend können nur diejenigen sein, die selbst keine materiellen Interessen zu vertreten und zu verteidigen haben. Die Privilegien von Herrschaft und Regierung dürfen nur um den Preis von Verzicht und Entsagung aller Arten von Gütern in Anspruch genommen werden. Er entwickelt eine revolutionäre Haltung aus der geistigen Subversion der gesellschaftlichen Verhältnisse, in deren Konsequenz Feudal- und Klassengesellschaften von Grund auf delegitimiert, statt unter anderen Vorzeichen strukturell reproduziert zu werden. Franz kannte die Verführung, die von Institutionen ausgeht, von der Sozialisation in Machtstrukturen – darum seine Weigerung, einen festen Orden zu gründen oder Abt eines Klosters zu werden. Die Demut, die er lebte und predigte, ist alles andere als Bescheidenheit und Unterwürfigkeit, vielmehr eine radikale Selbst-Zurücknahme als Selbstverständnis der Minderbrüder und ein Angebot an alle Menschen, mit einer solchen Haltung die sozialen, ökonomischen, geistigen und politischen Hierarchien zu entwerten, ohne sie klassenkämpferisch-aufgeregt zu bekämpfen. Zahlreiche Legenden variieren zum Beispiel die Geschichte, dass er Brüder, die von Räubern überfallen worden waren (was damals keine Seltenheit war, denn sie pilgerten schutzlos allein oder zu zweit überland), dazu anhielt, den Räubern nachzulaufen und ihnen auch noch das zu geben, was sie nicht weggenommen hatten, damit den ganzen Besitzesbegriff subversiv bloßstellend. Für den englischen Schriftsteller Gilbert K. Chesterton war Franz »nicht nur Humanist, sondern auch Humorist, besonders in dem altenglischen Sinne eines Mannes, der immer bei Humor ist, seine eigenen Wege geht und tut, was niemand anderer getan haben würde« (Chesterton, 104). Dass Franz immer Freude ausstrahlte und das Bild eines glücklichen Menschen abgab, ist reichlich bezeugt. In einer gewissen Weise setzte er seine Wahrheit auf jene große Perspektive, die Hegel später mit der schönsten Formel des Deutschen Idealismus auf den noblen Punkt brachte: »Ist das Reich der Ideen erst revolutioniert, hält die Wirklichkeit das nicht aus.«

Der franziskische Frieden, der sich deutlich unterscheidet vom konventionellen politischen Frieden als Resultat von militärischem Sieg und/oder militärischer Niederlage oder gegenseitiger Erschöpfung der kriegerischen Ressourcen sollte kein Sieg der einen Partei über die andere, der Gläubigen über die Ungläubigen oder der Rechtgläubigen über die Häretiker sein. Franziskischer Frieden, seine *via simplicitatis,* bestand in der gegenseitigen Anerkennung und gemeinsam akzeptierten Demut, wenn beide Seiten die zerstörerische Krankheit Krieg, und dass dieser gewiss nicht Gott gefällig sein könne, erkannt hätten. Franz bezog Stellung für den unbedingten Frieden der Erkenntnis, für die Möglichkeit, eine höhere Bewusstseinsstufe zu erreichen und damit auszusteigen aus der schlechten Welt-Logik. Er nahm nicht Partei für eine der streitenden Parteien, auch nicht für die Christen im Falle des Kreuzzuges.

Es versteht sich, dass dies eine Haltung »nicht von dieser Welt« war und ist. Mit der Figur des Franziskus erscheint nicht zum ersten Mal, aber in besonders dramatischer Form der *Idiot* auf der historisch-geistigen Bühne, der »Verrückte«, der durch sein Ganz-anders-Sein alle Konventionen und etablierten Werte unterläuft, ihnen auf für die Zeitgenossen schockierende Weise zuwiderhandelt. Er selbst hat sich bisweilen als der »Narr Gottes«, bezeichnet. In der ökonomisch aufblühenden Welt des europäischen 12. und 13. Jahrhunderts, die – darin unserer Zeit ähnlich – ihre Dynamik empfing durch eine frühe Form von »Globalisierung«, den Fernhandel, der erstmals in Europa ein relativ breites und vor allem in den Städten sichtbares Wohlstandswachstum erlaubte, sich da absichtlich »arm« zu machen, den eigenen Besitz zu verschenken, zu betteln und zu frieren, wenn man doch ein angenehmes und auskömmliches Leben hätte führen können, das darf wohl als »verrückt« gelten (die meisten der ersten Anhänger des Franziskus waren wie er wohlhabende Bürger und Kaufleute gewesen, ehe sie ihr gesamtes Hab und Gut an die Armen verschenkt hatten, um seinem mächtigen Ruf zu folgen). Franz war ein »Idiot«. Fast siebenhundert Jahre später hat Dostojewskij eine solche »verrückte« Figur, Aljoscha, zum Thema eines seiner größten Romane gemacht, an der wie in einem Spiegel die tatsächliche Krankheit der »normalen« Gesellschaft kenntlich wird.

Historisch ist, was möglich war. Der Publizist und Franziskus-Biograph Humbert Fink skizziert eine nicht verwirklichte Möglichkeit: »Hätten die katharischen Ketzer gesiegt, wäre das Papsttum wahrscheinlich ausgelöscht worden. Hätten die Katharer ihre zornige Ideologie über das Abendland verbreitet, wären ein Mann wie Luther unnotwendig, ein Ärgernis wie das des Borgia-Papstes Alexander VI. nicht existent, ein Dogma wie das von der unbefleckten Empfängnis gegenstandslos gewesen. Der Dreißigjährige Krieg hätte nicht stattfinden, England hätte sich unter Heinrich VIII. nicht von Rom trennen müssen, die Hugenotten wären nicht verfolgt worden … es ist müßig, über die Folgen nachzudenken, die nicht eingetreten sind, weil Papst Innozenz die Katharer von der Erde vertilgen ließ.« (Fink, 170). Falsch: Es ist keineswegs müßig, derartige historische Spekulationen anzustellen, weil sie Lehren für die Gegenwart und Zukunft enthalten können. Das sprichwörtliche »Rad der Geschichte« ist nicht zurückdrehbar – was geschehen ist, kann nicht ungeschehen gemacht werden. Aber das Lernen aus den ungenutzten Möglichkeiten der Vergangenheit ist dem Menschen nicht versagt, ja es gehört zu seinen höchsten und nobelsten Fähigkeiten.

Wie steht es heute mit unserem Umgang mit radikalen Religionskritikern des geistigen Zustandes der Wohlstandsgesellschaften? Indem wir sie pauschal zu Terroristen erklären, vergeben wir uns die Chance, solche außerwestliche Kritik ernst zu nehmen – wir reagieren mit Krieg und setzen eine Spirale der Gewalt in Bewegung, die historisch absehbar zur Ausbreitung der Gewalt führen wird. Im »Kampf der Kulturen« kann es nur Verlierer geben. Das bereits durch die Konstantinische Erhebung zur Staatsreligion schwer kompromittierte Christentum hat den Sieg der Kirche über die Ketzer und den sanften Fundamentalismus des Franziskus nur um den Preis weiterer schwerer Beschädigungen überlebt – man könnte auch sagen, es hat ihn als Christentum nicht überlebt. Vergleichbares gilt vom Sieg der Moderne über die Natur: Die Erde, die Franziskus noch als dem Menschen brüderlich-schwesterlich verbundene göttliche Schöpfung anzureden vermochte und die mit freundschaftlicher Schonung zu behandeln er lehrte und praktizierte, ist teilweise irreparabel zerstört und wird tendenziell unbewohnbar. Die frühneuzeitlich säkularisierten politischen Klassen so gut wie alle Staaten haben über dem selbstverordneten Primat der eigenen Machterhaltung auf jede Orientierung an geistig-ethischen Parametern längst verzichtet. Franz sah eben das kommen, weshalb er sie in einem Sendschreiben *An die Lenker der Völker* (einer der wenigen authentischen Texte) geradezu verzweifelt-inständig aufforderte, über die *Sorgen und Geschäfte dieser Welt* den *Herrn* und *seine Gebote* nicht zu vergessen oder von diesen abzuweichen: *Denn alle die, welche ihn vergessen und von seinen Geboten abgehen, sind verflucht und werden von ihm auch vergessen sein.* Diese Drohung fiel schon damals auf taube, nur der weltlichen Macht und der eigenen Interessenwahrnehmung geöffnete Ohren. Die Sorge um die Wohlfahrt der ihnen anvertrauten und ihnen ihrerseits immer wieder vertrauenden Völker hat im Handeln neuzeitlicher Regierungen keine Priorität – wo das bisweilen dann gelegentlich doch der Fall war, dann als seltene Folge geglückter politischer Mobilisierung von unten. Inzwischen ist Mobilisierung als »Akzeptanz-Management« selbst zum Gegenstand aktiven Regierungshandelns geworden – mit der Folge u. a. der universell konstatierbaren Delegitimation so gut wie aller politischen Führungen: Man traut ihnen nicht mehr, auch nicht dort, wo sie demokratisch als Alternativen zwischen dem größeren und dem etwas geringeren Übel materieller Eigeninteressen gewählt worden sind. Welche Regierung in welcher politischen Ordnung irgendwo auf dieser Welt kann von sich behaupten, von einem breiten und substanziellen, nicht-manipulierten Konsens der von ihr Regierten getragen zu sein? Welche Gesellschaft hat es zu ihrem Grundwert und ihrer Praxis gemacht, dass die Privilegierten freudig ihren Reichtum mit den weniger Begünstigten teilen? (Max Weber hat übrigens darin – gestützt auf empirische Daten aus der Ethnologie – die Anfänge von politischer Kultur gesehen.)

Es wäre eine falsche Vereinfachung, die scheinbar alternativlose Verengung gesellschaftlicher Perspektiven auf die absehbaren und bereits sichtbar eintretenden sozialen und ökologischen Katastrophen nur den »gottverlassenen« Machterhaltungsstrategien der politischen Klassen anzulasten: Auch eine Wissenschaft, die sich selbst immer nur im Horizont des Bestehenden empirisch bewegt und allenfalls taktische, kaum aber mehr strategische Kritik mit dem Ziel der Überwindung und des Ausbrechens aus der verhängnisvollen Spirale zu formulieren wagt, wird zum Komplizen der drohenden Katastrophen. Statt von »Strategischer Kritik« wäre richtiger von der Notwendigkeit und der Möglichkeit eines radikalen Paradigmenwechsels zu sprechen. Die seit einigen Jahren sich formierenden weltweiten Bewegungen von UmweltschützerInnen, Dritte-Welt-Solidaritätskampagnen, PazifistInnen, GlobalisierungskritikerInnen und FeministInnen formulieren mit dem Motto »Eine andere Welt ist möglich« den Traum von etwas, wozu ihnen die bürgerlich-akademische Wissenschaft keine Hilfestellung bietet, weil diese, fest auf dem Boden neuzeitlicher Modernisierungsparameter stehend, die Fragen nicht versteht, die hier aufgeworfen werden – oder sie als utopisch und naiv denunziert.

Utopisch und naiv sind sie aber mitnichten. Auch wenn wir bei Franz von Assisi keine konkreten Antworten erwarten können, so finden wir gleichwohl Ansätze zu möglichen Antworten aus dem Kontext seiner Kosmologie. Das »Maßgebende« der von Karl Jaspers so bezeichneten großen Menschen beruht auf deren Wissen um eben solche sich der instrumentellen Vernunft entziehenden ganzheitlichen Zusammenhänge. Diese sind letztlich nur in religiöser Sprache mitteilbar; im Falle des Franz von Assisi ist es eine Sprache und Haltung, die er bei Christus, nicht aber im Christentum seiner Zeit vorgefunden hat und heute vermutlich noch weniger vorfände. Seine christliche Sprache und die Orientierung an der überlieferten Gestalt Christi sind Ausdruck einer religiösen Welthaltung und nicht von Kirchenfrömmigkeit und dogmatischem Glauben – es sind in der Tat nur wenige Textstellen aus dem Neuen Testament, auf die er seine eigene Nachfolge inhaltlich stützt. Um diese Religiosität geht es, die tiefer und ursprünglicher ist als das historische Christentum, in dessen Mythologien, Sprache, Überlieferungen und Gleichnissen Franz sie lebte und artikulierte. Es ist die von Franz von Assisi im konkreten Umgang mit seinen Mitmenschen, mit der belebten, beseelten, so gut wie mit der »unbelebten« Natur praktizierte religiöse Welthaltung, die die Bedingung der Möglichkeit einer anderen Moderne damals enthielt und einer anderen Welt heute enthält.

II. Franz von Assisi und die Sprache der Armut

1. Bekehrung

Ausstieg

In seinem im letzten Lebensjahr geschriebenen Testament (1226) teilt Franziskus rückblickend sein Leben in ein Vorher und ein Nachher. Der erste Absatz lautet[9]: *Der Herr gab mir, dem Bruder Franz, diesen Anfang im Bußetun. Als ich nämlich noch in Sünden war, schien es mir gar bitter, Aussätzige zu sehen. Und der Herr selbst führte mich unter sie, und ich tat Barmherzigkeit an ihnen. Und beim Scheiden von ihnen wurde mir das, was mir bitter schien, in Süßigkeit des Geistes und Körpers verwandelt. Und danach verzog ich nur wenig und ging aus der Weltlichkeit.*

Mit diesem Schritt beginnt das »eigentliche Leben« des Franziskus. Als entscheidender Wendepunkt wird die Begegnung mit den Aussätzigen angegeben, der eine kurze Zeit der Unsicherheit folgt. Die mittelalterliche Gesellschaft mit ihrer Zweiteilung in weltliche und geistliche Bereiche bot Ausstiegswilligen eine ganze Reihe von Mustern und Möglichkeiten und innerhalb einer jeden verschiedene Lebensläufe. Franz kann sich für keine dieser nach langen Erfahrungen institutionalisierten Lebensformen entscheiden und verharrt zunächst im Status eines herumstreunenden Büßers. Seine Kraft zog er daraus, dass der Herr ihm *Vertrauen in die Kirchen* gab und in das Gebet in ihnen, *die in der ganzen Welt sind*; ebenso Vertrauen *in die Priester, die nach der Norm der heiligen römischen Kirche leben*. In den kleinen, baufälligen Kirchen außerhalb Assisis, in San Dami-

---

9 In der Übersetzung von Wolfram von den Steinen in: Franz von Assisi, 1958, 35. Die Echtheit des Textes ist weitgehend unbestritten, aber es gibt Varianten in den Abschriften, die eine kritische Ausgabe sehr schwer machen. Vgl. die bahnbrechenden Arbeiten von K. Esser.

ano und Porziuncula, fand er seine Erleuchtung. *Und dann, als der Herr mir Brüder gab, zeigte mir keiner, was ich tun müsse, sondern der Höchste selbst offenbarte mir, dass ich nach dem Maß des heiligen Evangeliums leben solle. Und ich ließ es mit wenigen Worten einfältig aufschreiben, und der Herr Papst bestätigte mir's.* Mit der Erkenntnis seiner Sendung und dem Finden von Brüdern, ist der Bekehrungsprozess abgeschlossen. Dessen Stationen lassen sich nicht genau datieren, wohl aber in ihrer Logik verfolgen.

Nach dem unglücklichen Ausgang des Kriegs gegen Perugia (1202), an dem Franz wohl mit Begeisterung teilgenommen hat, befällt den aus der Gefangenschaft Heimgekehrten eine starke Depression (1203/1204). Eines Tages, schreibt Celano, »betrachtete er forschend die umliegende Landschaft. Aber die Schönheit der Flur und der Liebreiz der Weinberge und, was es sonst noch zu sehen Schönes gibt, – an nichts konnte er sich freuen«. »Und so begann er, von diesem Tage an, sein eigenes Nichts zu fühlen« (Celano, 65). Trotzdem geht der etwa 24-Jährige daran, seinen Traum, Ritter zu werden, zu verwirklichen. Er muss ihn 1205 unter demütigenden Umständen aufgeben und in einen neuen Traum ummünzen. Im Jahre 1206 ereignen sich die Begegnung mit den Aussätzigen, die Vision des vom Kreuze sprechenden Christus im Kirchlein San Damiano und die Lossagung vom Vater. Aber erst 1208 kann er in der kleinen Porziunculakirche ausrufen, er habe die Lebensform gefunden, die er suche: »Das ist's, was ich will, das ist's, was ich suche, das verlange ich aus Herzensgrund zu tun« (Celano, 92). Die Erleuchtung kommt aus dem Anhören der »Aussendung der Apostel« (Matthäus 10,5 ff.), die der Priester vorliest und nach der Messe dem begierigen Franziskus unter Zuhilfenahme paralleler Bibelstellen (Markus 6,7–1 und Lukas 9, 1–6; 10, 1–16) erläutert:

»Geht aber und predigt und sprecht: Das Himmelreich ist nahe herbeigekommen. ... Ihr sollt nicht Gold noch Silber noch Kupfer in euren Gürteln haben, auch keine Tasche zur Wegfahrt, auch nicht zwei Röcke, keine Schuhe, auch keinen Stecken. ... Wenn ihr aber in ein Haus geht, so grüßet es; und wenn es das Haus wert ist, wird euer Friede auf sie kommen. ... Und wenn euch jemand nicht aufnehmen wird, noch eure Rede hören, so geht heraus von jenem Hause oder jener Stadt und schüttelt den Staub von euren Füßen.«

Mit diesem »Porziunculaerlebnis« hat sich nach mehreren Jahren büßender Suche das Ziel geklärt: Leben wie Jesus und die Apostel. Abstieg in die Heiligkeit, statt Aufstieg in den Ruhm. Oder umgekehrt: statt des Abstiegs in den Ruhm, der Aufstieg in die evangelische Armut. Die mittelalterliche Welt war in solchen perspektivischen Verkehrungen geübter als wir.

Verkehrung

Die Quellen berichten vom ursprünglich sozialen Ehrgeiz des reichen Tuchhändlersohns. Der Tuchhandel war ein Wachstumssektor, Anlagefeld für das Handelskapital, später Ausgangspunkt der Hausindustrie und industriellen Entwicklung überhaupt. Franz hat die Möglichkeit, großzügig Geld auszugeben und Feste zu feiern. Er gilt in Assisi als *rex iuvenum*, Mittelpunkt der jungen Männerwelt. Als er im Krieg gegen Perugia gefangen genommen wird, verbringt er die Haft zusammen mit den Adligen, »weil er vornehm war in seinen Manieren« (Dreigefährtenlegende, 2,4). Die schwere Krankheit nach der Freilassung kompromittiert die physischen und psychischen Voraussetzungen seiner Verwandlung zum Ritter. Trotzdem ergreift er die Gelegenheit, die sich ergibt, als ein Edelmann aus Assisi nach Apulien aufbricht, »um Zuwachs an Reichtum und Ehre zu gewinnen« (Celano, 74). Franz, vom Vater hervorragend ausgestattet, schließt sich ihm an. Am Vorabend des Aufbruchs träumt er, er habe »sein ganzes Haus voll von Waffen, Sätteln, Schilden, Lanzen und sonstiger Ausrüstung. Hocherfreut wunderte er sich im Stillen, was dies wohl bedeute, denn er war es nicht gewohnt, solches in seinem Hause zu sehen, sondern vielmehr Haufen von Tuchballen zum Verkauf« (ebd.). Nach dieser Verheißung der Erhöhung kommt der Sturz. Schon in Spoleto, keine 50 Kilometer von Assisi entfernt, fällt Franz in ein Fieber. Er hört eine Stimme, die ihn fragt, »wer ihm Besseres geben könne, der Knecht oder der Herr?« Und Franziskus antwortet mit der Frage des vom Pferd gestürzten Paulus: »Was willst du, Herr, dass ich tun soll?«. Die Stimme erklärt ihm, er habe den Traum falsch gedeutet und sagt, treu der Apostelgeschichte: »Kehre zurück in das Land deiner Geburt, denn ich will dein Gesicht in geistlicher Weise erfüllen« (Celano, 234). Man mag sich vorstellen, wie diese Umkehr in Assisi aufgenommen wurde, Anlass zu Besorgnis und Gespött. Franz, so schreibt die Dreigefährtenlegende, war aber voll innerer Freude.

Zu dieser ersten Umkehr gehört eine weitere Episode. Noch vor dem Aufbruch war Franz einem armen Ritter begegnet, dem er seine Kleider schenkte. Der Verweis auf den heiligen Martin ist offensichtlich, aber bei

Franz mögen neben dem Mitleid auch Scham und Solidarität mit dem erstrebten Stand eine Rolle gespielt haben. Seine Vorstellungen, Sitte und Sprache waren von den großen Ritterromanen der damaligen Zeit geprägt (von 1182 ist der »Perceval« des Chrétien de Troyes). In der Phase, in der die Ingredienzen der Bekehrung gemischt werden – Ehrgeiz, Krankheit, Visionen, Scheitern –, erzählt er seine Umkehr noch in einer weltlichen Sprache und deren Metaphern, zum Beispiel, wenn er seinen Freunden in einem Augenblick der Ekstase erklärt, »eine edlere und schönere Braut, als ihr je gesehen, will ich heimführen, die an Wohlgestalt alle übrigen weit übertrifft und an Weisheit alle überragt« (Celano, 77), wenn er immer wieder davon spricht, »er werde noch ein großer Fürst werden« (Celano, 235) oder erzählt, er habe in einer Höhle einen Schatz entdeckt (Dreige-fährtenlegende, 12). Für die ersten Biographen des Franziskus handelt es sich um eine einfache Veränderung der Ebenen: »Franziskus aber ver-tauschte die fleischlichen Waffen mit geistlichen und empfing statt Waf-fenruhm Gottes Ritterwürde« (Celano, 235). Ist dieser Rollentausch so einfach, wie es das Bild von der »*militia christiana*« suggeriert, das seit den ersten Kreuzzügen das wilde und auch verwilderte Rittertum in das Chris-tentum integriert hat, im Namen Jerusalems, wo die Ritter bis zu den Knien im Blut waten durften? Die großen Ritterromane der Zeit beziehen ihre Spannung aus dem Zusammenprall unterschiedlicher Kulturen, aber vor allem unterschiedlicher moralischer Auffassungen. Es ist eine unge-heuere Leistung der kulturellen Wende des 12. und 13. Jahrhunderts gewe-sen, das Rittertum mit seinen Idealen der Ehre und Gewalt als mit dem Christentum vereinbar erscheinen zu lassen. Franz ist mit dem Ton seines religiösen Minnesangs und mit seinem fein entwickelten »höflichen Benehmen« ein Ausdruck dieser Integration. An deren positiven Seite wird er auch später festhalten, wenn er seine Brüder als Ritter der Artus-tafel bezeichnet, oder wenn er von ihnen Höflichkeit fordert, und diese eine »Eigenschaft Gottes« nennt. Doch in der Frage von Ehre und Gewalt wird er eine ebenso radikale Gegenposition einnehmen, wie zur Frage von Geld und Reichtum.

Das mittelalterliche Status-Denken gestattet das Nebeneinander unver-einbarer Ideale. In den Jahren seiner Bekehrung geht der Riss aber durch Franziskus selbst und muss erhebliche moralische und ästhetische Span-nungen ausgelöst haben. Sofort nach seinem Aufbruch zur Reise ins Rit-tertum sagt ihm in Spoleto die Stimme des Traums, das Rittertum sei das

Ideal der Knechte und nicht das des Herrn. Was passiert, wenn der blutige Ernst des Ehrbegriffs auf das Gebot äußerster Erniedrigung stößt? Wie hört es sich an, wenn Franz die Armut, seine radikale Armut, als »Herrin« minnesängerisch besingt? Erst Jahrhunderte später hat Nietzsche unerbittlich herausgearbeitet, dass ein radikales Christentum die aristokratischen Werte negiert. »Der christliche Glaube ist von Anbeginn Opferung: Opferung aller Freiheit, alles Stolzes, aller Selbstgewissheit des Geistes; zugleich Verknechtung und Selbst-Verhöhnung, Selbst-Verstümmelung« (Jenseits von Gut und Böse, § 46). Zu den Idealen, die Franz zu leben beginnt, steht das »vornehme Ideal« in einem unversöhnlichen Gegensatz: »Die prachtvolle Animalität, die kriegerischen und eroberungslustigen Instinkte, die Vergöttlichung der Leidenschaft, der Rache, der List, des Zorns, der Wollust, des Abenteuers, der Erkenntnis ... Schönheit, Weisheit, Macht, Pracht und Gefährlichkeit des Typus Mensch: der Ziele setzende, der zukünftige Mensch« (Nietzsche, Band 13, 160). Diesen Gegensatz, der »sehr wehe tut« und der Nietzsche zerriss, muss Franz gespürt haben, auch wenn von seinen Biographen nur berichtet wird, er habe eine Periode des Leidens und der Verstörung durchgemacht, brannte aber innerlich »von göttlichem Feuer und konnte die Glut des Geistes, die er aufgenommen, nach außen nicht verbergen« (Celano, 76). Ein junger Mann, der das ritterliche Ideal so radikal umwertet, ist dem elterlichen Geschäft längst entfremdet und in die Ideale des Erwerbslebens nicht mehr integrierbar. Der Ausbruch des Franziskus kulminiert folgerichtig in der Lossagung vom Vater und im Bild einer Nacktheit, die kein Tuchhandel je bedecken kann.

Aussatz

Im gewöhnlichen Sprachgebrauch unterschlägt das Wort Bekehrung die radikale Umwertung der Werte, die mit der mittelalterlichen *conversio* gemeint ist (Manselli, 2002, 107). In der Praxis bedeutet diese Konversion meist ein Umsteigen: Vom Rittertum zur *militia Christi*, von weltlichen zu geistlichen Ehren und Würden, von einer Laufbahn zur anderen. So wird das Ärgernis integrierbar und die Stimme, die sagt: »Franz, geh hin, erneuere mein Haus, das, wie du siehst, ganz verfallen ist«, wird zum Auftrag, die römische Kirche zu reformieren. Dann geht es nicht um konkrete, baufällige Kirchen, wie Franz »missversteht«, sondern um die Institution, die Kirche selbst. Der Heilige wird zum Werkzeug der Vorsehung. Die Funktion des künftigen Ordens, an die Franz selbst nie gedacht hat, wird vorgezeichnet. Zu dieser Deutung liegt die Begegnung mit dem Aussätzigen quer, wie wir bei der Betrachtung des Franziskuszyklus in der Oberkirche von Assisi bereits gesehen haben. Sie weist auf eine radikale Negation aller überlieferten Werte und Hierarchien hin und entzieht sich den Uminterpretationen. Dies mag der wichtigste Grund sein, warum Franziskus in seinem Testament dieser Begegnung die entscheidende Rolle zugewiesen hat.

Das Verlassen eines sündhaften In-der-Welt-Seins erzeugt bzw. erfordert die Verkehrung aller Maßstäbe: Oben wird unten, das Bittere wird süß, das Unangenehme verwandelt sich in Wohlgefühl »des Geistes und Körpers«. Das Wort »unangenehm« ist ein wohlerzogener Euphemismus. Der Anblick eines Aussätzigen ist widerlich und Ekel erregend. Wenn Franz einen Aussätzigen küsst, tut er all seinen Sinnen Gewalt an. Das Ergebnis dieser psychisch und physisch sehr komplexen »Vergewaltigung« ist ein sublimer Genuss. Die »großen Erotiker des Ideals« (Nietzsche) spüren das neue Wohlbefinden geistig und physisch. Bei Franz hat die Bekehrung eine eminent körperliche Seite. Es wird berichtet, es habe zu seinen frühen Angstvorstellungen gehört, verkrüppelt und missgestaltet zu werden. Der Teufel erschreckt ihn mit dem Bild einer monströsen alten Frau, die in Assisi bekannt war und »allen einen schauderhaften Anblick bot« (Celano, 238). Als Antwort auf diese »Versuchung« küsst Franz den Aussätzigen, dem er begegnet und dem er nicht ausweicht. Die Steigerung von der Angst des Franziskus bis zum Küssen des Aussätzigen ist so dramatisch, dass Celano die natürliche Lösung der Spannung in einem Wunder sieht: »Und obwohl Franziskus sogleich sein Pferd wieder bestieg und sich nach allen Seiten umwandte, konnte er – die Gegend lag nach allen Seiten offen, und keine Hindernisse standen im Wege – von dem Aussätzigen nicht mehr die geringste Spur entdecken« (ebd., 239). Einerseits verschwindet der konkrete Aussätzige durch ein Wunder, andrerseits bleibt er immer präsent: Als Jesus selbst.

Aus der existenziellen Erfahrung einer solchen Begegnung wird nicht leicht eine Praxis. Die *Legenda Perusina* erzählt, wie in den ersten Zeiten die Brüder noch mit den Aussätzigen zusammen leben und Franz erneut vom Ekel überwältigt wird. Er tadelt den Bruder Jakob, der einen Aussätzigen in die Porziuncula mitbringt, denn »er wollte nicht, dass die am schwersten Verunstalteten das Lazarett verließen«. Sofort sieht Franz seinen Fehler ein und isst zur Buße mit dem Aussätzigen aus derselben Schüssel, »wobei der blutige Eiter von dessen Fingern in das Essen tropfte« (zit. bei Feld, 1994, 123). Rationales Denken bemerkt sofort, dass dem Aussätzigen nicht geholfen ist, wenn Franz mit ihm aus einer Schüssel isst oder ihn auf den Mund küsst. Aber es geht Franz auch nicht um Abhilfe, sondern um die spirituelle Selbstverwirklichung, um seinen Weg, »der Geringste und allen untertan« zu werden. Das erfordert den Umsturz nicht nur der sozialen, sondern auch der ästhetischen Kategorien und ist letztlich nur als mystisches Erlebnis verständlich.

Um den Abgrund kenntlich zu machen, den die Hagiographen und ihre Leser allzu leicht überspielen, stellt die Historikerin Chiara Frugoni der Begegnung mit dem Aussätzigen die Szene aus einem der zeitgenössischen Tristanromane (Beroul) gegenüber. Isolde soll wegen ihres Ehebruchs verbrannt werden, doch eine Schar von Aussätzigen, die sich das Spektakel anschauen will, weist dem gekränkten König den Weg zu einer Strafe, die weit ehrloser und schlimmer als der Tod sein wird. »Ich habe hier hundert Gefährten. Gib uns Isolde, dass wir sie alle genießen. Die Krankheit entzündet unser Begehren. Es gibt kein schlimmeres Ende für eine Dame. Schau, wie unsere Lumpen an den tropfenden Wunden kleben. Sie, die nur weiche Stoffe, Schmuck und Marmor kannte, soll mit uns in einer Hütte liegen. Dann wird Isolde die Schöne, Isolde mit den blonden Haaren, ihre Sünden beweinen und sich nach einem Tod auf dem Scheiterhaufen sehnen« (Frugoni, 1997, 31 f.).

Es ist umstritten, welche Rolle die Aussätzigen im Leben des Heiligen tatsächlich gespielt haben.[10] Für uns ist entscheidend, dass Franziskus am Ende seines Lebens, im Testament, seine Bekehrung und sein »neues Leben« in der Perspektive gesehen haben will, die ihm das Küssen des Aussätzigen eröffnet hat. Er muss bis zum Bodensatz der Gesellschaft sinken, um die Welt neu sehen zu können. Die Konsequenz, sein Hinausgehen aus der Welt, war ja ein Verbleiben auf der Erde: aber mit neuen Augen, in einer neuen Lebensform. Diese hat nichts zu tun mit einer hochherzigen, selbstlosen, spezialisierten Armen- oder Krankenbetreuung. Als Bruder Giovanni de Capella während der Abwesenheit des Franziskus im Orient Aussätzige um sich sammelt, um mit ihnen und den Helfern einen Leprosenorden zu gründen, stößt dieses Projekt bei Franz auf entschiedene Ablehnung.

---

10 Manselli, 1984, und Ruh, 1993, 387, anders Feld, 1994, 125.

Eine Stelle der *Regula non bullata*, die aus der späteren, bestätigten Fassung verschwunden ist, fordert die Brüder auf: *Und sie sollen sich freuen, wenn sie unter gemeinen und verachteten Menschen leben, unter Armen und Schwachen und Kranken und Aussätzigen und die am Wege betteln* (FvA. Werke, 18). Es soll eine Freude sein, inmitten des Lumpenproletariats zu leben (Arme, Debile, Kranke und Aussätzige). Dieses wird keineswegs idealisiert. Von der Lepra hieß es damals, die Krankheit mache die Menschen gierig und böse und der Aussatz galt nicht nur als physischer, sondern auch als moralischer Makel. Es wird berichtet, dass Franz zu den bösen Kranken besonders freundlich gewesen sei. Franz verbindet die evangelische Frage nach dem »Nächsten« mit der nach dem »Niedrigsten«. Die Niedrigsten sind nicht nur die Nächsten, sondern auch Ansporn, sich selbst noch tiefer zu erniedrigen. Begründbar ist diese Haltung nur dadurch, dass im Auswurf der Menschheit der gepeinigte Leib Christi erscheint. Es ist eine Liebe um Christi willen, eine grenzenlose Liebe, die nicht dulden kann, dass jemand oder etwas von ihr ausgeschlossen sein soll.

Die vollkommene Freude

Bei Franziskus finden wir kein innerweltliches Reformprojekt, daher auch keinen Kampf und keinen Hass. Alles zielt auf eine Lebenspraxis des Glücks und der Seligkeit. Hierin liegt die am schwersten zu verstehende Seite der »wachsenden Gleichförmigkeit mit Christus«. Es geht nicht nur um das Leiden Christi, sondern um das Wie dieses Leidens, um das widerstandslose Leiden, das nichts verneint und alles bejaht, was geschieht. Es ist diese Seite von Jesus, die Nietzsche herausgearbeitet hat und die die Jünger nicht oder nur schwer verstanden (Otto, 201). Der Christ leistet dem, »der böse gegen ihn ist, weder durch Wort noch im Herzen Widerstand« (Der Antichrist, § 33). »Ein solcher Glaube zürnt nicht, tadelt nicht, wehrt sich nicht: er bringt nicht das Schwert« (§ 32). Dieser Liebe ist alles fremd, was die Welt ausmacht: die Selbstverteidigung, das Gerichthalten, das Strafen, das Schwören, das Unterscheiden zwischen Volk und Volk, das Geringschätzen, das Zürnen, kurz, der Konflikt. Das Verneinen ist das ganz Unmögliche. Bei Franz findet diese Haltung ihren Ausdruck in der Erzählung »*Von der wahren und vollkommenen Freude*«. Der Text ist in zwei Fassungen überliefert. In den *Fioretti* ist er breiter ausgemalt, in einer anderen Version hingegen ist er gedrängter und so, wie ihn Franziskus dem Bruder Leo diktiert haben könnte.

Die wahre Freude besteht nicht darin, dass die Großen dieser Welt, alle Pariser Professoren, die Bischöfe und Erzbischöfe, die Könige von Frankreich und England, in den Orden eintreten und nicht einmal darin, dass alle Ungläubigen von den Brüdern bekehrt werden und auch nicht in der Verleihung von Wunderkräften an Franziskus selbst. Nein, die wahre Freude besteht darin: *Ich komme von Perugia, und in tiefer Nacht komme ich hier an, und es ist Winterzeit, schlammig und so kalt, dass sich Klunker eiskalten, gefrorenen Wassers am Saum der Kutte bilden und beständig auf die Beine schlagen, dass sie wund werden und das Blut aus den Wunden fließt. Verdreckt, verkühlt und vereist komme ich an die Klosterpforte und nach langem Klopfen und Rufen kommt ein Bruder, und fragt: Wer da? Ich antworte: Bruder Franziskus. … Und er: Fort mit dir, du bist ein Simpel, ein Idiot, hier kommst du nicht rein. Wir sind viele und die und die, wir brauchen dich nicht. … Wenn ich in dieser Situation ohne Verärgerung Geduld geübt habe, ich sage dir, das ist die wahre Freude, das ist die wahre Tugend und das Heil der Seele* (zit. bei Feld, 1994, 207 f.).

In den *Fioretti* wird die Szene noch drastischer ausgemalt und der Notleidende wegen seiner Aufdringlichkeit mit einem Knüppel bearbeitet. Die Abweisung durch die Brüder des eigenen Ordens (die *Fioretti* sprechen von Porziuncula, von Santa Maria degli Angeli, unter Franziskus das heilige Zentrum der Bruderschaft) wirft ein Licht auf die harten Auseinandersetzungen, die sich schon in den letzten Lebensjahren des Franziskus im Orden entwickelten. In der letzten Phase seines Lebens ist Franziskus wohl zur Einsicht gekommen, dass die Nachfolge Christi auf dieser Erde unausweichlich zur Kreuzigung führen müsse. Der erste Schritt auf diesem Weg war der Kuss des Aussätzigen. Von nun an besteht die Vollkommene Freude darin, durch Einverständnis das Bittere in Süße zu verwandeln. Die größte Erniedrigung wird zur höchsten Erhöhung. »Nimm das Bittere anstatt des Süßen und verachte dich selbst, wenn du mich erkennen willst; dafür wirst du Geschmack haben an dem, was ich dir sage, auch wenn die Ordnung umgekehrt ist« (Celano, 239).

Im zuweilen bis zum Irrsinn gesteigerten Drang zur Erhöhung durch Erniedrigung steckt die Gefahr einer Spirale, die statt zur Vollkommenheit in den luziferischen Hochmut führt (Türcke, 39). Franz kennt diese »Versuchung« und leidet unter den durch sie hervorgerufenen Zweifeln und unter dem Verdacht der »Instrumentalisierung« des eigenen Leidens. Jede Erniedrigung, die zur Erhöhung wird, erfordert als Beweis ihrer Echtheit und als Zeichen der Demut eine Steigerung der Erniedrigung. Hinzu kommt, dass die selbstgewählte Armut immer wieder von den realen Verhältnissen übertroffen wird und sich so als ein Privileg erweist, dessen Vereitelung einen Rückgriff auf künstliche Mittel erfordert. Franz hat die Pathologie einer ständigen Steigerung dieser Künstlichkeit wohl gesehen. Zahlreiche Episoden erzählen, wie er sich selbst und seinen Mitbrüdern Grenzen setzt. Das anarchische Element in ihm, die Verweigerung jeder festen Regel des Fastens und der Kasteiung, die Ablehnung jeder dauernden Isolierung, die Hinwendung zu den Brüdern in der Welt wird zum Rettungsanker seiner Lebensfreude und sinnlichen Integrität.

Der absolute Verzicht auf die Verwirklichung des eigenen Willens stellt auch den fremden Willen in Frage. Dieser muss sich das Risiko gefallen lassen, angesichts der Willenlosigkeit des Anderen an sich selbst irre zu werden. In gleicher Weise unterläuft die Selbstverleugnung jede Hierarchie, jede Unterscheidung zwischen gerecht und ungerecht, zwischen Guten und Bösen. Demut, Verzicht und Selbstverleugnung werden zur reinen Verschwendung. Was zählt, ist die Freude des Martyriums und nicht die Bekehrung des Bösen. Jedes Zweck-Mittel-Verhältnis ist ausgehebelt, jede Nützlichkeitserwägung ist überwunden. In diesem Sinn spricht Nietzsche vom Aufstand Jesu gegen die Guten und Gerechten (Der Antichrist, § 27). Was im Evangelium immer wieder so störend wirkt, das Versprechen eines Lohns und die platte Buchführung Gottes über Schuld und Verdienst, die auch in ihrer großzügigsten Version gemessen am Unermesslichen nur kleinlich sein kann, tritt völlig zurück. Eben das ist die frohe Botschaft, die »eigentlich evangelische Praktik: der tiefe Instinkt dafür, wie man leben müsse, um sich im Himmel zu fühlen« (§ 33). Franz lebt in einer jedes Kontinuum sprengenden, erfüllten Jetztzeit.

»Die Seligkeit … ist die einzige Realität – der Rest ist Zeichen, um von ihr zu reden« (§ 33). Der Sonnengesang besagt genau dieses. Trotzdem ist nicht leicht zu entscheiden, ob jenes größte Dokument franziskischer Weltbejahung eine andere Seite von Franziskus zeigt oder ob die vollkommene Freude der Selbstverleugnung nicht die notwendige Basis bildet, um im Einklang mit der ganzen Schöpfung singen zu können. Die liebende Verschwisterung mit den Elementen und selbst mit dem Tod wird ja erst möglich in der uneingeschränkten Bejahung. Theologisch gesehen erreichen wir hier die Grenze der Häresie, den kühnen Gedanken an eine Schöpfung ohne das Böse oder an die Erlösung auch des Bösen selbst.

Komisch und volkstümlich

Nach der Lossagung vom Vater zieht Franz mit Lumpen bekleidet durch einen Wald. Er singt auf französisch, wie oft, wenn »der Geist in seinem Innern in süßer Melodie aufwallte« (Celano, 356). In solchen Augenblicken kleidet er sich auch sprachlich anders. Als Wegelagerer sich auf ihn stürzen und ihn fragen, wer er sei, antwortet er im Ton eines provencalischen Minnesängers: »Ich bin der Herold des großen Königs«. Für seine frohe, in dieser Lage aber offensichtlich verkehrte Botschaft, wird dieser Ritter von der seltsamen Gestalt zunächst einmal tüchtig verprügelt und in eine Grube voll tiefen Schnees geworfen: »Da lieg gut, bäuerischer Herold Gottes!« (Celano, 85). Die Umwertung der ritterlichen Werte und Formen ist eine Provokation, die Aggressionen auslöst, aber auch ihre große Komik besitzt. Es ist die Knüppelkomik des Kasperle-Theaters, der Verkleidung, der verkehrten Welt und des Karnevals. Michail Bachtin schreibt: »Franz von Assisi nannte sich und seine Anhänger nicht umsonst die »Possenreißer Gottes« (*ioculatores Domini*). Seine eigenwillige Weltanschauung mit ihrer geistigen Heiterkeit (*laetitia spiritualis*), dem Wohlwollen für das Materiell-Leibliche und den charakteristischen Degradierungen und Profanierungen kann (mit einer gewissen Übertreibung) als karnevalisierter Katholizismus bezeichnet werden« (Bachtin, 108; Ginzburg, 238).

Die Chronik des Roger von Wendover (Zeitgenosse von Franz, gest. 1236) berichtet von einer ausgemachten Eulenspiegelei des Heiligen. Ob Wahrheit oder Legende, sie wirft auf jeden Fall ein Licht auf das, was einige Zeitgenossen Franz zugetraut haben. Als dieser mit seinen ersten Gefährten vor Innozenz III. trat, um sich die Regel bestätigen zu lassen, reagierte der Papst zunächst ungehalten. »Nachdem er diesen Bruder in seinem seltsamen Aufzug, mit dem verachtenswerten Gesicht, dem langen Bart, den ungepflegten Haaren, den schwarzen, hängenden Augenbrauen von der Seite her genau betrachtet hatte und andrerseits die Bitte hörte, die nach allgemeiner Ansicht so schwer und unmöglich zu realisieren war, verachtete er ihn in seinem Herzen und sagte: Geh, Bruder, such dir Schweine, denen du ähnlicher bist als Menschen. Wälz dich mit ihnen im Schlamm und überreich ihnen, so zum Prediger geweiht, die Regel, die du vorbereitet hast« (Fonti Francescane, 1126; Cardini, 1989, 120). Franz nimmt diese Aufforderung wie immer wörtlich, sucht einen Schweinekoben und kehrt schmutzbedeckt zum Papst zurück, der von Bewunderung ergriffen wird und die vorgebrachte Bitte gewährt. Die Niedrigkeit des Materiellen und Körperlichen stürzt die Autorität und ihren Machtanspruch in einen komischen Konflikt. Solche Erzählungen, die ihre subversive Kraft aus dem Kontrast von hohem Anspruch und elender Erscheinung und spiegelbildlich, von hoher Erscheinung und leerem Inhalt beziehen, zeigen, wie stark Franz mit der Volkskultur und ihrer karnevalesken Utopie einer radikalen Umwertung der Werte verbunden ist.

Die »Weisheit des Volkes«, spricht aus dem Mund der Kinder, der Narren, der Einfältigen und der Gaukler, d. h. derer, die durch ihre besondere Konstitution und Lebensweise den Maßstäben der offiziellen Welt enthoben sind und dadurch Meinungen und Ideale vertreten können, die zu ihr in diametralem Gegensatz stehen. Jede Kultur verfügt über eine solche Gegenwelt, die das Unten gegen das Oben ausspielt und den Ernst der Großen durch den Einbruch des Komischen in Frage stellt. Dieser Dualismus befähigt dazu, die Dinge auch unter einem verkehrten Aspekt zu sehen. Er schafft der Freiheit einen Spielraum. Darin besteht die »universale Funktion des Karnevals« (Bachtin) in seiner engen Verbindung mit den leiblichen Eigenheiten des menschlichen Lebens und seinen Fruchtbarkeitsriten. Der Karneval verspricht Freiheit, Gleichheit und Überfluss. Er entfesselt das Lachen und Gelächter aus den Bindungen der strengen Sitten und Normen. Die Aktivierung des Zwerchfells stellt die moralischen und politischen Tabus in Frage. Während die etablierten Machtstrukturen und die von ihnen veranstalteten Feste sich auf Ordnung, Hierarchie und Dauer gründen, wirft der Karneval diese Ansprüche um. »Das Lachprinzip und die karnevaleske Welterfahrung ... zerstören den borniertem Ernst dieser Zwänge und deren Anspruch auf zeitlose Gültigkeit, sie machen das menschliche Bewusstsein, die Gedanken und die Phantasie frei für neue Möglichkeiten. Daher geht großen Umbrüchen, selbst im Bereich der Wissenschaft, immer eine gewisse vorbereitende Karnevalisierung des Bewusstseins voraus« (Bachtin, 101). Es ist, als ob das Individuum ein zweites Leben erhielte, in dem es für kurze Zeit neue und wirklich menschliche Beziehungen verwirklichen könne. Franziskus spielt mit dem karnevalesken Prinzip, sprengt aber die zeitliche Begrenzung des Karnevals und macht aus dem Ausnahmezustand eine permanente Praxis. »Die extremen Forderungen nach Liebe, Demut und Selbstaufopferung« sind, wie Karl Löwith bemerkt (Löwith, 164), mit der Rittermoral und ihren vornehmen »Gewohnheiten und Manieren nicht zu vereinbaren und adäquat zu verkörpern«, was »das Verhängnis, aber auch das Privileg der christlichen Ethik ausmacht«. Über die karnevaleske Verkehrung werden sie aber für Franz und seine ersten Brüder als alltägliche Lebensweise möglich. Ein Blick auf das Benehmen, auf die Manieren der ersten Brüder, zeigt diesen revolutionären Aspekt der Einübung neuer Gewohnheiten. Wenn Armut eine große Dame ist, müssen die Brüder lernen, in Lumpen höflich zu sein, sodass Franz sagen kann: »Wisse, liebster Bruder, Höflichkeit ist eine der Eigenschaften Gottes« (*Fioretti*, Kap. 37; FvA. Werke, 119).

Thomas von Celano beschreibt das Benehmen der ersten Brüder, wenn sie sich begegneten, mit folgenden Worten: »Von welcher Liebesglut waren die neuen Jünger Christi entflammt! Welche Liebe zu frommer Gemeinschaft war in ihnen lebendig! Wenn sie sich nämlich irgendwo trafen oder sich auf dem Weg gelegentlich begegneten, sprang ein Pfeil geistiger Liebe über, der über alle natürliche Zuneigung den Samen einer wahren, höheren Liebe streute. Was ist damit gemeint? Züchtige Umarmungen, zarte Hinneigung, heiliger Kuss, traute Gespräche, bescheidenes Lächeln, frohe Miene, unverdorbenes Auge, demütige Aufmerksamkeit, gewinnende Sprache, freundliche Antwort, dasselbe Ziel, pünktlicher Gehorsam, unermüdliche Dienstfertigkeit« (Celano, 110). Höfisches Benehmen unter Bettelbrüdern, die so aussehen, dass die Mädchen vor Schrecken oft die Flucht ergreifen (Dreigefährtenlegende, 34), hat sowohl etwas Komisches, als auch etwas Ergreifendes. Und in der Tat »befürchteten viele, beim Anblick der Brüder von ihrer Verrücktheit mitgerissen zu werden« (ebd.).

Karnevaleske Elemente finden wir auch in der »Kleiderordnung«. Die ursprüngliche Ordenskleidung war alles andere als eine Uniform. Die Phantasie des ehemaligen Tuchhändlers arbeitete mit den ärmsten Mitteln. Franz wählte als starke Symbole die Kreuzesform der Kutte und die drei Knoten im Strick, aber Farbe und Qualität der Stoffe waren so abgenutzt wie möglich. Der Rock voller Flicken ähnelte einem Narrenkleid. Auch halbnacktes Herumziehen kam vor, wenn den Brüdern das Kleid gestohlen wurde oder wenn sie es hochherzig Ärmeren verschenkten. Sowohl die Not als auch eine Art heiliger Spieltrieb förderten Verkleidungen und Kleidertausch, von denen sich in allen Quellen Beispiele finden.

Wunderlich war die Art der Fröhlichkeit dieser Leute. In der Tradition der Klöster und Orden ist lautes Lachen verpönt. Lachen entfaltet gegenüber einer starren Ordnung eine subversive Kraft. Franz sprengt die Tradition der Domestizierung des Lachens und fordert im Kapitel 7 der *Regula non bullata* die Brüder auf: *Und hüten sollen sich die Brüder, dass sie sich von außen nicht traurig zeigen, nicht als düstere Heuchler, vielmehr freudig im Herrn, heiter und mit Anstand liebenswürdig* (FvA. Werke, 17). Es ist bezeichnend, dass diese Forderung aus der *Regula bullata* gestrichen ist, wahrscheinlich unter dem Einfluss der beratenden Kleriker. Freudige Askese und freudiges Lachen in der Öffentlichkeit ist der Volkskultur hingegen durchaus verständlich. Eine englische, zeitgenössische Quelle berichtet, dass eine Versammlung von Minderbrüdern einen ganzen Abend wie toll lachte und aus dem Lachen nicht mehr herauskam (Frugoni, 2001, 63). Es ist das unerschöpfliche Lachen derer, die die Ordnung der Welt in ihrer Verkehrtheit komisch finden. Von den ersten Häretikern wird berichtet, dass sie lachend auf den Scheiterhaufen stiegen (Wendelborn, 14).

»*Giullare di dio*«, »Possenreißer Gottes« ist keine Rolle, in die Franz und seine ersten Brüder schlüpften wie Schauspieler. Sie sind *Giullari* immer und in jeder Hinsicht. Das war der ihrem Verhalten und tatsächlichen Sein adäquate Status in einer Zeit, in der jeder einem Stand angehören musste. Allerdings erfuhr in jener Zeit die Hierarchie der Berufe eine einschneidende Umwertung. An Ansehen gewannen die bis dahin schlecht beleumundeten Tätigkeiten des Kaufmanns und Händlers. Die Bankiers wurden respektabel (Le Goff, 1977, 60). Außerhalb der christlichen Gesellschaft blieben nur die Prostituierten und die *Giullari*. Die Poenitentialbücher der Zeit enthalten ausnahmslos scharfe Verurteilungen der Spielleute und sehen für sie keine Chance, ihr Seelenheil zu retten. »Den Spielleuten wird jede Lebensberechtigung abgesprochen« (Hartung, 40). Der Ausdruck »*Giullare di dio*«, enthält also eine ungeheure Provokation, zumal Franz und seine Brüder sich als Büßer bezeichnen: »Wir sind Büßer aus der Stadt Assisi« antworten sie auf die Frage nach ihrem Stand (Dreigefährtenlegende, 37). Unterschieden werden drei Kategorien von Spielleuten (*Ioculatores*): die Akrobaten mit ihren schamlosen Verrenkungen des Körpers, die Parasiten, die an den Höfen für Klatsch und Vergnügen sorgen und die Musikanten und Sänger – Franz zählt sich zu letzteren –, die geduldet werden, sofern sie Rittergeschichten und das Leben der Heiligen erzählen. In dieser Funktion sind sie Mittler zwischen der Hochkultur und dem Volk. Indem Franz das »*Volgare*« (neben dem Französischen) zur Sprache seiner Gesänge wählt, leitet er auch auf dem Gebiet der Sprache eine Umkehrung, eine Revolution ein. Sein Sonnengesang gilt als eine der ersten großen Dichtungen in italienischer Sprache. Ihr Inhalt ist »häretisch und materialistisch. Er bezieht sich auf Dinge, die man greifen, spüren und gebrauchen kann, damit man wirklich mit den Füßen in der Welt stehen kann, ohne Angst vor dem Tod, um zu arbeiten, um bestärkt zu werden durch die Kraft des Universums, von seiner Schönheit, seinen Schätzen, seiner immensen Pietas und Großzügigkeit« (Volponi, 99).

2. Verkündigung

Predigen

Als die kleine Gruppe um Franz die Zahl der Apostel erreicht, zieht die Schar nach Rom, um sich ihre Lebensweise vom Papst bestätigen zu lassen. Grundsätzlich war ein Leben, das sich ganz in den Dienst Gottes stellte, »nur in den festen Ordnungen des Mönchsstandes denkbar. … Jede religiöse Bewegung, die nicht in die Formen des Ordenslebens eingeht, scheidet sich dadurch von der Kirche und von der ›wahren Religion‹ und wird zur Sekte, zur ›Schein-Religion‹, zur Ketzerei« (Grundmann, 5 f.). Wenn Franz seine Lebensweise und apostolische Sendung als ihm direkt von Gott geoffenbart bezeichnet und wenn er gleich nach dem Porziunculaerlebnis die wenigen Brüder zu Zweien in die Welt schickt, um »die Botschaft vom Frieden und von der Buße« zu verkünden (Celano, 99), ist er kaum von den häretischen Wanderpredigern zu unterscheiden, die 1184 bei einem Treffen des Kaisers Barbarossa mit Papst Lucius III. in Verona von der weltlichen und geistigen Macht gemeinsam mit dem Bann belegt worden waren. Als erstes Merkmal der Ketzerei wurde die unerlaubte Predigt, d. h. die angemaßte Ausübung eines kirchlichen Amtes, angesehen (Zerfaß, 27 f.; Wendelborn, 48). Um dem Geruch der Häresie zu entgehen, muss sich die kleine Schar um Franziskus also im Gehorsam gegenüber dem Klerus und der Kirche die Erlaubnis des Predigens erwirken. Bei Franz ist der Gehorsam gegenüber der kirchlichen Hierarchie und selbst gegenüber unwürdigen Priestern keine Frage der Taktik. Er entspricht seinen Idealen der Demut und Selbstaufgabe sowie der tiefen Überzeugung, dass außerhalb der Kirche kein Heil sei. Das ist unumstritten und durch zahlreiche Äußerungen und Handlungen belegt. Er will sich keine kirchliche Funktion anmaßen. Wie also an die Öffentlichkeit treten, Zeugnis ablegen, zur Umkehr aufrufen, dem apostolischen Auftrag nachkommen, den Franz in Porziuncula so deutlich gespürt hat, ohne mit der Kirche in

Konflikt zu kommen? Empfohlen vom Bischof von Assisi, dem nach dem Kirchenrecht Franziskus und seine Tätigkeit unterstehen, reisen die Brüder nach Rom. Da sich Franz der Aufforderung verweigert hat, eine der bestehenden Ordensregeln zu akzeptieren, billigt der Papst mündlich und nach einigem Zögern die vorgetragene »Regel« eines evangeliengemäßen Lebens (es handelt sich um eine Zusammenstellung der Bibelzitate, die wir aus dem Porziunculaerlebnis kennen). Der Papst besteht auf der Bestätigung des hierarchischen Prinzips. Franz muss dem Papst und die Brüder müssen Franziskus Gehorsam geloben. Um unangefochten predigen zu können, erhalten Franz und seine elf Gefährten die niedere Weihe des Diakons und als Zeichen eine kleine Tonsur (Dreigefährtenlegende, 52). Damit gehören sie zum Klerus. Es ist ein persönlicher Tribut an die Hierarchie, die das Monopol der Predigt gegenüber der Laienbewegung beansprucht. Ob diese Weihe bereits in Rom stattfand oder später oder ob es sich nur um eine Schutzbehauptung des bald klerikalisierten Ordens handelt, muss dahingestellt bleiben (Miccoli, 1974, 743). Wie heikel diese Frage war, zeigt die Tatsache, dass es immer wieder Angebote gab, den Brüdern den Weg in die kirchliche Hierarchie zu öffnen. Als Ugolino von Ostia die besten Franziskaner zu Bischöfen machen will, antwortet Franz: »Herr, Mindere sind meine Brüder deswegen genannt, damit sie sich nicht herausnehmen, Höhere zu werden. … Ich bitte daher, Vater, lasst sie unter keinen Umständen zu kirchlichen Ämtern emporsteigen, damit sie nicht umso stolzer werden, je ärmer sie sind und gegen die übrigen sich überheblich zeigen« (Celano, 374).

Auf jeden Fall dürfen die Brüder von nun an unter zwei Bedingungen Buße predigen: Der örtliche Klerus muss seine Einwilligung geben und die Brüder sind nicht berechtigt, theologische Erörterungen und Interpretationen vorzunehmen. Das hat Franz auch nicht im Sinn. Er will »nicht die praedicatio des kirchlichen Amtes, sondern eine neue Verkündigungsform«(Zerfaß, 225). Das war, aus anderen Gründen, auch im Sinne des Papstes. Innozenz III. hat mehrmals versucht, die Laienpredigt und die seit über 100 Jahren hinter ihr stehende Bewegung in die kirchliche Seelsorge zu integrieren. Erst sein Nachfolger, Gregor IX. hat 1228, im Jahr der Heiligsprechung des Franziskus, die Laienpredigt verboten. Um diese Zeit waren die Bettelorden, die die neue Verkündigungsform systematisch entwickelt hatten, soweit klerikalisiert, dass dieses Verbot auf keinen Widerstand stieß und die ursprüngliche, franziskanische Laienpredigt rasch in

Vergessenheit geriet (Zerfaß, 297). Die Praxis des Franziskus, jeden der Brüder auszusenden, der »den Geist des Herrn besaß und zur Predigt fähig war« (Dreigefährtenlegende, 59), war schon zu Lebzeiten des Heiligen kaum mehr möglich. Es ist bemerkenswert, dass von den vielen bildlichen Motiven aus dem Leben des Franziskus kaum eines den Volksprediger zeigt (Frugoni, 1993, 281). Wir sehen, wie Franz den Vögeln predigt, auch dem Papst und seinen Kardinälen, aber selten wird eine Predigt vor dem Volk dargestellt. Das Thema wird zensiert, um auch nur den Anschein einer Nähe zu den Häretikern zu vermeiden.

Das Modell einer Bußpredigt (*exhortationes* oder *laudes*) gibt Franziskus im Kapitel XXI der *Regula non bullata*. Es ist ein lateinischer, gereimter, kurzer und stark rhythmischer Text zum Auswendiglernen und zum Singen, den »alle Brüder, wann immer es ihnen gefällt, allen Arten von Menschen verkündigen können«. *Fürchtet und ehrt/dankt und betet/lobt und segnet … bringt würdige Früchte der Buße/denn wisst/schnell werdet ihr sterben* (FvA. Werke, 24). Solche Mahn- und Lobreden unterscheiden sich von den ausgewogenen, mit Argumenten und aktuellen Anspielungen durchsetzten Mahnreden, die den Ruhm der großen Prediger ausmachen, die wie ein Magnet die Massen anziehen und oft mit ihnen ins offene Feld ausweichen müssen, in hellen Haufen oder in Prozessionen, weil Straßen und Plätze die Menge nicht fassen. Franz hat später diesen Zulauf ebenfalls erfahren und er führt auch bei dieser Art von Predigt einen neuen Stil ein. Er spricht lebhaft, unmittelbar, ohne rhetorische Kunstgriffe, nach Art der Volksrede (*modus concionandi*), wie sie in den städtischen Versammlungen in einer Zeit der Blüte kommunaler Freiheit üblich ist. Seine Art der Verkündigung richtet sich an die einfache Bevölkerung und bleibt im Bereich gemeinsamer Vorstellungen. »Wenn er gar oft unter vielen Tausenden von Menschen das Wort Gottes predigte, war er so sicher, als wenn er mit einem vertrauten Gefährten redete. Die größte Volksmenge betrachtete er wie einen einzigen Mann und einem Einzelnen predigte er so gewissenhaft wie einer großen Menge (Celano, 145). Diese Gewissenhaftigkeit zeigt, wie ernst er die Angesprochenen nimmt, die ihn auch unterbrechen können, was in der kirchlichen Praxis unmöglich war. Es konnte Franziskus passieren, dass er sich vor dem versammelten Volk bisweilen nicht mehr an das, was er überlegt hatte, erinnern konnte und nichts zu sagen wusste. »Doch ohne Erröten gestand er dann dem Volke, er habe sich zwar vieles zuvor zurechtgelegt, könne sich aber an gar nichts mehr erinnern. Und nun wurde er plötzlich von solcher Beredsamkeit erfüllt, dass er seine Zuhörer zur Bewunderung hinriss. Wenn er aber einmal nichts zu reden wusste, erteilte er den Segen und entließ die Volksscharen, denen dadurch allein eine eindringliche Predigt gehalten ward« (Celano, 145). Gilbert K. Chesterton versucht »diesen göttlichen Demagogen als das zu beschreiben, was er wahrscheinlich war, der Welt einziger wirklich aufrichtiger Demokrat« (Chesterton, 7).

Das seltsame, ungewohnte Auftreten der ersten Brüder wird sehr anschaulich geschildert in der Dreigefährtenlegende. Viele Bürger und Zuhörer behandeln die jungen Männer, die sich so seltsam kleiden und völlig anders leben, mit Respekt oder mit Mitleid. Andere erlauben sich mit den »Waldmenschen« (*silvestres homines videbantur*, Dreigefährtenlegende, 37) ihre Scherze: »Einige bewarfen sie mit Dreck, andere drückten ihnen Würfel in die Hand und drängten sie zum Spiel. Wieder andere packten sie hinten an der Kapuze, hoben sie sich auf den Rücken und schleiften sie herum. Diese und andere Bosheiten beging man an ihnen, weil man sie für so verächtliche Wesen hielt, dass man sie nach Belieben misshandeln konnte« (Dreigefährtenlegende, 40). Das war jedes Mal ein Spektakel. Man kann sich vorstellen, dass das Wort vom »*Giullare di dio*« als Stoßseufzer nach solchen athletischen Erfahrungen geprägt wurde. Es gab also auch eine heftige physische Interaktion zwischen den Verkündern und ihrem Publikum. Die unerwartete Reaktion der Misshandelten, ihre Freude im Ertragen, wurde oft zum wirkungsvollen Höhepunkt der »Predigt«, sodass zumindest einige Zuhörer zu verstehen begannen, was der Friedensgruß »Der Herr gebe Euch Frieden« (Celano, 93), mit dem das ganze Spektakel begonnen hatte, wirklich bedeutet. Von Franz selbst wird berichtet: »Er sang mit lauter und heller Stimme auf französisch das Lob des Herrn«. Bruder Egidio gab Stichworte und forderte die Zuhörer auf, »den Worten des Franziskus zu glauben, denn sie enthielten hervorragende Ratschläge« (Dreigefährtenlegende, 33). Aus solchen gemeinsamen Auftritten entstand wohl die Kunst der Dramatisierung, die die franziskanische Predigt in der Folgezeit immer höher entwickelt hat.

Hiermit sind mehrere wichtige Punkte der Erneuerung der Predigt durch die Franziskaner und allgemein durch die Bettelorden genannt: Die Prediger beschränken sich nicht auf die traditionellen, sakralen Räume, sondern erreichen ihr Publikum überall, am Straßenrand, auf den Plätzen und in den Häusern; sie bedienen sich einer neuen, volksnahen Sprache;

im Grunde kann in den Anfängen jeder der Brüder zu jeder Zeit predigen, wobei das Beispiel und die Werke im weitesten Sinne Teil der Predigt sind. Es entwickeln sich vielerlei Arten von Ansprachen, die sich zunehmend theatralischer Mittel bedienen. Chesterton nennt Franziskus darum zu Recht »einen der Begründer des mittelalterlichen und damit des modernen Theaters« (Chesterton, 108). Der Demokratisierung der Kommunikation entspricht bei Franz, dass er – im Gegensatz zu Valdes – dem Prediger die Sonderstellung verweigert, »ausschließlich für die Ernte des Herrn zu arbeiten« (Manselli, 1975, 207), und bei allen Brüdern auf dem Erwerb des Lebensunterhalts durch Handarbeit, und nur falls diese nicht möglich ist, durch Bettel besteht. Predigen ist für ihn kein Amt, das intellektuelle Spezialisierung oder Privilegien rechtfertigte. Das Tätigsein in der Welt gehört wesentlich zur »Verkündung durch die Werke«. Ihr gebührt der Vorzug vor der Verkündigung durch das Wort.

Bei Franziskus finden wir all dies in einer ursprünglichen Form, die Möglichkeiten einschließt, die in der weiteren Entwicklung verloren gehen. Insofern gibt es einen großen Unterschied zwischen der originären Predigt des Franziskus und dem noch zu seinen Lebzeiten einsetzenden Siegeszug professioneller franziskanischer Prediger, bei denen doch »auf Wesentliches verzichtet« wird (Zerfaß, 286).

Nacktheit

Wie spricht und predigt ein Einfältiger und Idiot, ein Unwissender und Ungebildeter, wie Franz sich nannte? Er argumentiert nicht, er zeigt. Es gibt nur eine Sprache der Armut, die Armut selbst. Die höchste Armut ist Nacktheit. »Wer nicht nackt und entblößt ist, wird nicht aufsteigen bis zu ihr, die sich in eine so große Höhe zurückgezogen hat«, heißt es von dem, der liebend die Herrin Armut sucht (Sacrum Commercium 11, in Fonti Francescane, 1033). Nackt ist der Mensch beim Eintritt ins Leben und Franz beginnt sein »wahres Leben« nach der Bekehrung mit einer öffentlichen Szene der Nacktheit. Sein Vater verklagt ihn und die Sache kommt vor den Bischof, weil Franz als Poenitent nicht mehr der weltlichen Gerichtsbarkeit untersteht. Der Geschäftsmann verlangt das Geld zurück, das der Sohn großzügig aus dem Unternehmen genommen hatte und für die Restaurierung der Kirche San Damiano verwenden wollte. Er fordert vom Sohn den Verzicht auf sein Erbteil. Vielleicht glaubt er, mit dieser äußersten Drohung Franz in seine Welt zurückführen zu können. Wir kennen die

Szene aus dem Franziskuszyklus, die Bonaventura folgendermaßen beschreibt: »Vor den Bischof gekommen, duldet Franz kein Zögern noch Zaudern. Er wartet nicht und verliert keine Worte, sondern legt alle Kleider ab und gibt sie dem Vater zurück. ... Vollkommen nackt vor allen Leuten sprach er: Bisher nannte ich Dich meinen Vater auf Erden. Nun aber kann ich mit Gewissheit sagen: Vater unser, der du bist in dem Himmel« (Bonaventura, 4). Mit Bewunderung umarmt der Bischof weinend den jungen Mann, schließt ihn in seine Arme und bedeckt ihn mit dem eigenen Mantel. »Klar sah er ein, dass der Entschluss von Gott komme, und er erkannte, dass das Tun des Mannes Gottes, das er mit eigenen Augen gesehen, ein Geheimnis in sich berge« (Celano, 84; Feld, 1994, 132f). Mit Franz erneuern sich die Taten der Propheten, schreibt Celano. Was Franz von nun an verkündet, zeigt er, macht er selbst vor. Dabei lebt er sich zunehmend in die Rolle einer konkreten Nachfolge Christi ein, um schließlich zur vollkommenen Gleichförmigkeit mit dem gekreuzigten Erlöser zu gelangen.

Bei der oben geschilderten Aktion wird nach der lautstark vorgetragenen Forderung des Vaters die Szene stumm. Es fällt kein Wort. Nur die Zeichen der Entkleidung sprechen. Dann erst, als alle Zuschauer bereits verstanden haben, gibt Franz seine Erklärung ab und der Bischof wird zum Mitspieler. Auch er vollzieht eine höchst symbolische Handlung und nimmt den Nackten unter seinen Mantel. Bonaventura zitiert das »*nudum Christum nudus sequere*« des hl. Hieronymus (340–420), eine Losung, die die Wanderprediger der Armenbewegung nach dem Jahre 1000 erneuert und sich zu eigen gemacht hatten und kommentiert: »So also wurde der Diener des höchsten Königs nackt gelassen, damit er dem nackten, gekreuzigten Herrn nachfolge.« Die Nacktheit erinnert den mittelalterlichen Christen an die Passion des Herrn und indem er sich entkleidet, gelobt Franz eine Nachfolge Christi. Celano kommentiert die Szene mit einem anderen Bild: »Siehe, jetzt ist es soweit, dass er nackt mit dem Nackten ringt, alles von sich wirft, was der Welt ist, und einzig und allein an die göttliche Gerechtigkeit denkt« (Celano, 84). Das Bild des Athleten kommt aus den Zirkuskämpfen des Römischen Reiches und wurde von den frühen Christen benutzt. In einem Brief erklärt Klara von Assisi die Notwendigkeit der Nacktheit damit, dass sie dem Griff des Gegners, d. h. des Teufels, keine Handhabe biete (Fonti Francescane, 1192). Celano II benutzt die Metapher bei seiner Beschreibung der Todesszene des Franziskus: Er ließ »sich nackt auf den nackten Boden legen, um in jener letzten Stunde, in der der Feind immer noch in Zorn geraten konnte, nackt mit dem Nackten zu ringen« (Celano, 436).

Seinen Tod und den Übergang in ein anderes Leben gestaltet Franz ganz bewusst. Er will in Porziuncula sterben, an dem Ort, der für ihn der heiligste war, »weil der Ort ... mit reicherer Gnade erfüllt und durch den Besuch himmlischer Geister häufiger ausgezeichnet worden ist« (auch für das Folgende Celano, 184 f.). »Die Ärzte staunten, die Brüder wunderten sich, wie der Geist noch leben konnte in einem schon so abgestorbenen Fleische; denn das Fleisch war verschwunden und nurmehr die Haut hing an den Knochen«. Passion und Martyrium. Trotzdem fordert Franz die Brüder und alle Kreaturen auf, Gott zu loben. Er singt Verse, die er einst geschrieben hatte und ermahnt selbst den Tod, der allen schrecklich und verhasst ist, zum Gotteslob. »Fröhlich ging er ihm entgegen und lud ihn ein zu Gast: Sei willkommen, mein Bruder Tod« (439). Franz treibt die *imitatio Christi* so weit, dass er mit seinen Brüdern zum Abschied und Gedächtnis wie beim letzten Abendmahl das Brot bricht. Dann bittet er die Brüder: »Wenn ihr seht, dass es mit mir zu Ende geht, so legt mich nackt, wie ihr mich vorgestern gesehen habt, auf den Boden und lasst mich, wenn ich verschieden bin, solange so liegen, als man braucht, um gemächlich eine Meile weit gehen zu können« (439).

Die Quellen verschweigen den Kampf, den Franz führen muss, um seinen eigenen Tod zu haben. Franziskus steht längst im Geruch der Heiligkeit, sein Sterben ist von öffentlicher Bedeutung. Bewaffnete sollen verhindern, dass die Leiche entführt wird und anderswo als Reliquie Reichtum und Ruhm verbreitet. Die Leiche muss Assisi erhalten bleiben und Franziskus soll so sterben, wie es von einem Heiligen verlangt wird: als großes Exempel der Erbauung. Singen, Fröhlichkeit und natürlich auch die Nacktheit, sind nicht vorgesehen und ein Skandal. Machtkämpfe um die Führung des Ordens deuten sich bereits am Totenbett an und später in den Berichten über die Formel und die Adressaten des Segens, den Franz für die gegenwärtigen und zukünftigen Brüder, sowie für seinen Nachfolger ausgesprochen hat. Bruder Elias, der Leiter des Ordens, übernimmt sofort nach dem Tod von Franziskus die Regie (Frugoni, 1993, 52). Er sieht die Stigmata am toten Körper und ruft später die Anwesenden auf zu bezeugen, das Gleiche gesehen zu haben. Er verkündet dieses Wunder in einem Brief an alle franziskanischen Provinzen und beschließt den Bau einer grandiosen Grabkirche. Noch am Todestag des Heiligen wird die nackte Armut zur reichen Reliquie und die von einem armseligen Körper erzählte Geschichte der Passion und der Auferstehung wird zum Schauspiel für die Welt.

Im 13. Jahrhundert verändert sich die bildliche Darstellung des Gekreuzigten grundlegend. Aus dem *Christus triumphans* wird der *Christus patiens* mit dem im Leiden gekrümmten Körper, den mit einem einzigen Nagel übereinander gekreuzigten Füßen und dem in der Agonie geneigten Haupt. Franz gehört zu den Ersten, die die neue Auffassung vom Körper Christi in eine Praxis umsetzen wollen. Das öffentliche Zeigen des durch Askese bearbeiteten und gezeichneten Körpers wird ein Mittel zur Verkündigung der Passion des Herrn. Das Mit-Leiden wird zu einem neuen Schlüsselbegriff der Zeit. »Franz spürt es mit solcher Kraft, dass das Leiden Christi sich wie Stigmata in seine Hände und Füße eingräbt. Von da an breitet sich geradezu eine Stigmata-Epidemie in Mitteleuropa aus« (Illich, 1994, 92).

Inszenierung

Franz »trieb seinen inneren Impuls in die äußere Erscheinung, sein Wesen und sein Erleben wurde zum öffentlichen Ereignis, und von dem Tage, an dem er dem scheltenden Vater vor den Augen des Bischofs und der ganzen Stadt Assisi seine Kleider zurückgab, um sich von allem Irdischen loszusagen, bis zu jenem, an dem er sich sterbend, nackt auf die nackte Erde legen ließ, war alles, was er tat, eine Szene; und seine Szenen waren von solcher Gewalt, dass er alle Menschen, die es sahen oder auch nur davon hörten, mit sich fortriss«, schreibt Erich Auerbach (1946, 156f). Die Inszenierungen prägen sich den Zuschauern ein und werden von ihnen als Anekdoten weiter erzählt. So lösen sie einen Kommunikationsprozess aus, der in der Legendenbildung seine weitere Dynamik entwickelt. Die immer wieder aufgeworfene Frage, warum wir keine Predigt des Franziskus im Wortlaut besitzen und mehr noch, warum selbst gebildete Leute sich nach der Predigt nicht mehr an deren wörtlichen Inhalt erinnerten (Feld, 1994, 199/200; Tilemann, 124; Manselli, 1975, 259), findet ihre Antwort in der überragenden Bedeutung der Aktion und der Geste. Die besondere Sprachmagie des Franziskus lässt sich durch einfache Mitschrift nicht notieren. Einige Beispiele mögen die Spannweite der Franz'schen Inszenierungen zeigen.

An einem Ostertag decken die Brüder der Einsiedelei von Greccio den Tisch feiner als sonst, mit Tischtüchern und Gläsern. Üblich unter den Minderbrüdern war, auf dem Boden zu essen. Als Franz den gedeckten Tisch sieht, entfernt er sich heimlich, setzt sich den Hut eines Armen, der gerade da war, auf das Haupt, nimmt einen Stock in die Hand und geht hinaus. Draußen bei der Tür wartet er, bis die Brüder mit dem Essen beginnen. Dann ruft er: »Um der Liebe Gottes des Herrn willen, gebt diesem armen und schwachen Pilger ein Almosen«. Die Brüder bitten ihn einzutreten und mitzuessen und sind voller Verblüffung, als Franz sich allein auf den Boden setzt und den Teller in die Asche stellt. »Jetzt sitze ich zu Tisch, spricht er, wie ein Minderbruder« (Celano, 292). Die Szene ist unmittelbar sinnfällig. Der Schlusssatz ist von großer Wirkung, weil er nichts erklärt, nichts vorschreibt, nichts befiehlt, sondern nur sagt, was ist.

Die magische Seite einer Predigt des Franziskus erleben wir in folgender Erzählung. Klara und ihre Frauen in San Damiano bitten Franz wiederholt, ihnen zu predigen. Es bedarf einer Intervention des Bruders Elias, der damals den Orden leitete, um Franz dazu zu bewegen. Die Frauen versammeln sich wie üblich, um das Wort des Herrn zu hören, »aber nicht weniger auch, um den Vater zu Gesicht zu bekommen«. Franz kommt und erhebt in biblischer Geste die Augen zum Himmel, »wo er immer sein Herz hatte«. Dann lässt er sich Asche bringen und zieht auf dem Fußboden einen Kreis um sich. Den Rest der Asche streut er sich aufs Haupt. Die Zuhörerinnen warten andächtig. Aber Franz schweigt und verharrt unbeweglich in seinem Kreis. Staunen breitet sich aus. »Plötzlich richtete sich der Heilige empor und zu ihrer Verblüffung betete er den Psalm Miserere mei Deus statt eine Predigt zu halten. Als er ihn beendet hatte, machte er sich schnell davon. Ob dieses eindrucksvollen Beispiels waren die Dienerinnen Gottes von solcher Zerknirschung erfüllt, dass sie ihrem Tränenstrom freien Lauf ließen und sich harter Selbstzüchtigung kaum enthalten konnten« (Celano, 429). Dieses Mal richtet sich das »Lehrstück« nicht an die Brüder, sondern an die Schwestern, die anscheinend mit zu großer Sehnsucht Franz, ihren Freund und Vater, als Prediger gewünscht und erwartet hatten. Die Antwort, eine Bußpredigt, besteht zunächst nur aus Zeichen: Asche als Überrest des läuternden Feuers ist frei von dämonischen Stoffen und deshalb heilkräftig. Sie ist nicht nur ein kathartisches, sondern auch ein apotropäisches Mittel magischer Abwehr. Auch der Kreis hat eine apotropäisch-ausschließende und eine einschließend-bindende

Kraft (Handwörterbuch des deutschen Aberglaubens, 1927). Er schützt und trennt Franziskus von denen, die ihn lieben. Das ruft in den ihrerseits in San Damiano Eingeschlossenen eine starke Erschütterung hervor. Und jetzt hören sie die Stimme, die das Miserere singt »Gott sei mir gnädig nach deiner Güte und tilge meine Sünden nach deiner großen Barmherzigkeit. Wasche mich wohl von meiner Missetat und reinige mich …« (Psalm 51).

Die Nacktheit, das stärkste Bild franziskanischer Demut, ist nicht nur den großen Schlüsselszenen vorbehalten. Es wird von Franz und den ersten Brüdern in vielen Szenen gebraucht, manchmal notgedrungen, wenn Räuber den Brüdern die Kleider wegnehmen oder wenn die Brüder sie aus Barmherzigkeit verschenken. Eine extreme Kombination von tiefer Einfühlung und karnevalesker Verfremdung zeigt die Geschichte des Bruders Ruffino. Ruffino ist ein Cousin von Klara und entstammt wie sie einer der vornehmsten Familien der Stadt. Das Kapitel 30 der *Fioretti* erzählt seine Neigung, sich in stiller Kontemplation zurückzuziehen. Das geht soweit, dass er nur noch wenig spricht und fast stumm wird. Wahrscheinlich leidet er auch an Stottern. »Trotzdem befahl ihm einmal der heilige Franziskus nach Assisi zu gehen und dem Volk das zu predigen, was Gott ihm eingäbe.« Der scheue Bruder Ruffino leistet der Aufforderung nicht sofort Gehorsam und Franz befiehlt ihm als Strafe: »Um des heiligen Gehorsams willen sollst du nackt, wie du geboren wurdest, nur mit Unterhosen bekleidet, nach Assisi gehen und dort in einer Kirche, nackt wie du bist, dem Volk predigen.« Franz hat das Zögern Ruffinos wohl als Eitelkeit, aber auch als mangelndes Gottvertrauen verstanden. Als Ruffino losgezogen war, reut Franz sein hartes Gebot, das er einem Mann auferlegt hat, der einst zu den Vornehmsten gehörte. »Vom Geist ergriffen zieht auch er sich nackt aus« und geht nach Assisi. Die Leute glauben, als sie zuerst den einen, dann den anderen nackt in eine Kirche stürmen sehen, die Brüder seien als Folge ihrer schweren Kasteiungen nun ganz verrückt geworden. Es hagelt Gelächter, Spott und Hohn. Doch die allgemeine Heiterkeit schlägt in Zerknirschung und Trauer um, als die Zuschauer die Predigt vom Leiden Christi hören und in der Schaustellung der ausgemergelten Körper das Bild dieses Leidens konkret vor sich sehen. »Alle, die bei der Predigt dabei waren, Männer und Frauen in großer Zahl, begannen laut zu weinen«. Wieder der atemberaubende Umsturz vom Alltag in die Posse und von der Posse in das Mysterium der Passion.

Das Gleiche passiert, als Franz bereut, während einer Krankheit seinem Körper bessere Nahrung gegönnt zu haben. Noch bevor er gesund wird, rebelliert »in ihm der Geist der heiligen Demut. Er stand auf, versammelte das Volk von Assisi auf der Piazza und zog, begleitet von vielen Brüdern, mit großer Feierlichkeit in die Kathedrale ein. Er band sich ein Seil um den Hals und ließ sich, nackt, nur in Unterhosen, unter aller Augen zum Stein schleifen, an dem gewöhnlich die Verbrecher aufgestellt wurden. Obgleich er vom Quartanfieber geschüttelt wurde und kraftlos war, stieg er auf den Stein und predigte in klirrender Kälte mit großer Eindringlichkeit« (Bonaventura, VI, 2). Nach der *Legenda Perusina* spielte die Szene auf der Piazza, wo Franziskus sich bezichtigte: »Ihr glaubt wohl, ich sei ein Heiliger. … Nun denn, ich bekenne vor Gott und Euch, dass ich mich während meiner Krankheit mit Fleisch und Fleischbrühe genährt habe« (Fonti Francescane, 788). Die Szene lebt vom schreienden Widerspruch zwischen der Selbstanklage und dem Vorzeigen des Körpers, der Völlerei beweisen soll und das Gegenteil beweist. Bonaventura verleiht dem Geschehen die Feierlichkeit der Kathedrale, gibt dem Spektakel also einen sakralen Rahmen, wohl um der volkstümlichen Darstellung die Unmittelbarkeit zu nehmen. Dazu passt der Kommentar: »Alle sagten offen, dass man eine Demut wie diese wohl bewundern, nicht aber nachahmen könne«. Dies wird die allgemeine Formel, mit der die Späteren die Taten des Franziskus beschreiben und mit der der Orden jene Distanz zu seiner Gründerfigur herstellt, die es ihm erlaubt, die Nachahmung immer weiter zu relativieren.

Dass der kommunikative Gebrauch der Nacktheit damals im gesamten Orden geübt und verstanden wurde, zeigt eine Episode, die sich 1230, also vier Jahre nach dem Tod von Franz zugetragen hat und die Thomas von Eccleston beschreibt (Feld, 1994, 367). Auf dem Pfingstkapitel dieses Jahres soll ein neuer Generalminister gewählt werden. Es kommt zu regelrechten Zusammenstößen und Anhänger des Elias wollen ihren Kandidaten mit Gewalt durchsetzen. In diesem Tumult zieht sich Giovanni Parente, der bisherige Amtsinhaber, vor dem gesamten Kapitel nackt aus (»*coram toto capitulo se nudavit*«) und stellt mit dieser Geste die Ruhe wieder her. Drei Jahrhunderte später versucht das Konzil von Trient, die Gegenreformation, den Gebrauch lebender Körper bei sakralen Feiern systematisch durch hölzerne Statuen zu ersetzen. Statuen sind harmlos, im menschlichen Körper hingegen steckt immer ein Antikörper zur Macht, ein Kern der Rebellion, eine nie vollständig kontrollierbare Wahrheit.

Ganz Sprache

Wenn Franz predigte, predigte er mit seinem ganzen Körper: »Dabei hatte er seinen ganzen Leib zur Zunge gemacht, um seine Zuhörer durch das Beispiel nicht weniger als durch das Wort zu erbauen« (Celano, 173). In seiner Predigt vor Papst Honorius III. »sprach er mit solch feuriger Begeisterung, dass er vor Freude nicht mehr an sich halten konnte; während er seine Worte aussprach, bewegte er die Füße wie zum Tanze, nicht aus Übermut, sondern weil er vom Feuer der göttlichen Liebe gleichsam glühte, und darum reizte er auch die Zuhörer nicht zum Lachen, sondern erzwang tiefen, inneren Schmerz« (Celano, 146). Auch an anderer Stelle beschreibt Celano diese Einheit von Wort, Bewegung und Musik: »Zuweilen aber machte er es also: Wenn der Geist in seinem Innern in süßer Melodie aufwallte, gab er ihr in einem französischen Lied Ausdruck, und der Hauch des göttlichen Flüsterns, den sein Ohr heimlich aufgefangen hatte, brach in einen französischen Jubelgesang aus. Manchmal hob er auch, wie ich mit eigenen Augen gesehen habe, ein Holz vom Boden auf und legte es über seinen linken Arm, nahm dann einen kleinen, mit Faden bespannten Bogen in seine rechte und führte ihn über das Holz wie über eine Geige. Dazu führte er entsprechende Bewegungen aus und sang in französischer Sprache vom Herrn. Diese ganzen Freudenszenen endeten häufig in Tränen, und der Jubelgesang löste sich in Mitleiden mit dem Leiden Christi« (Celano, 357). Dieses Spiel speist sich aus archaischen, orphischen Quellen. Wort, Geste, Aktion sind eingebettet in einen einzigen Vielklang. Es ist ein Sich-Mitteilen in der Sprache und nicht durch die Sprache, nämlich in der Sprache, an der alle Dinge der belebten und unbelebten Natur und alles Geschehen teilhaben, unmittelbar, durch ihren Geist, der als verbaler Inhalt nicht fassbar ist.

»Die eigene poetische Veranlagung und das Nachwirken des provencalischen Minnesangs führten ihn dazu, die Christusgeheimnisse der Evangelien in einer Art mystisch-mimischer Exegese in ein Sakralspiel umzusetzen«, schreibt der Franziskaner O. Schmucki, als Kommentar zur Szene, in der Franziskus kurz vor seinem Tod mit seinen Brüdern das Letzte Abendmahl nachvollzog (Schmucki, 412). Dieses Spiel ist Kulthandlung, stellvertretende Verwirklichung. Für das Abendmahl braucht er keinen Altar und keinen Priester. Er feiert es in der dramatischen Einfachheit, in der Christus es vollzogen hat. Diese Art »mystisch-mimischer Exegese«, die Franz und nur ihn auszeichnet, beruht auf der Wortwörtlichkeit, mit der er das Evangelium nacherlebt. Wenn Franz später als »zweiter Christus«, bezeichnet werden wird und wenn dies keine Blasphemie sein soll, kann damit nur die Perfektion gemeint sein, die in einer wortwörtlichen, körperlichen, den Augen des Leibes sichtbaren Nachahmung Christi besteht (und nicht nur den Augen des Herzens und denen des Geistes). Das berühmteste »Sakralspiel« dieser Art hatte Franziskus, »drei Jahre vor seinem glorreichen Tod« in Greccio organisiert.

Franziskus bittet Weihnachten 1223 seinen Freund Giovanni, einen vornehmen Mann aus der Gegend, bei den Hirten auf dem Feld die Szene eines Weihnachtsfestes vorzubereiten (das Folgende nach Celano, 159 f.): »Ich will eine Darstellung mit dem Kind, das in Bethlehem geboren wurde, und will mit den Augen des Leibes das Ungemach sehen, in dem es sich befunden hat, weil die Dinge fehlten, die einem Neugeborenen notwendig sind. Ich will sehen, wie es in eine Krippe gelegt wurde und im Heu dalag zwischen Ochs und Esel«. Giovanni hat 14 Tage Zeit, um alle notwendigen Anstalten zu treffen. Dann kam die heilige Nacht, »für Menschen und Tiere wonnesam. Die Leute eilen herbei und werden bei dem neuen Geheimnis mit neuer Freude erfüllt. Der Wald erschallt von den Stimmen und die Felsen hallen wider von dem Jubel.« »Der Heilige Gottes steht an der Krippe, er seufzt voll tiefen Wehs, von heiliger Andacht durchschauert und von wunderbarer Freude überströmt.« Er »singt mit wohlklingender Stimme das heilige Evangelium. Und zwar lädt seine Stimme, seine starke Stimme, seine sanfte Stimme, seine klare Stimme, seine wohlklingende Stimme alle zum höchsten Preise ein. Dann predigt er dem umstehenden Volk. … Oft, wenn er Christus ›Jesus‹ nennen wollte, nannte er ihn, von übergroßer Liebe erglühend, nur das ›Kind von Bethlehem‹ und wenn er ›Bethlehem‹ aussprach, klang es wie von einem blökenden Lämmlein. Mehr noch als vom Worte floss sein Mund über von süßer Liebe. Wenn er das ›Kind von Bethlehem‹ oder ›Jesus‹ nannte, dann leckte er gleichsam mit der Zunge seine Lippen, indem er mit seinem glückseligen Gaumen die Süßigkeit dieses Namens verkostete und schlürfte.« Einer der Anwesenden hat eine Vision: »Er sah nämlich in der Krippe ein lebloses Knäblein liegen; zu diesem sah er den Heiligen Gottes herzutreten und das Kind wie aus tiefem Schlaf erwecken. Gar nicht unzutreffend ist dieses Gesicht; denn der Jesusknabe war in vielen Herzen vergessen. Da wurde er in ihnen mit seiner Gnade durch seinen heiligen Diener Franziskus wieder erweckt.«

Tief ist der Eindruck, den die Feier in der ganzen Gegend hinterlässt. »In dieser bewegenden Szene glänzt erneut die evangelische Einfachheit.« Aber nicht nur die Einfachheit des Evangeliums wird als »Widerschein« nach Jahrhunderten wieder sichtbar. Auch andere, ältere Kulte scheinen durch die Handlung. Das Heu der Krippe wird aufbewahrt. Die Tiere, denen es gegeben wird, gedeihen auf wunderbare Weise. Es hilft Frauen bei schwierigen Geburten, versichert Celano. Das Geheimnis der Fleischwerdung Gottes, der Inkarnation, wird zum Fruchtbarkeitsritus, zum christlich-heidnischen Mysterium. Noch andere Elemente des von Franz geleiteten sakralen Spiels sind bemerkenswert. Alle sind Mitspieler. Es gibt keine Trennung in Publikum und spezialisiertes, priesterliches Personal (Mönche oder Kleriker), auch wenn Franz, der Hauptakteur, ein Diakon ist und die entsprechenden liturgischen Gewänder angelegt hat, was Celano und Bonaventura ausdrücklich betonen. Der Raum, in dem die Feier stattfindet, ist die freie Natur, also kein sakraler oder sonst wie geweihter oder durch das Band einer Prozession mit einer Kirche verbundener Ort. Bonaventura unterstreicht, Franz habe dafür, wie es das Kirchenrecht vorsieht, um eine ausdrückliche Genehmigung des Papstes ersucht. Die Einbettung der Szene in die Schöpfung wird durch die Anwesenheit der Tiere offensichtlich, durch Ochs und Esel, aber auch durch die Chöre, die von den Felsen widerhallen und schließlich durch den Gebrauch der blökenden Stimme, durch die Franz dem Wort Bethlehem eine kreatürliche und gleichzeitig theologische Bedeutung gibt. Das Wort Bethlehem, das Franz lautmalerisch mit der Stimme eines blökenden Lämmleins ausspricht, wird zum Inbegriff magischer Mitteilung. Die Mystiker deuten jene Erfahrung der Magie von Sprache, welche sie im Begriff des Namens umkreisen, als eine Mimesis von Lauten und Dingen. Der Name enthält das geistige Wesen des Benannten. Was im blökend ausgesprochenen Wort Bethlehem zum Ausdruck kommt, ohne verbal beinhaltet zu sein, ist das Lamm, die Geburt des Opferlamms, »das hinwegnimmt die Sünden der Welt«. In der auratischen Evokationskraft eines einzigen Wortes steckt die ganze Weihnachtspredigt von Inkarnation und Opfertod, von Krippe und Kreuz. Und Celano vergisst nicht zu beschreiben, wie Franz das Sinnliche des Vorgangs mit Zunge und Gaumen auskostet, um dem Unaussprechlichen den eigenen Körper zu leihen, der »ganz Sprache« wird.

Ein Sprung zurück?

Die Welt des 12. Jahrhunderts mit ihrer großen Kulturerneuerung, das Werk der um 1100 Geborenen, hat ein halbes Jahrhundert vor der Geburt des Franziskus die Rhetorik zu einer neuen Blüte getrieben und die Kunst des Lesens, bzw. des Schriftbilds, revolutioniert (Illich, 1991). Die hohen Schulen der Zeit lehren rhetorische Kunstgriffe und Listen, »man spannt einander Fallstricke mit Worten und Fangnetze mit Silben« (Huizinga, 171). Das bringt Ruhm und Geld. »Abälard selbst bezeugt, dass er die Studien begann, um Geld damit zu verdienen, und dass er sehr viel damit verdiente. In einer Wette geht er, durch seine Kameraden aufgestachelt, dazu über, als ein Kunststück sich an die Erklärung der Heiligen Schrift zu wagen, nachdem er bis dahin nur die Physik, d. h. Philosophie, gelehrt hatte« (ebd.). Das geschulte Denken, die Methode, emanzipiert sich von ihrem Gegenstand, so wie sich der Text vom Buch emanzipiert. Durch eine Reihe rein technischer Fortschritte in der Verschriftlichung des Worts (Gestaltung des Seitenbilds durch Gliederung in Absätze, Nummerierung, Proportionierung der Abstände, alphabetisch geordnete Indices und andere Erschließungshilfen) wird der Text als Gegenstand geschaffen und vom Buch getrennt vorstellbar. Im Zuge der gleichen Entwicklung wird leises, individuelles Lesen möglich, was die »Gemeinschaften von Murmlern« mit ihrem »Lesen als motorische Aktivität des Körpers« auflöst. Die Glossierung und Kommentierung blüht auf. »Ein neuer Leser entsteht, der innerhalb weniger Jahre des Studiums eine neue Art Bekanntschaft mit einer größeren Anzahl von Autoren machen wird, als ein meditierender Mönch in seinem ganzen Leben hätte lesen können« (Illich, 1991, 103). Diese Revolution und ihre Folgen für die mentale Ordnung lässt sich mit der vergleichen, die heute durch die Möglichkeiten der Textverarbeitung und allgemein durch die Revolution der Medien ausgelöst wurde.

Franz liegt zu dieser Entwicklung quer. Er ist *illitteratus* nicht im Sinne eines Analphabeten, sondern in seiner Auffassung von Rede, Wort und Schrift. Für den Illitteratus der mündlich orientierten Kulturen haben die Buchstaben ihr eigenes, »magisches« Leben. Für Franz ist das eine theologische Frage. Er betont die Heiligkeit der Namen und Worte (*nomina et verba*) und setzt sie sogar der Eucharistie, dem Fleisch und Blut des Herrn, gleich. In seinem »Brief an alle Geistlichen« schreibt er: *Denn nichts haben und sehen wir körperlich in dieser Welt von Ihm, dem Höchsten, außer dem Leib und Blut, den Namen und Worten, durch welche wir gemacht und vom*

Tode zum Leben erlöst sind (FvA. Werke, 53). Namen und Worte, die Eucharistie in der Hand des Priesters, nur das ist es, was wir von Gott in dieser Welt leibhaftig sehen können. Für Franz muss Gott auch für die »leiblichen Augen« sichtbar sein, wie er mit Nachdruck betont. Daher die im Testament und in anderen Schriften immer wieder vorgebrachte Aufforderung, die »heiligsten Namen und geschriebene Worte« aufzulesen, wo immer man sie auch finde, sie aufzubewahren und zu ehren. »Wenn er daher irgendwo, sei es auf der Straße oder in einem Hause oder auf dem Boden etwas Geschriebenes fand, mochte es von Gott handeln oder den Menschen, so hob er es mit der größten Ehrfurcht auf und legte es an einen heiligen oder ehrbaren Ort nieder, aus Besorgnis nämlich, es könnte der Name des Herrn oder ein auf ihn sich beziehendes Wort darauf geschrieben sein« (Celano, 155). Dieser Eifer galt auch einzelnen Buchstaben und selbst heidnischen Schriften, »weil in ihnen Buchstaben vorkommen, aus denen man den glorwürdigsten Namen des Herrn, unseres Gottes, zusammensetzen kann«. Nicht weniger bemerkenswert scheint es Celano, dass Franziskus nicht gestattete, aus etwas Geschriebenem Buchstaben oder Silben auszustreichen, »mochten sie auch oft überflüssig sein oder an unrechter Stelle stehen«. Die Schrift besitzt also ein Eigenleben. Sie ist »nicht nur Kommunikationsmittel, sondern in sich eine eigene, auf die Realität wirkende Kraft« (Bartoli Langeli, 1984, 53). Bruder Leo, Sekretär und Beichtvater des Franziskus, hat einen von der Hand des Heiligen im September 1224 auf Ziegenleder geschriebenen Segenswunsch, das Einzige, auf uns gekommene handschriftliche Zeugnis des Franziskus, zeitlebens wie ein Amulett auf der Brust getragen. So bezeugt er die unauflösliche Einheit des Wortes mit seinem materiellen Träger, sei es ein Pergament oder seien es die Lippen.

Es ist also plausibel, dass Franz sich nicht nur aus Demut *illitteratus et ignorans* nennt, sondern es tatsächlich auch ist und sogar darauf pocht, weil ihm sein wortwörtliches und materielles Verständnis des Evangeliums befiehlt, diese »primitive« Kultur als Norm zu setzen gegen die kulturelle Entwicklung seiner Zeit. Seine Rede ist »gemeine Sprache« (*volgare*), möglichst einfach und kurz. Sein Wort ist undenkbar ohne Körper; die Schrift ist noch kein Text, ihm also nicht vorstellbar als etwas von der physischen Realität Losgelöstes. Mit Franz macht die Zeit noch einmal einen Sprung aus soeben errungenen kulturellen Abstraktionsfähigkeiten »zurück« in eine körperlich-geistige Ganzheit des Sich-Mitteilens, die die Menschen erschüttert. Die Wahrheit, die er ausstrahlt, der Jubel und die Freude, lassen ihn seinen Zuhörern erscheinen als »ein neuer Mensch und aus einer anderen Welt« (Celano, 82; Dreigefährtenlegende, 54), was sowohl bedeuten kann ein Mann des Ursprungs (ein »neuer Adam«), als auch ein Mann messianischer Endzeit.

Le Goff verkürzt diese Haltung »primitiver« Einfachheit und kommt zu dem Schluss: »Gegenüber der Modernität des 13. Jahrhunderts repräsentiert Franziskus die Reaktion; … die eines Mannes, der gegen die Entwicklung der Zeit wesentliche Werte bewahren will« (Le Goff, 2000, 72). Und genauer: »Im Jahrhundert der Universität verweigert er sich der Wissenschaft und den Büchern; im Jahrhundert der Prägung der ersten Dukaten, Fiorini und Goldscudi predigt er den Hass gegen das Geld«. Le Goff sieht in Franz eine elitäre, d. h. wegen ihrer Radikalität nur im kleinen Kreis mögliche, im Größeren nicht einmal wünschenswerte, aber notwendige Kritik des Fortschritts, eine Art heilige Unruhe gegenüber dem Wohlstand, eine »sancta novitas« in ihrer »unvergleichlichen Reinheit und Poesie«.

Doch Franziskus ist mehr als ein bloßes Gegengewicht oder Korrektiv zur Logik des Fortschritts. Er hat die Freiheit, die wir für eine Utopie der Zukunft halten, mit dem Blick zurück auf das Evangelium hier und heute zu verwirklichen gesucht. Einen historischen Augenblick lang ist es diesem Engel der Geschichte gelungen, dem von Walter Benjamin beschriebenen Sturm, der ihn und uns vom Paradiese weg in die Zukunft treibt, zu widerstehen. Unter rohen Verhältnissen und unter freiem Himmel lebte er die Fülle der Zeit. Durch sein unmittelbares Verständnis des Evangeliums war es ihm möglich, aus dem Bestehenden herauszutreten und seine Beziehungen zu den Menschen von Grund auf zu verändern. In einer Zeit beschleunigter Zirkulation von Geld und Kommunikation vermittelte seine »Sprache der Armut« die Fähigkeit, die Beziehungen zu den Menschen und der gesamten Schöpfung als Reichtum wahrzunehmen. Die Armut des Franziskus bedeutet in diesem Sinne das Gegenteil der modernen Verelendung durch Konsum. Andererseits trägt sie alle Spuren einer geradezu fanatischen Askese und Verachtung der Welt, das heißt einer einseitigen Entwicklung der Genussfähigkeit, weil sie auf extremer Entsagung beruht. Eine solche Haltung und der hohe Preis, den sie fordert, ist nur möglich auf dem Grund glühender Religiosität. Doch Franziskus ist kein »roher Kommunist«. Neid und Nivellierung sind ihm völlig fremd. Seine Negation der »ganzen Welt der Bildung und der Zivilisation« ist nicht abstrakt, sondern Frucht einer sehr komplexen Strategie des Ausstiegs. Diese mag heute erscheinen als eine »Rückkehr zur unnatürlichen Einfachheit des armen und bedürfnislosen Menschen, der nicht über das Privateigentum hinaus, sondern noch nicht einmal bei demselben angelangt ist« (Marx, 157 f.). Ein solches Urteil verkennt aber die Vielfalt an Bezügen und Bedeutungen der Armut des Franziskus.

Wie schon im Sufismus bedeutet die Armut des Franziskus »nichts besitzen und von nichts besessen zu sein«. Alles, was mit Erwerb, mit irgendeiner Art von Besitz zu tun hat, mit dem, was man üblicherweise materielle Sicherheit nennt, wird geradezu peinlich, zuweilen peinsam vermieden. Dieses praktizierte und insofern auch programmierte Armsein zeigt sich schließlich darin, dass auf alle Herrschaftsformen und Herrschaftsinsignien sorgsam verzichtet wird. »Der Verzicht auf Besitz, Kleider, Ehrenabzeichen, Standesbewusstsein und Ego ist der mystische Sinn dieser Freiheit vom Haben« (Sölle, 302 f.). Nur Besitzfreiheit, nur die Freiheit von der Möglichkeit, andere auszubeuten, nur ökonomische Gerechtigkeit kann die Grundlage eines nicht imperialen Friedens sein, wie ihn die Bibel in ihrem Insistieren auf Gerechtigkeit als Grundlage gedacht hat. »Wenn wir Besitz hätten, bräuchten wir auch Waffen«, sagt Franziskus, die unentrinnbare Verkettung von Armut und Frieden festhaltend.

Was bedeutet es heute, in einem System, das die Lebensbedingungen der Menschheit permanent revolutioniert und in dem »mit der Verwertung der Sachenwelt die Entwertung der Menschenwelt in direktem Verhältnis« zunimmt (Marx, 132), eine Sprache der Armut zu entwickeln, in der sich der Reichtum der menschlichen Beziehungen allseitig, d. h. als Reichtum der Bedürfnisse, ausdrücken und genießen lässt? Gibt es einen durch die enorme materielle Entwicklung gewonnenen Spielraum für Freiheit und Genuss, der ein Loslassen vom Haben ermöglicht oder erweist sich dieser Spielraum als Täuschung und Illusion?

3. Klara von Assisi

Sie darf nicht unerwähnt bleiben, Klara von Assisi, Tochter einer angesehenen Adelsfamilie. Sie fällt schon als junges Mädchen wegen ihrer intensiven Religiosität auf, flieht mit siebzehn Jahren aus dem Elternhause und begibt sich unter den Schutz der Minderbrüder, in deren Gemeinschaft

Franziskus sie durch feierliches Abschneiden der Haare aufnimmt. Als sie 1253 im Alter von 59 Jahren, 27 Jahre nach Franziskus, stirbt, war sie die Gründerin des aus dem strengen Geiste ihres geistlichen Vaters geborenen Nonnen-Ordens der »Klarissen« geworden. Sie wurde mit derselben ungewöhnlichen Eile wie jener schon zwei Jahre später heiliggesprochen. Ihr offizieller Biograph wurde derselbe Thomas von Celano, der auch das Leben des Hl. Franz im päpstlichen Auftrage verfasst hatte. Die zeitgenössischen Quellen und Berichte – hauptsächlich durch den Heiligsprechungsprozess dokumentiert – berichten übereinstimmend von einer ungewöhnlichen Frau und einer unbeugsamen Frömmigkeit. Für die Familie, insbesondere den Vater und die Verwandten, war es ein Skandal, dass sie dem als »verrückt« geltenden Franz in die Wildnis nachgelaufen war. Sie versuchten, Klara gewaltsam zurückzuholen. Die eben 18-Jährige hatte sich einer bedingungslosen Franz-Nachfolge und einer »fundamentalistischen« Radikalität verschrieben (Franz musste ihr befehlen, zu Zeiten das Fasten zu unterbrechen und auf einem Strohsack statt der bloßen Erde zu schlafen). Die Quellen bezeugen ebenso ihre charismatische Wirkung auf die anderen Klarissen, ihre Kompromisslosigkeit, was die Treue zu den Prinzipien des Franz angeht gegenüber den Wünschen von Kirche und Papst, die auf Mäßigung und mehr Flexibilität setzten. Ihre eigene strenge Ordensregel vom Papst bestätigt zu bekommen, gelang ihr nur durch größte Hartnäckigkeit buchstäblich zwei Tage vor ihrem Tode.

Die Quellen berichten aber auch davon, dass sie eine außergewöhnlich schöne Frau gewesen sei, der in der Adelsgesellschaft von Assisi alle Türen offengestanden hätten – wäre sie nicht einer jedes Normalmaß sprengenden, extrem sublimierten Liebe zu Franziskus verfallen. Dass es sich um eine tiefe Liebesbeziehung zwischen Klara und Franz gehandelt habe, davon sind so gut wie alle Biographen überzeugt. Die Quellen – einschließlich eines leicht dechiffrierbaren Traumes, der die unerfüllte körperliche Liebe schmerzhaft ausspricht – sprechen eine vergleichsweise deutliche Sprache (Feld, 1994, 420 ff.). Diese Liebe mag von ihm und ihr unterschiedlich erfahren worden sein. Sie konnte und wollte sich nur in christlicher Spiritualität artikulieren und behielt ihre Kraft und Stärke für die langen Jahrzehnte nach dem Tode des Franziskus. Klara wurde zur strengen Bewahrerin seines Erbes. Möglicherweise war sie es, die die Niederschrift der von der Kurie nicht gewünschten und erst wieder spät ans Licht gekommenen Dreigefährtenlegende veranlasste. Das alles mag für unseren Zusammenhang von vergleichsweise geringerer Bedeutung sein als für eine Biographie des Franziskus. Das letzte Jahrzehnt seines Lebens wäre als »Doppelbiographie« zu schreiben. Von größerer Bedeutung aber ist die Zwei-Einigkeit Franziskus und Klara für die unmittelbare und für die langfristige franziskanische Wirkungsgeschichte. Zu ihr gehört auch die rasche Ausbreitung des *Ordo Sanctae Clarae, OSCl,* bzw. *Ordo Sancti Francisci Pauperes Clarissae.*

Der Punkt, den Papst Innozenz IV. (1243–1254) in der Ordensregel Klaras unbedingt verhindern wollte und den sie ihm nur mit größter Anstrengung noch jene erwähnten zwei Tage vor ihrem Tode abgepresst hat, war der des unbedingten Armutsgebots. Immer wieder hatten er und seine Vorgänger versucht, sie von dieser kompromisslosen Haltung abzubringen, das Armutsgelübde weniger verbindlich zu machen, den Orden durch geschenkten Besitz stärker in die gesellschaftliche (und politische) Wirklichkeit einzubinden, indem er dergestalt »verantwortlicher« würde und nicht die Rolle des vor aller Augen sichtbaren schlechten Gewissens der selbst zur gesellschaftlichen Großmacht gewordenen Kirche spielen werde, wie es zu erwarten war. Klara ließ an dieser Stelle nicht mit sich reden, weil sie wusste, dass der Stand der Armut der war, auf den es Franz vor allem angekommen war. »An Armut reich« lautet die auf den ersten Blick paradoxe Formel: Besitz macht reich, aber abhängig und verstellt den Blick aufs Wesentliche, auf die spirituellen Quellen und die Suche nach Wahrheit; bei ihr – wie bei Franz – stehen dafür die Botschaft und die Gestalt Christi. Man darf mit nicht-gläubigem Verstande diese auch als Metapher verstehen. In den Worten des Biographen Celano liest sich die Kompromisslosigkeit in Sachen Armut so – und auch die fromme Sprache des Kirchenmannes kann die dramatische Konfrontation der Macht mit der Ethik nicht zum Verschwinden bringen: »*Schließlich schloss sie in hingebender Liebe einen solchen innigen Bund mit der heiligen Armut, dass sie nichts haben wollte außer den Herrn Jesus Christus und auch ihren Töchtern gar nichts zu besitzen erlaubte. Sie glaubte, man könne keineswegs die kostbare Perle himmlischer Sehnsucht, die sie sich mit dem Verkauf all ihrer Güter erworben hatte, besitzen zusammen mit der nagenden Sorge um irdischen Besitz. Immer wieder schärfte sie in ihren Reden den Schwestern ein: Nur dann werde eine Genossenschaft Gott gefällig sein, wenn sie an Armut reich sei … Da sie ihren Orden mit dem Ehrentitel der Armut benennen lassen wollte, erbat sie von Papst Innozenz III. seligen Angedenkens das Privileg*

der Armut. Dieser hochherzige Mann beglückwünschte Klara zu solch glü-
hendem Eifer und sagte, ihr Vorhaben stehe einzig da; und noch niemals sei
ein solches Privileg vom Apostolischen Stuhl erbeten worden … Als er ihr
zuredete, sie solle ob der Zeitläufte und Weltgefahren dem Besitz irgendwel-
cher Grundstücke zustimmen, die er ihr selbst freiwillig anbot, widerstand sie
aufs unerschrockenste und ließ sich nicht im Geringsten dazu herbei. Da
erwiderte ihr der Papst: › Wenn du wegen des Gelübdes fürchtest, so entbinden
Wir dich davon.‹ Sie aber sprach: › Heiliger Vater, auf gar keine Weise will ich
in Ewigkeit nicht von der Nachfolge Christi befreit werden.‹ … Klara war es
ernst, dem armen Gekreuzigten in vollkommenster Armut gleichförmig zu
werden« (zit. in Leben und Schriften, 30 f.). Sechs Jahre nach ihrem Tod
wurde durch Papst Urban IV. eine »5. Klarissenregel« hinzugefügt, die den
Besitz erlaubte. Der Verbreitung als nunmehr vergleichsweise normaler
Orden stand nichts mehr im Wege. 1680 gab es trotz Reformation und 30-
jährigem Krieg in Europa über 930 Klarissen-Klöster – aber da hatten sie
sich, parallel zum Schicksal der Minderbrüder, schon weit von den strengen Idealen der Gründerin entfernt.

4. Franziskus-Nachfolge: Elisabeth von Thüringen

Es nimmt Franz von Assisi nichts von seiner Einmaligkeit und Größe,
wenn man daran erinnert, dass er als radikaler Mahner und tätiger Christ
in jener Zeit des Umbruchs und der beginnenden Neuzeit nicht allein
stand – Arnold von Brescia, Peter Valdes und Antonius von Padua, um nur
drei noch einmal zu erwähnen. In Elisabeth von Thüringen (1207–1231)
hatte er eine ihm im Geiste schwesterlich ebenbürtige Schülerin, die eigen-
ständig, d. h. ohne wie Klara unter seinem unmittelbaren Einfluss und
Charisma zu stehen, einen dem seinen erstaunlich ähnlichen Weg gegangen ist. Dem europäischen Hochadel entstammend, ungarische Königs-
tochter, erlebte und erfuhr sie den Widerspruch zwischen ihrer privilegierten Position und der großen Armut im Lande, dem Elend der Kranken
und Hilflosen, was mit der Lehre Christi auf keine Weise zu rechtfertigen
und in Einklang zu bringen war (und ist). Da begab sie sich unter das Volk,
verkaufte ihren persönlichen Schmuck, öffnete in einem Hungerwinter
die herzoglichen Kornscheuern und verteilte die Vorräte an die Armen.
1225 weist sie einer ersten Vorhut von Franziskanern in Eisenach eine

Kapelle zu und versorgt die Brüdergemeinde mit selbstgesponnener Wolle. Als ihr Mann, der Landgraf von Thüringen, als Kreuzfahrer umgekommen war, plante sie, ihr gesamtes Erbe – nichts weniger als die Grafschaft Thüringen! – wegzugeben, um damit Hospitäler, Altersheime und Armenhäuser zu finanzieren; nur ihre sofortige Enterbung und Vertreibung von Hof und Burg Eisenach als »Verrückte« verhinderten die Verwirklichung dieses beispiellos radikalen, revolutionären Projektes. 1228 entsagt sie mit einem feierlichen Gelübde in der von ihr gegründeten Franziskanerkirche zu Eisenach (die erste nördlich der Alpen) allen ihren weltlichen Bindungen, wird aber von Papst Gregor IX. mit der Zahlung einer Witwenrente unter den Schutz Konrads von Marburg gestellt – es ist das Jahr der Heiligsprechung von Franz von Assisi. Aber die Entscheidung für die eigene Armut und Bedürfnislosigkeit konnte ihr auch in Marburg, wohin sie übersiedelte und dort ein Krankenhaus errichtete, niemand verwehren: Sie starb 24-jährig, ausgestoßen und im Elend an Infektionen, die sie sich bei der schonungslos-körpernahen Pflege ihrer Kranken zugezogen hatte – bis zuletzt Freude und das Bewusstsein von innerer Freiheit verbreitend.

Ihre jüngste Biographie endet mit dem Epilog: »Von königlicher Abstammung, mit allen weltlichen Gütern bedacht, wäre ihr doch bis ans Ende ein viel leichterer Weg beschieden gewesen. Elisabeths Glück band sich aber eben nicht an vergängliche Werte; ihr unerschöpflicher Reichtum und ihre Glückseligkeit bestanden in einem Übermaß an Liebe, Freude und Glauben, und es gehörte ungleich mehr Kraft und Mut dazu, diesen Reichtum gegen alle Konventionen zu verteidigen und vor der Welt auszubreiten, als das vorgezeichnete Dasein zu führen. Hierin und in einer zutiefst empfundenen und vorgelebten Menschlichkeit liegt die Zeiten überdauernde Botschaft der Fürstin, der Dienerin und der Heiligen.« (Krauß) – Gleich nach ihrem Tod erkannten ihre adligen Verwandten, die sie buchstäblich auf die Straße geworfen und aus dem Lande verjagt hatten, den politisch-psychologischen Nutzen, eine Heilige in der Familie gehabt zu haben. Erfolgreich betrieben sie in Rom ihre Heiligsprechung (1235). So wurde Elisabeth von Thüringen nach ihrem Tode genauso herrschaftsstrategisch instrumentalisiert wie zeitgleich Franz von Assisi durch die Kurie.

III. Beseelte Welt[11]

Von der ganzen vernunftlosen Schöpfung liebte er vor allem die Sonne und das Feuer. Er pflegte zu sagen:

»Wenn am Morgen die Sonne aufgeht, sollte jeglicher Mensch Gott loben, der sie zu unserem Nutzen geschaffen hat. Denn ihr verdanken wir, dass unsere Augen den hellen Tag sehen. Und am Abend, wenn es dunkel wird, sollte jeglicher Mensch Gott loben für Bruder Feuer; denn ihm verdanken wir's, dass unseren Augen die Nacht erhellt wird. Wie Blinde sind wir alle, und der Herr erhellt unsere Augen durch diese beiden Geschwister des Lichts. Darum sollen wir dem Schöpfer besonders für diese Gaben der Schöpfung und für alle anderen danken, die wir täglich gebrauchen.«

Nach dem Feuer galt seine ganz besondere Liebe dem Wasser, dem Sinnbild der heiligen Buße und Zerknirschung, die den Schmutz der Seele reinwäscht; auch weil die erste Reinigung der Seele durch das Wasser der Taufe geschieht.

Wenn er sich deshalb die Hände wusch, so wählte er stets einen Platz, wo das Wasser, wenn es herunterfiel, nicht unter die Füße der Menschen kam.

Wenn er über Felsen schreiten musste, ging er mit großer Vorsicht und Ehrfurcht, aus Liebe zu dem, der »der Fels« genannt wird.

Dem Bruder, der das Holz für das Feuer spaltete, gab er die Weisung, er solle nie einen Baum völlig aushauen, sondern immer ein Stück des Stumpfes stehen lassen, aus Liebe zu jenem, der unser Heil am Holz des Kreuzes wirken wollte.

Desgleichen sagte er dem Bruder, der den Garten bestellte, er möge

---

11 Die *kursiv* gesetzten Zitate sind mit wenigen Ausnahmen Franz von Assisi: Legenden und Laude. Otto Karrer (Hg.). Zürich, Manesse 1945 entnommen.

*nie das ganze Erdreich bloß mit essbaren Kräutern bepflanzen, sondern
auch einen Teil des Bodens freilassen, dass auch Gras Platz habe, damit
zu jeder Jahreszeit unsere Schwestern, die Blumen, gedeihen könnten.
So gab es ihm die Liebe zu jenem ein, der »die Blume des Feldes« und die
»Lilie der Täler« heißt. Ja, er wünschte vom Bruder Gärtner, er solle stets
einen Teil des Gartens für ein schönes Beet freilassen, auf dem er allerlei
duftende Kräuter und Pflanzen mit schönen Blumen anlege, damit jeweils die Menschen durch den Anblick dieser Blumen und Kräuter zum
Lobe Gottes gestimmt würden; ruft doch jedes Geschöpf uns an und sagt:
»Gott hat mich für dich geschaffen, Mensch!«*

*So haben wir, die mit ihm lebten, oft und oft gesehen, wie er Freude
schöpfte aus dem Anblick aller Wesen und wie seine innere Freude sich
auch nach außen kundtat; und oft, wenn er etwas anrührte oder betrachtete, konnte man meinen, sein Geist sei nicht auf Erden, sondern im Himmel.*

Schulakademisch müsste es heißen: »Franziskus und die Natur« (vgl. z. B.
Feld, Kap. VI). Aber in dem unschuldigen Bindewort »und« steckt die
ganze Problematik dessen, wovon hier gehandelt werden soll. Das »und«
ist die Falle, in der die zu erkennende Wahrheit gefangen säße, wenn wir
uns auf eine solche schlichte Gegenüberstellung einließen. »Natur! Wir
sind von ihr umgeben und umschlungen – unvermögend aus ihr herauszutreten, und unvermögend tiefer in sie hineinzukommen. Ungebeten
und ungewarnt nimmt sie uns in den Kreislauf des Tanzes auf und treibt
sich mit uns fort, bis wir ermüdet sind und ihrem Arme entfallen« – so
beginnt Goethes frühes Fragment »Die Natur« (1783), einer der Versuche,
die physisch-geistige Einheit von Mensch und Welt in Worte zu fassen,
ohne die Dialektik ihrer Differenz zu leugnen. Auch Franziskus verweigert
sich jeder antagonistischen Gegenüberstellung von Mensch und Natur –
sei sie sogenannte tote oder belebte – ohne deswegen eine nur gefühlte,
sprachlose, mystische Identität zu behaupten. Er versteht das Mensch-
Natur-Verhältnis als das von Familienbeziehungen: Indem er die Erde als
seine Heimat erfährt, erlebt und liebend wahrnimmt, werden ihm alle
Geschöpfe und alles, was ist, zu Brüdern und Schwestern, die Schöpfung
selbst in allen ihren Gestalten und Wirklichkeiten zu einer universalen
Familie. Es ist eine beseelte, aber in allen ihren Gliedern zugleich noch
unerlöste Gemeinschaft, die darum des befreienden Wortes bedarf: der

Anstrengung, sich bewusst zu werden. Franziskus ist in seiner Person Zeuge für die historische Möglichkeit einer Spiritualität, die zu sich selbst findet in der Aufhebung und Überwindung des Ausgestoßenseins des Menschen aus der ›natürlichen Natur‹; damit sprengt er alle modernen Vorstellungen und Grenzen dessen, was vor allem in der Tradition idealistischer Philosophie und der Aufklärung unter »Subjekt« verstanden wird.

1. Beseelte Natur – beseelte Tierwelt

Das auf Rationalität erpichte Bewusstsein der (europäischen) Moderne hat die bis in die Prähistorie zurückverfolgbare Vorstellung von einer Dichotomie zwischen dem Menschen und einer ihm feindlichen oder zumindest widerständigen und darum von ihm zu unterwerfenden Natur-Umwelt zur Grundlage seines Selbstverständnisses. Die Bibel hat dies mit der Genesis-Erzählung von der Vertreibung aus dem Paradies mythologisch gefasst, eine Verstoßung, die die Folge des Essens vom Baume der Erkenntnis war: Verlust einer unreflektierten Identität durch Bewusstwerdung der Differenz.[12] Heinrich von Kleist hat in seiner Parabel-Erzählung »Über das Marionettentheater« diese Bewusstseinsgeschichte des Menschen erzählt am Beispiel eines Jünglings, der seine naiv-natürliche Grazie in dem Moment verliert, da er ihrer gewahr wird – die Vertreibung aus dem Paradies der Unschuld durch das Bewusstsein. Es gibt keinen Weg zurück, nur einen nach vorn, zur Bewusstseinssteigerung: Erst »wenn die Erkenntnis gleichsam durch ein Unendliches gegangen ist« findet sich auch »die Grazie wieder ein; so, dass sie, zu gleicher Zeit, in demjenigen menschlichen Körperbau am reinsten erscheint, der entweder [wie die geradezu schwerelos-graziösen Marionetten; Verf.] gar keins, oder ein unendliches Bewusstsein hat, d. h. in dem Gliedermann, oder in dem Gott. – Mithin, sagte ich ein wenig zerstreut, müssten wir wieder von dem Baum

---

12 Allerdings ergibt eine genauere Lektüre und philologische Analyse, dass hier zwei Schichten zu unterscheiden sind: eine ältere, die in der Harmonie von Mensch und Tier den Zustand des Friedens eines goldenen Zeitalters beschwört – der dieser zuzuordnende »erste Schöpfungsbericht« (Genesis 1, 20–30) etwa weist Mensch und Tier gleichermaßen nur vegetarische Nahrung zu –, und eine jüngere Schicht, die mit dem Bericht über die Sintflut nicht nur die menschlichen Privilegien erneuert, sondern auch die Herrschaft über die Tiere durch »Furcht und Schrecken« (Genesis 9, 2) festschreibt. (Vgl. Kirchhoff, 1987, Kap. I).

der Erkenntnis essen, um in den Stand der Unschuld zurück zu fallen? –
Allerdings, antwortete er; das ist das letzte Kapitel von der Geschichte der
Welt.« Indem es Franz von Assisi gelang, die »Erlösung der Welt« persönlich zu leben und damit zu zeigen, dass solches durch größte, im Wort-
sinne übermenschlich zu nennende Anstrengungen möglich war, hat er
auch bewiesen, dass es nicht erst »das letzte Kapitel von der Geschichte der
Welt« sein muss, in dem radikale Einsicht und Umkehr konkret werden
können.

Wenn der Papst 1980 Franziskus zum Patron des Umweltschutzes er-
nannte und dieser inzwischen auch von nicht-religiösen Gruppen als
Zeuge für die Ökologiebewegung angerufen und zitiert wird, so beruhen
solche Vereinnahmungen zumindest teilweise auf einem Missverständnis,
richtiger: auf einem eher oberflächlichen, symptomischen Verständnis
dieser historischen Erscheinung. Denn es ist eine Sache, auf die anrühren-
den Erzählungen der Gefährten zu verweisen, die von Franz' liebevollen
Beziehungen zu den verschiedensten Tieren: Vögeln, Hasen, Schafen, dem
Wolf von Gubbio, Fischen, Würmern und ebenso zu Blumen, Bäumen
und Steinen berichten; es ist aber eine andere, die Gründe und Begründungen für diese Haltung von Liebe und Ehrfurcht, Partnerschaft und
Respekt zu verstehen. Keine Frage, es handelt sich hier nicht um »Natur-
schutz«, auch selbstredend nicht um einen pragmatisch begründeten
schonenden Umgang mit nicht-erneuerbaren Ressourcen, um es im heutigen technologischen Jargon zu sagen. Ebenso wenig liegt dieser Haltung
eine romantische Naturschwärmerei zugrunde. Nicht einmal die geläufige
Annahme einer Hierarchie der Schöpfung, in der jedes Glied, jede Da-
seinsform einen eigenen zu respektierenden Wert in abgestufter Rangord-
nung hat – mit dem Menschen als deren Krönung – würde das treffen, was
die nur in vorsichtigen Annäherungen zu ahnende Lebenserfahrung und
Weltwirklichkeit des Franz von Assisi auszumachen scheint. Vielmehr lassen die überlieferten Zeugnisse, auch wenn sie uns meist nur in der Form
frommer Fabeln überliefert sind, ein gemeinsames Muster erkennen: Das
einer kosmologischen Partnerschaft auf der gemeinsamen Grundlage,
Schöpfung bzw. Geschöpfe in Abhängigkeit von Gott zu sein (vgl. Cunningham).

Um Beziehungen als solidarisch, zuverlässig, unauflöslich, beständig,
von wechselseitiger Kraft und Stärkung zu kennzeichnen, stellt uns die
Sprache keine treffendere Metapher zur Verfügung als die der Geschwister.

Ihrer bedient sich Franz, um die Erfahrungen in Worte zu fassen, die er anscheinend mit allen Natur-Dingen dieser Welt gemacht hat, mit der belebten so gut wie der unbelebten Natur – alle sind sie für ihn »Bruder« oder »Schwester«. Es scheint ihm selbstverständlich gewesen zu sein, dass Tiere zwar zumeist stumme, gleichwohl aber beseelte Wesen sind, die man durch Reden ansprechen kann und muss. Den Vögeln zu predigen – oder einen Schwarm zwitschernder Schwalben um Ruhe während einer Predigt zu bitten –, kam ihm ganz natürlich vor. Zahlreiche christliche Heiligen-legenden berichten von Fällen der Kommunikation und intimen Freund-schaft mit einzelnen Tieren; der Fall des Franz scheint jedoch anders zu liegen: Er hatte unterschiedslos zu allen Lebewesen ein bruder-schwester-liches, ein partnerschaftliches Verhältnis.

Wo er eine Blumenwiese fand, predigte er ihr und rief sie zum Lobe des Herrn auf, gleich als ob sie Vernunft besäße. So auch die Saatfelder und Weinberge, die Steine und Wälder, alle die herrlichen Auen, die rieseln-den Brunnen, die grünenden Gärten, Erde, Feuer, Luft und Wind – alles, alles ermahnte er in aufrichtiger Herzensreinheit, Gott zu lieben und ihm freudig zu folgen. Alle Geschöpfe nannte er Brüder, und auf ungewohnte, den andern ganz verschlossene Art und Weise drang sein Scharfblick jeg-licher Kreatur bis ins Innerste, gleich als ob er schon eingegangen wäre in die herrliche Freiheit der Kinder Gottes.

Die heute eher als fabelhaft bezeichnete Vorstellung von einem Menschen, der am Strand den Fischen predigt, die sich im Wasser zu ihm drängen – so geschehen in der Fischpredigt des Heiligen Antonius von Padua –, verliert, wie auch die zahlreichen Berichte von Franz' Kommunikation mit ver-schiedenen Tieren, vieles von ihrem Märchencharakter, wenn wir uns an das Verhältnis erinnern, das unzählige Menschen zu ihren Haustieren haben: sie reden mit ihnen oft ebenso vernünftig, geben ihnen verbale An-ordnungen, erfahren ständig, dass diese auf gesprochene Anordnungen reagieren. So wie jeder Hundebesitzer in diesem ältesten Haustier des Menschengeschlechts ein »irgendwie« verständiges Wesen erkennt und es in der Regel auch entsprechend behandelt, so war Franziskus in der Lage, eine Beseeltheit in allen Lebewesen zu erkennen und sie alle entsprechend zu behandeln, mit ihnen vernünftig umzugehen. Dem Mittelalter war es allerdings ohnehin nicht fremd gewesen, Tiere für Vergehen und Verbrechen »verantwortlich« zu machen: Hunde, Katzen oder auch Hähne konnten bisweilen im Gericht als Zeugen erscheinen bzw. durch ihre Gegenwart im Gericht die Aussage eines Zeugen bekräftigen – und sie konnten auch zur Strafe getötet werden (wie es übrigens noch heute, wenn auch mit anderen Begründungen, geschieht). Mit solchen »Irrationalismen« hat erst das wissenschaftliche 19. Jahrhundert aufgeräumt (vgl. Ritvo, 1987). Aber auch für den ungläubigen Skeptiker einer aufgeklärten Gegenwart gibt es keine zwingende Begründung dafür, zwischen Hund oder Katze einerseits und den nicht-gezähmten oder nicht als Haustier aufgezogenen Lebewesen andererseits eine qualitative Trennungslinie zu ziehen: wenn Erstere die Sprache des Menschen verstehen, d. h. auf differenzierte verbale Signale reagieren können, so muss das im Prinzip auch für die »wilden« Angehörigen einer jedweden Spezies gelten können. In der europäischen Aufklärung wurde, in kritischer Absetzung von der radikal mechanistischen Naturauffassung Descartes' und der von ihm philosophisch begründeten modernen Naturwissenschaft, die Beseeltheit der Tierwelt thematisiert und darüber systematisch nachgedacht. So erschien beispielsweise von einem Hallenser Philosophen und Ästhetiker namens Georg Friedrich Meier 1749 ein umfangreicher »Versuch eines neuen Lehrgebäudes von den Seelen der Thiere« wo man – gewiss nicht ohne eine gewisse Rührung – lesen kann: »Die Thiere sind den gewaltigsten Leidenschaften unterworfen. Ein Hund schäumt vor Zorn; er beneidet dem andern einen Knochen, den dieser irgendwo bekommen hat. Die Liebe ist eine allgemeine Leidenschaft der Thiere. Die Alten lieben ihre Jungen; und es giebt unter den Vögeln eben so wohl verliebte Seelen, und Jungfernknechte als unter den Menschen … Ja man kann sagen, daß sie auch ein Temperament haben. Ein Hund in einer lustigen und sanguinischen Gemüthsart und ein anderer einer ernsthaften und melancholischen« (zit. Narr, 266). Verstreute Ansätze dieser Art zu einer potentiell herrschaftsfreien, Natur-empathischen Biologie und Zoologie sind in der Folge abgebrochen und von der positivistischen, verwertungsorientierten Wissenschaft verdrängt worden. Aber immer wieder stoßen wir auch heute auf Symptome des Unbehagens an diesem Verdrängungsprozess. Der politisch-kritische Schriftsteller John Coetzee berichtet in seinem Roman »Schande« von einem Arbeiter in einem Tierheim, der es nicht ertragen kann, dass die toten Tiere mit dem Müll verbrannt werden, und der »die Würde ihrer Leichname zu wahren« sucht, indem er sie gesondert zur Einäscherung trägt. »Warum hatte er diese Aufgabe übernommen?

Den Hunden zuliebe? Aber die Hunde waren tot; und was bedeuten Ehre und Schande überhaupt für Hunde? Er rettete die Ehre von Tierleichen, weil kein anderer blöd genug ist, es zu tun.« Aussagen und Beobachtungen wie die zitierten muten uns heute darum kindlich-naiv an, weil sie nicht in den dominanten Diskurs eingegangen sind. Das Abbrechen dieser Alternative gehört in das größere Kapitel einer nicht verwirklichten »Anderen Moderne«, die im 18. und noch zu Beginn des 19.Jahrhunderts in Wissenschaft und Technik, Ökonomie und Politik möglich war und an die kreativ zu erinnern alles andere als ein müßiges Geschäft der Geistesgeschichte ist: Eine Rückbesinnung könnte noch immer Perspektiven für realistische Zukunftsalternativen eröffnen – und tatsächlich ließ sich Ende 2005 und Anfang 2006 in der deutschsprachigen populärwissenschaftlichen Publizistik ohne ersichtlichen Anlass und zumindest zunächst ohne praktische Konsequenzen eine erstaunlich häufige Thematisierung von »Gefühlswelt« oder »Intelligenz der Tiere«, beobachten.[13]: »Jetzt denken die Forscher um, denn die Beweise häufen sich: Tiere haben ein viel reicheres Innenleben als angenommen. Und sind damit dem Menschen ähnlicher als vermutet«, heißt es da beispielsweise. Unterschwelliger Auslöser könnte die in jenen Wochen für Aufregung sorgende »Vogelgrippe« und das Wiederauftauchen der fast schon vergessenen »Rinderpest« gewesen sein, sowie TV-Berichte über die grausamen Methoden der Gewinnung von Katzenfellen in Asien – aber auch die verschiedenen Kampagnen für Tierschutz oder gegen medizinisch-kosmetische Tierversuche scheinen den Boden zu bereiten einer neuen Sensibilität für die »belebte Natur«. Die Anerkennung der Leidensfähigkeit zumindest von Wirbeltieren führte zum sogenannten »pathozentrischen Tierschutz.« Man begann Beobachtungen wie die von Leonardo da Vinci – »Der mächtige Elefant besitzt von Natur aus, was sich unter den Menschen nur spärlich findet: Ehrenhaftigkeit, Klugheit und Gerechtigkeitssinn« – ebenso ernst zu nehmen wie den von Plinius berichteten Zwischenfall in einer römischen Tierkampf-Arena 55 v. d. Z., wo eine Gruppe Elefanten von Tigern angegriffen werden sollte und in der Ausweglosigkeit ihrer Situation »sich mit so unbeschreiblichen Mitleid erregenden Gesten an das Publikum wandte«, dass dieses sich

---

13 So beispielsweise in ausführlichen Reportagen von »Stern«, »Die Zeit« und »Süddeutsche Zeitung – Wissen 05«; oder auch der Zürcher Zoo-Direktor Alex Rübel: »Mensch und Tier« in der Schriftenreihe der Vontobel-Stiftung, Zürich 2005.

empört erhob, Pompejus, den Veranstalter des Spektakels, verfluchte und zum Abbruch der Veranstaltung zwang.

Für die Anerkennung der Natur als beseelt hat Franz von Assisi wie kein anderer in der europäischen Tradition den Wahrheitsbeweis angetreten. Indem er insbesondere alle Tiere so behandelte, als ob sie beseelt wären, zeigten sie sich dann durch ihre Reaktionen auch tatsächlich so. Zahllose Legenden berichten davon. Dabei dürfte es sich bei ihm keineswegs um ein »Als-Ob«, vielmehr um eine genuin gelebte Haltung der Partnerschaft mit allen Lebewesen gehandelt haben. Eine solche Haltung ist aber jedem und jeder zu jeder Zeit möglich: Es bedarf dazu nicht der transhistorischen Außergewöhnlichkeit eines Heiligen im fernen 13. Jahrhundert. Aus der Festungshaft in Wronke, Schlesien, schreibt Rosa Luxemburg Ende Mai 1917 an ihre Freundin Sonja: »Was habe ich alles gestern erlebt!! Das muss ich Ihnen erzählen. Vormittag fand ich im Baderaum am Fenster ein gro- ßes Pfauenauge. Es war wohl schon ein paar Tage drin und hatte sich an der harten Scheibe zu Tode geflattert; es gab nur noch schwache Lebens- zeichen mit den Flügeln. Als ich es bemerkte, zog ich mich zitternd vor Ungeduld wieder an, kletterte aufs Fenster und nahm es behutsam in die Hände, – es wehrte sich nicht mehr, und ich dachte, es sei wohl schon tot. Ich setzte es bei mir auf das Gesims vor dem Fenster, damit es zu sich käme, und da regte sich noch schwach das Lebensflämmchen, aber es blieb still sitzen; dann legte ich ihm vor die Fühler ein paar offene Blüten, damit es was zu essen habe; gerade sang vor dem Fenster hell und übermütig der Gartenspötter, dass es hallte; ich sagte unwillkürlich laut: hör zu, wie das Vöglein lustig singt, da muss dir doch auch das bisschen Leben zurück- kehren! Ich musste selbst lachen über diese Ansprache an das halbtote Pfauenauge und dachte bei mir: verlorene Worte! Aber nein – nach einer halben Stunde erholte sich das Tierchen, rutschte erst ein bisschen hin und her und flog endlich fort! Wie freute ich mich über diese Rettung! Das war ein Erlebnis.« Dafür, dass Gefangene in besonderem Maße sensibel sind für Tiere in ihren Zellen gibt es viele Beispiele – Ernst Tollers »Schwalben- buch« ist ein besonders bewegendes literarisch-autobiographisches Do- kument; die Einsamkeit, das Fehlen der gewohnten und darum ›leichten‹ Kontakte zu Mitmenschen, legt anscheinend Sensoren frei, die norma- lerweise vom Lärm der Vergesellschaftung verdeckt sind. Ja, es lässt sich darüber nachdenken, dass wir Menschen unsere Moralbegriffe und ethischen Normen nicht nur im Umgang mit unseresgleichen, sondern evolutionsgeschichtlich auch im Umgang mit den Tieren, nicht zuletzt natürlich mit den sogenannten Haustieren ausgebildet – und zugleich auch wieder verloren haben (vgl. Gaita, Patterson): Die Verkümmerung zwischenmenschlicher Moral bis hin zu ihrer extremen Umkehrung im industriellen Massenmord des Holocaust darf parallel gelesen werden zur unmenschlichen (!) Behandlung von Schlachtvieh in den mechanisierten Todesfabriken der Schlachthäuser. –

Auf dem Gebiet zwischen-tierischer Kommunikation steht die Forschung noch in den Anfängen (dazu Perler/Wild). Sie hat aber bereits jetzt jeden Zweifel daran beseitigt, dass zumindest die großen Säugetiere – Wale, Delphine, Elefanten, um nur die »populärsten« zu nennen (nicht zuletzt natürlich auch die Primaten) – über intra-artspezifische akustische Kommunikationsfähigkeiten, also »Sprache«, verfügen. Auch setzt man sich nicht mehr dem Verdacht anthropomorphisierender Romantik aus, wenn man bei Säugetieren Gefühle wie Einsamkeit, Trauer, Neurosen, Schüchternheit, Aggressivität oder Freude behauptet. Der Sprung zur Kommunikation mit dem *homo sapiens* und umgekehrt muss darum keineswegs als unüberwindlich gelten – und denkmöglich ist es schon, dass Franz von Assisi andere »Sprachen« und »Wellenlängen« der Kommunikation zur Verfügung standen: zu zahlreich sind die Berichte, die von seinen intimen Beziehungen zu den verschiedensten Tieren erzählen, als dass sie nicht einen Wahrheitskern vermuten lassen.

2. Mensch und Tier

Solche Überlegungen und offene Fragen würden fehlgehen, wenn sie auch nur hypothetisch die Unterschiede zwischen Mensch und Tier dahingehend leugneten, als bedeute die Anerkennung von tierischer »Seele« zugleich die Anerkennung von Selbstbewusstsein und damit letztlich von Urteilsfähigkeit. »Können Tiere denken«, fragte der Philosoph Reinhard Brandt und kam zu dem Ergebnis: »Tiere empfinden Lust und Schmerz, sie träumen, kennen soziale Hierarchien und basteln Werkzeuge; sie senden und empfangen Zeichen und können sie assoziativ miteinander verbinden. Daher rechnet man mit psychischen Fähigkeiten der Tiere und folglich mit einem entsprechenden Bewusstsein und Selbstbewusstsein;

die Tierpsychologie ist eine bis in die Antike zurückreichende, auch in der Moderne anerkannte Disziplin. Gehört zu den psychischen Kompetenzen irgendwelcher Tiere auch das Denken? Es zeigt sich, dass Denken nur sinnvoll gefasst werden kann als Urteilen (»S ist/ist nicht P«), dass aber Tiere zur Bildung von Urteilen nach den zur Verfügung stehenden Daten nicht in der Lage sind, sie also nach unseren Erkenntnissen nicht denken können. Vom bejahenden oder verneinenden Urteilen oder Denken lässt sich sagen, dass es in Gehirnprozessen als solches nicht vorkommt. Die Erkenntnis, dass etwas ist oder nicht ist und folglich entweder wahr oder falsch ist, überschreitet alle Natur, auch die des größten Gehirns im teuersten Tomographen. Wie sollte auch etwas, das nicht ist, da sein? Hier winken die Tiere ab, die Hirntomographen versagen, und der menschliche Geist beginnt seine übernatürliche Laufbahn.«

Gleichzeitig belehren uns aber sowohl Psychologie als auch Gehirnforschung, wie problematisch der ganze Komplex der Urteilsfähigkeit ist – zum Beispiel in der forensischen Psychiatrie die Frage nach Schuld und Schulderkenntnisfähigkeit –, wie fragwürdig die Unterstellung eines »freien Willens« *tout court* bei jedem Menschen und unter allen Bedingungen ist. Bereits der ganze Bereich der Produktwerbung – konsumistisch so gut wie politisch – demonstriert uns tagtäglich die Konditionierung angeblich frei gefällter Urteile und selbstgebildeter Meinungen. Noch ernüchternder sind die Ergebnisse der Hirnforschung, die 2005 auf einer wissenschaftlichen Tagung »Das Gehirn und seine Freiheit« präsentiert wurden: »Willensfreiheit ist eine Täuschung und deshalb muss unser Begriff der persönlichen Schuld im Strafrecht wegfallen« wird der Hirnforscher Gerhard Roth in einem Bericht (SZ vom 25. 1. 2005) zitiert, der fortfährt: »So kann man einen Menschen durch Stimulation bestimmter Hirnareale dazu bringen, nach einem Glas zu greifen. Die Versuchsperson hat dabei nicht das Gefühl, ihr würde etwas aufgezwungen, sie denkt vielmehr, sie habe auf eigenen freien Entschluss hin zugegriffen. Während man also denkt, man habe selbst gehandelt, war man in Wahrheit gesteuert. Es liegt nahe zu meinen, dies sei nicht nur im Versuch, sondern auch im echten Leben der Fall. Warum? Weil uns die Naturwissenschaften zeigen, dass vieles oder sogar alles in der Welt verursacht ist. In der Natur wirken Gesetze und bislang ist keine Lücke gefunden worden, in der ein nicht verursachter menschlicher Wille Platz hätte. Das widerspricht unserer Selbsterfahrung. Wir empfinden uns als Wesen, die eine Wahl haben.«

Was das mit der Naturerfahrung und Naturfrömmigkeit des Franz von Assisi zu tun hat? Es liefe auf die tendenzielle und durchaus schmerzliche Anerkennung dessen hinaus, dass der *homo sapiens* mehr »Tierisches«, und das Tier (oder zumindest höher entwickelte Arten, also die Säugetiere) mehr »Menschliches« in sich tragen, als es »unsere Schulweisheit sich träumen lässt«, dass also, metaphorisch gesprochen, die »Kette«, die die »Schöpfung«, verbindet, feingliedriger und damit zugleich viel stärker ist, als wir Menschen es gerne zugeben möchten. Trotzdem wird man im Alltag an der Möglichkeit der subjektiven Entscheidungs- und Urteilsfreiheit normativ festhalten dürfen, und wir müssen und können darin gewiss eine qualitative Differenz zu tierischen Formen von Bewusstsein ohne Wenn und Aber sehen. Nur geht es bei der Frage nach einer Beseeltheit der Natur nicht eigentlich darum, sondern um die Anerkennung nicht-materieller Elemente als integraler Bestandteile der materiellen Welt in allen ihren anorganischen und organischen Erscheinungsformen. Diese sind zwar ungleich verteilt, und das nicht nur bei den Menschen selbst, konstituieren aber doch zumindest in der gelebten Erfahrung eines Franz von Assisi Kontinuität und Zusammenhalt der gesamten Schöpfung. Das Unterworfensein selbst noch der menschlichen Willensfreiheit unter Naturgesetze würde diese Behauptung aus seiner Sicht nur bestätigen und den Menschen näher zumindest an die Tier-, aber auch generell an die Naturwelt demütig-bescheiden zurückführen. Für Franziskus war das keine wissenschaftlich zu erörternde – zu beweisende oder zu widerlegende – Frage, sondern er hatte die Antwort, ohne die Frage überhaupt gestellt zu haben und gab sie an Zeitgenossen und Nachwelt umgekehrt zurück: Ist eine nicht-beseelte Natur überhaupt denkmöglich?

Dass die aus der »Seelenverwandtschaft« von Mensch und Tier beruhende Haltung des Franz von Assisi nicht ausschließlich aus dem christlichen Schöpfungsvertrauen oder gar den biblischen Zeugnissen abgeleitet werden kann, sondern andere, hier andeutungsweise mit dem Begriff des »Schamanentums« umschriebene Wurzeln haben dürfte, wird deutlich aus dem Kontrast zur reichhaltig belegten Einstellung eines anderen »radikal-fundamentalistischen« Christen zur Natur- und Tierwelt, nämlich Martin Luther (vgl. Treu). Aufgewachsen in bäuerlicher Umgebung hatte der Reformator ein überwiegend pragmatisches, und kaum ein empathisches Verhältnis zu den Tieren. Zum einen dienten sie ihm als Metaphern seiner theologischen Polemiken (Ratten und Schweine oder die dem Teufel zugeordnete Schlange) und zu Zwecken von Lehr-Fabeln; zum anderen aber waren sie für ihn vor allem Objekte des Nutzens, so wie sein eigener Haushalt über Ziegen, Schafe, Schweine und Hühner verfügte. Es ist sicher nicht falsch, hier auch die protestantische Wurzel der kapitalistischen Naturunterwerfung zu erkennen, die der Biosphäre keinen Eigen-, sondern nur einen Tausch- und Gebrauchswert zuerkennen will. Das Tierverständnis des Protestanten Luther ist biblisch legitimierter als das auf vorchristliche Tiefenschichten rekurrierende Naturwissen von Franziskus.

Der feierte das Weihnachtsfest 1223 in der umbrischen Kleinstadt Greccio mit einem aus lebenden Tieren bestehenden Krippenensemble »und reihte sich unter die Tiere ein, indem er wie ein Schaf blökte. In Kirche und Theologie der damaligen Zeit musste so etwas anstößig und unheimlich erscheinen. Denn mit der Teilnahme der Tiere an der weihnachtlichen Feier der Inkarnation wurde ja ausgesagt, dass auch die nichtmenschlichen Kreaturen Anteil hatten an der ›Frucht‹ der Menschwerdung Christi, der Erlösung« (Feld, 1994, 238). Der blökende Franz zeigt hier eine in europäischen Kulturen vergleichsweise unbekannte, dafür aber in Asien, Ozeanien und unter den Indianern Nord- und Südamerikas weit verbreitete, von der Ethnologie vielfach beschriebene, wenn auch nicht wissenschaftlich erklärte Fähigkeit der »Tiersprachigkeit«; sie zeichnet in jenen Kulturen die Rolle des Schamanen aus. Dazu der Religionssoziologe Mircea Eliade: »Die Nachahmung der Tierlaute durch die Schamanen, die den Eindruck auf den Beobachter nicht verfehlte und so manches Mal von den Völkerkundlern als Ausdruck einer krankhaften Besessenheit angesehen wurde, offenbart in Wirklichkeit das Verlangen, die Freundschaft der Tiere wiederzugewinnen und eben dadurch in das ursprüngliche Paradies zurückzukehren« (zit. Doyle, 220). Von den vielen und zum Teil mehrfach bezeugten Fällen, in denen einzelne von Franz gerettete oder beschützte Tiere – ein Falke, ein Hase, eine Lerche – ihm für längere Zeit treu folgten, dürften nicht alle bloß fromme Legende sein. »Franziskus als Schamane« wirft ein neues Licht nicht nur auf diese rätselhafte Figur, nicht nur auf den Schamanismus (vgl. Encyclopedia Britannica, 1964; Vol. 20), sondern auch auf das alles andere als wissenschaftlich erforschte, ja sich einer positivistischen Naturwissenschaft und Anthropologie entziehende Mensch-Natur-Verhältnis, wenn die Wissenschaft selbst inzwischen die radikale Differenz zwischen dem bewusstseinsbegabten Menschen und allen übrigen Lebewesen und Organismen infrage zu stellen beginnt.

Franz von Assisi war nicht, wie man nach all dem ein Recht hat zu vermuten, Vegetarier. Um diesen Widerspruch zwischen Tierliebe und Fleischverzehr aufzulösen, oder doch wenigstens zu erklären, bedarf es der Vermittlung eines uns Heutigen fremden Gedankens, dem des Tieropfers. Zur höheren Ehre eines Gottes oder der Götter hat der Mensch seit frühesten Zeiten Tiere rituell getötet und die wertvollsten Fleischstücke durch Verbrennen geopfert; im zu Ostern geschlachteten Lamm lebt diese primordiale Tradition bis zur Gegenwart fort. Bis an die Schwelle des industriellen Zeitalters, also in bäuerlichen Gesellschaften, gehörten auch die Nutz-Haustiere – Hühner, Schweine, Kühe etc. und nicht nur Hunde und Katzen – zum unmittelbaren Lebensumfeld der Familien, und sie zu pflegen und gut zu behandeln stellte keinen Widerspruch dar zum (in der Regel herbstlichen) Schlachtfest innerhalb des bäuerlichen Haushaltes, das bisweilen in der selben armen Küche, in der auch zumindest die Kleintiere – Geflügel oder Kaninchen – gelebt hatten, begangen wurde. Ein Tier unter diesen Umständen zu schlachten stellte darum keine industriell entfremdete, mechanisierte Tötung dar, sondern enthielt noch Spurenelemente des religiösen Opfers, mit dem auch das verspeiste Tier eine Art Ehrung erfuhr. Derartiges Fleisch ist darum etwas qualitativ anderes als das zellophan-verpackte, herkunftslose und mit keinen Lebewesen mehr identifizierbare Nahrungsmittel gleichen Namens aus der Kühltruhe des Supermarkts – und insofern eine Gabe Gottes, die auch ein Franz von Assisi – oder ein Franziskaner –, ohne sich zu versündigen, annehmen konnte.

3. Sechster Sinn

Kein Geringerer als der große Aufklärer Gotthold Ephraim Lessing hat über die Möglichkeit, »dass mehr als fünf Sinne für den Menschen sein können«, nachgedacht. Dabei geht er einerseits von der Materialität, d. h. der Gebundenheit der vorstellenden Sinne an eine existierende Materie aus, z. B. des Sehvermögens an die Sonne, andererseits aber auch von der historischen Evolution der Sinne, und zwar ganz in der Konsequenz von Goethes großem Erfahrungsgrundsatz: »Jeder Gegenstand, recht betrachtet, schließt ein neues Organ in uns auf.« Und so heißt es bei Lessing: »Sobald die Seele Vorstellungen zu haben anfing, hatte sie einen Sinn, war sie folglich mit Materie verbunden ... Jedes Stäubchen der Materie kann einer Seele zu einem Sinn dienen. Das ist, *die ganze materielle Welt ist bis in ihre kleinsten Teile beseelt.*« Am Beispiel der damals gerade entdeckten, unsichtbaren und bisher nicht bekannten »Elektricität« gibt er zu bedenken, dass auch ein Blinder sich solange nicht vorzustellen vermag, dass es einen Seh-Sinn gebe, bis der ihm – sagen wir durch eine neue medizinische Technik – verliehen werde. »Und so wie wir jetzt von der magnetischen und elektrischen Kraft, oder von dem homogenen Urstoffe (Massen), in welchem diese Kräfte wirksam sind, versichert sein können, ob man gleich irgend einmal wenig oder gar nichts von ihnen gewusst; eben so können wir uns von hundert, von tausend andern Kräften in ihren Massen versichert halten, ob wir gleich von ihnen noch nichts wissen, welchen allen ein besonderer Sinn entspricht ... Und also *darf man an der Möglichkeit eines sechsten Sinnes und mehrerer Sinne ebenso wenig zweifeln* als wir in jenem Zustande (der Blindheit; Verf.) an der Möglichkeit des fünften (des Seh-Sinnes; Verf.) zweifeln dürften. Der Sinn des Gesichts dient uns, die Materie des Lichts empfindbar zu machen ... *Wie viel andere dergleichen Materie kann es nicht noch geben*, die eben so allgemein durch die Schöpfung verbreitet ist!« (Lessing, 229 ff.; Hervorhebungen vom Verf.) Franziskus hat, so steht zu vermuten, derartige weitere Sinnesarten in sich ausgebildet – und das war möglich, so scheint es, durch eine extreme und radikale Selbstzurücknahme: die Umkehrung der historisch-traditionellen Unterwerfungs- und Herrschaftsstrategie gegenüber der Natur zugunsten eines partnerschaftlichen Hinhörens. Der englische Romancier Gilbert K. Chesterton hat die schöne Formulierung gefunden, Franz sei ein Mensch gewesen, »der den Wald vor den Bäumen nicht sehen wollte. Er wollte jeden Baum für sich und fast als ein heiliges Ding sehen.« Und das gilt dann auch für die Menschen, die für ihn nie Masse waren – auch wenn sie zu Tausenden kamen, ihn zu hören: Er sei darin ein »echter Demokrat, dass er absichtlich die Menge vor lauter Menschen nicht sah und behandelte sie wie eine Menge von Königen« (Chesterton, 109 f.).

Ein die spekulative Überlegung Lessings punktuell bestätigendes Erlebnis schildert Walter Benjamin – und nicht zufällig ist es ein Erlebnis mit einem Baum. Man darf die folgende Skizze gewiss auch lesen als ›Erinnerung‹ an den Baum der Erkenntnis, als blitzartige Erfahrung vorsprachlicher Sprache als Sprache des Baumes, die nichts mitteilt und doch eine Form der Metakommunikation ist – aber auch als Erfahrung des Baumes als eines Naturwesens, eines Gegenübers der Schöpfung, aus dem der Mensch Lebenskraft ziehen kann:

»*Der Baum und die Sprache.* Ich stieg eine Böschung hinan und legte mich unter einen Baum. Der Baum war eine Pappel oder eine Erle. Warum ich seine Gattung nicht behalten habe? Weil, während ich ins Laubwerk sah und seiner Bewegung folgte, mit einmal in mir die Sprache dergestalt von ihm ergriffen wurde, dass sie augenblicklich die uralte Vermählung mit dem Baum in meinem Beisein noch einmal vollzog. Die Äste und mit ihnen auch der Wipfel wogen sich erwägend oder bogen sich ablehnend; die Zweige zeigten sich zuneigend oder hochfahrend; das Laub sträubte sich gegen einen rauhen Luftzug, erschauerte vor ihm oder kam ihm entgegen; der Stamm verfügte über seinen guten Grund, auf dem er fußte; und ein Blatt warf seinen Schatten auf das andre. Ein leiser Wind spielte zur Hochzeit auf und trug alsbald die schnell entsprossenen Kinder dieses Betts als Bilderrede unter alle Welt« (Benjamin, Denkbilder, 425).

Die Möglichkeit einer solchen Natur-Erfahrung gerade mit Bäumen gibt auch der Sozialphilosoph Martin Buber zu bedenken: Man könne einen Baum unter vielerlei Aspekten betrachten – materialen, ästhetischen, strukturellen usw. »Es kann aber auch geschehen, aus Willen und Gnade in einem, dass ich, den Baum betrachtend, in die Beziehung zu ihm eingefasst werde, und nun ist er kein Es mehr … Es gibt nichts, wovon ich absehen müsste, um zu sehen, und kein Wissen, das ich zu vergessen hätte. Vielmehr ist alles, Bild und Bewegung, Gattung und Exemplar, Gesetz und Zahl, mit darin, ununterscheidbar vereinigt. Alles, was dem Baum zugehört, ist mit darin, seine Form und seine Mechanik, seine Farben und seine Chemie, seine Unterredung mit den Gestirnen, und alles in einer Ganzheit. Kein Eindruck ist der Baum, kein Spiel meiner Vorstellung, kein Stimmungswert, sondern er leibt mir gegenüber und hat mit mir zu schaffen, wie ich mit ihm – nur anders. Man suche den Sinn der Beziehung nicht zu entkräften: Beziehung ist Gegenseitigkeit. So hätte er denn ein Bewusstsein, der Baum, dem unsern ähnlich? Ich erfahre es nicht. Aber wollt ihr wieder, weil es euch an euch geglückt erscheint, das Unzerlegbare zerlegen? Mir begegnet keine Seele des Baums und keine Dryade, sondern er selber.« Später kommentiert Buber die exemplarische Baum-Begegnung noch grundsätzlicher: »Jene lebende Ganzheit und Einheit des Baumes, die sich dem schärfsten Blick des nur Forschenden versagt und dem des Dusagenden erschließt, ist eben dann da, wenn er da ist, *er* gewährt es dem Baum, sie zu manifestieren, und nun manifestiert sie der seiende Baum« (zit. Schreier, 18 ff.). – Man darf sich Franz von Assisi als einen Menschen vorstellen, der zu allen Erscheinungsformen der Natur zu sprechen in der Lage war.

4. Religiöses Weltverständnis

Man muss nicht Franz' radikales Christentum voraussetzen, um sein religiöses Welt-Verständnis wenigstens ansatzweise nachvollziehen zu können. Wenn für ihn die Bedingung der Möglichkeit der umfassend beseelten Welt (in seinem Falle war das Gewissheit, nicht bloße Möglichkeit) mit ihrer Herkunft als Schöpfung Gottes gegeben ist, so darf sich ein säkularisiertes Bewusstsein diese von Franz gelebte zwischen-geschöpfliche Partnerschaft und seine Ehrfurcht vor der unbelebten Natur auch ohne die Annahme einer göttlichen Schöpfung empirisch überprüfbar erklären. Eine solche Erklärung mensch-natürlicher Syntonie könnte die »Gaia-Theorie« von James Lovelock (dt. 1996) bereitstellen, die hier in den bemerkenswerten Worten eines Politikers, Vaclav Havel, resümiert sei (Rede zur Verleihung der Freiheitsmedaille, Philadelphia, 4. Juli 1994): »Diese Theorie weist nach, dass das reiche Netz gegenseitiger Interaktionen zwischen dem organischen und anorganischen Teil der Erdoberfläche von einem konsistenten System gebildet wird, einer Art Megaorganismus, dem lebendigen Planeten Gaia – benannt nach der Urgöttin, die als Archetypus der Erdnutzer wohl in allen Religionen der Welt beheimatet ist. Entsprechend der Gaia-Theorie sind wir Teile eines größeren Ganzen, und unser Schicksal hängt nicht nur davon ab, was wir für uns selbst tun, sondern auch davon, was wir für Gaia als Ganzes tun.« Diese Theorie ist gewissermaßen die rationale Erinnerung an etwas, das in Vergessenheit geraten und in den Mythen noch erkennbar ist: »das Bewusstsein der Verankerung des Menschen in der Erde und im Universum, das Bewusstsein, dass er hier nicht allein und nur für sich lebt, sondern integraler Teil eines höheren geheimnisvollen Ganzen ist, über das er wohlweislich nicht lästern sollte. Dieses vergessene Bewusstsein findet sich verschlüsselt in allen Religionen, von allen Kulturen wird es in verschiedenen Formen geahnt, es ist eines der Dinge, durch die das Verständnis des Menschen für sich selbst, seinen Platz auf der Welt und letztendlich auch für die Welt an sich begründet wird.«(Havel, 98 f.)

Franz von Assisi lebte und artikulierte eine solche Bewusstheit als Erfahrung und dann auch als immer wiederkehrende Mitteilung und Preisung des Wunders der göttlichen Schöpfung. Sie beschränkt sich nicht – und kann sich auch gar nicht beschränken – nur auf die belebte, sondern umfasst die gesamte sogenannte unbelebte Natur, bis hin zum Wasser oder dem Gestein, das ja allgemein als Inbegriff toter Materie gilt – fälschlich, wie wir inzwischen zu vermuten Anlass haben, denn zumindest einigen Steinen und Gesteinsarten werden in Kulturen und Gesellschaften, die noch über ein größeres und differenzierteres Körperwissen verfügen, spezifische Kräfte zugeschrieben. Dass das Wasser sowohl in Form von Schwingungen als auch bakteriologisch lebt (und folglich auch abgetötet werden kann), ist in der Wissenschaft längst keine Esoterik mehr. Die biblische Erzählung der Genesis lässt bekanntlich die Schöpfung aus dem Wasser entstehen. Wasser als Symbol für Fruchtbarkeit, Erneuerung und Leben (Doyle, 7. Kap.) finden wir wieder in zahlreichen mythologischen Bezügen – bis hin zu Shakespeare oder auch Richard Wagner. Die Legende von der geschenkten Schleie, die Franz, nachdem er eine Weile mit ihr gesprochen hatte, wieder in den See von Rieti zurückgab und die seinem Boot noch so lange folgte, wie Franz für sie betete, enthält diese doppelten Verweise auf das lebendige Wasser wie auf die ihm und uns zugehörige Kreatur. In der Biologie gilt es inzwischen als experimentell bewiesen, dass zumindest einige Pflanzen, insbesondere Blumen, auf akustische Signale – auf Musik – differenziert reagieren, also auf eine systematisch noch kaum ernsthaft untersuchte Weise »ansprechbar« sind. Eine von traditionellen Botanikern heftig bekämpfte neue Fachrichtung »Neurobiologie« bemüht sich um den Nachweis einer elektrophysiologischen Signalverarbeitung bei Pflanzen. Das franziskische »Lob der Schöpfung« wäre dann als poetische Artikulation einer gesteigerten Form von Bewusstsein, von Einsicht und integraler Wieder-Zugehörigkeit zu allem Kreatürlichen zu verstehen (metaphorisch gesprochen: nach der Vertreibung aus dem Paradies).

Wir, die wir mit ihm zusammen waren, sahen, wie er sich bei fast allen Kreaturen innerlich und äußerlich beständig freute, wie er sie berührte und gerne sah, sodass sein Geist nicht auf der Erde, sondern im Himmel zu sein schien. Und das ist offenkundig und wahr. Denn wegen der zahl-

115

reichen Tröstungen, die er in den Geschöpfen Gottes fand, komponierte
und machte er kurz vor seinem Tod »Lobpreisungen des Herrn« über /für
seine Geschöpfe, um die Herzen derer, die sie hörten, zum Lobe Gottes
anzuregen und damit der Herr in /durch seine/n Geschöpfe/n von allen
gelobt würde.

Die radikale und konsequente Christus-Nachfolge Franz' steht dabei in dieser zentralen Welterfahrung und -haltung in deutlichem Gegensatz und Widerspruch zu den Evangelien: Für das Neue Testament steht die Anthropozentrik der gesamten Schöpfung außer Frage. Dass der Mensch mehr wert sei, als die Tiere, wird von den Evangelisten immer wieder betont (Matthäus 6,25–33; Lukas 12,22–31) und von Paulus (1. Korinther 9,8 b-10 a) später noch argumentativ verschärft. (Kirchhoff, 63 ff.) Nichts könnte der liebevollen Zuneigung des Franziskus zur Natur in allen ihren göttlich beseelten Erscheinungsformen eines ungeteilten und unteilbaren Schöpfungsganzen stärker entgegenstehen, als dieser unbedingte Primat des Menschen, qualitativ von der Schöpfung in ihrer Gesamtheit unterschieden und der belebten wie der unbelebten Natur vorgesetzt. Allerdings ist es fragwürdig, ob zumindest in diesem Punkte die Evangelisten die Lehre und Haltung Jesu zutreffend wiedergeben.

Die erste Franziskus-Biographie, die mit der goldgrundierten Nacherzählung der frommen Legenden brach und ein modernes Bild des Heiligen zu zeichnen versuchte, war die des protestantischen französischen Theologen Paul Sabatier Endes des 19. Jahrhunderts – aber auch er konnte sich der Faszination seines Gegenstandes nicht entziehen, wie seine Darstellung der berühmten Vogelpredigt zeigt: »… Frohen Sinnes schritt er dahin; in der Ferne bemerkte er Scharen von Vögeln, die bei seinem Näherkommen nicht flohen, sondern sich zutraulich herbeidrängten, wie um ihn freundlich willkommen zu heißen. ›Ihr Vöglein, liebe Brüder‹, sprach er, ›wie sehr müsset ihr euren Schöpfer lieben und preisen. Er hat euch ein warmes Federkleid gegeben, Flügel, euch zu erheben, so wie alles, was euch sonst Not tut. Er hat euch edel gemacht vor allen Geschöpfen; denn er erlaubt euch, in der reinen Luft zu leben. Ihr säet nicht, ihr erntet nicht, und er versorgt, schützt und kleidet euch doch.‹ Da reckten die Vöglein den Hals, schlugen mit den Flügeln und öffneten die Schnäbel, als wollten sie ihn dankbar ansehen, der zwischen ihnen hindurch ging und liebkosend mit dem Saume seiner Kutte an ihnen vorüberstrich. Dann segnete er sie mit dem Zeichen des Kreuzes und nahm Abschied von ihnen. – Auf demselben Wege kam er nach Alviano. Als er der Menge zu predigen begann, huben die Schwalben so laut zu zwitschern an, dass er sich nicht mehr verständlich machen konnte: ›Jetzt aber ist es Zeit, dass auch ich spreche‹, rief er. ›Ihr Schwalben, liebe Schwesterchen, höret Gottes Wort mit an, schweiget und bleibet ruhig, bis ich zu Ende gesprochen habe.‹ So umfasste Franz mit seiner Liebe die ganze Schöpfung und verfolgte mit andächtiger Rührung das geheimnisvolle Wirken der Natur« (Sabatier, 171 f.). Die zitierten Worte der Vogelpredigt sind sinngemäß überliefert, d. h. von den Brüdern, die Zeugen der berühmten Szene waren, aufgeschrieben worden. »So ging der Heilige durch die Schöpfung, behutsamen Schrittes, ohne das Geschaffene zu verletzen, und die Geschöpfe und Dinge neigten sich ihm zu«, schreibt später ein anderer aber ebenso emphatischer, dezidiert katholischer Schriftsteller, Reinhold Schneider, Anfang der vierziger Jahre des 20. Jahrhunderts: »Die Vögel schwiegen, wenn er predigen wollte, ein Fisch, dem er die Freiheit wiedergab, folgte seinem Kahne auf dem Trasimenischen See, der Wolf wurde sanft unter seinen Worten, weil er zum ersten Male Liebe fühlte, die die größte Macht auf Erden ist … Alles Geschaffene flößte dem Heiligen Ehrfurcht ein … Indem Franziskus die Ehrfurcht während seines ganzen Lebens liebend vollzog, machte er offenbar, dass die Dinge zu heilig sind, als dass der Mensch sie in uneingeschränktem Sinne besitzen könnte« (Schneider, 61). Die radikale Armut als Adel und Ideal christlicher Frömmigkeit hat für das Zeugnis des Franziskus eine keineswegs sekundäre Natur-Dimension, die hier angesprochen wird: Nicht nur dem weltlichen Besitz soll der spirituell lebende Mensch entsagen, sondern dem Besitz als geistig-physischer Kategorie überhaupt, der Besitz-Haltung, in der immer ein exklusives, herrschaftliches Moment steckt – auch eben und nicht zuletzt dem Eigentum an Teilen der Schöpfung: Tiere, Pflanzen, Früchte der Natur, Grund und Boden. Jeder Besitz, insbesondere aber der an den Dingen der Natur, enthält den Keim des Willens zur Macht, der Verteidigung der Besitzansprüche und in letzter Instanz von Gewalt bis hin zum Krieg. Besitz ist, franziskisch gesehen, der Gegenpol der Liebe zur Schöpfung in allen ihren materiellen Gestalten. »Als Franziskus sich hingab und alles wagte um der Liebe willen, wurde die Erde seine Heimat und wurden alle Geschöpfe seine Brüder und Schwestern« – so ein Franziskaner heute. »Das brachte ihn dazu, die Welt um ihn herum zu lieben und zu achten, und machte ihn zu einem wahrhaft demütigen und selbstlosen Menschen«(Doyle, 18).

✶

Rosa Luxemburg

Die leidenschaftliche Kriegsgegnerin Rosa Luxemburg (als solche war sie während des 1. Weltkrieges zu Festungshaft verurteilt worden) bezog ihre geistig-seelische Kraft und Energie, mit der sie für eine revolutionäre Vermenschlichung der Welt politisch kämpfte, vielleicht in letzter, sich jeder psychologischen Erklärung verweigernder Instanz aus einer tiefen »franziskischen« Liebe zur Gesamtheit der Schöpfung und der Natur-Gemeinschaft alles Lebendigen. Für sie war es – so wie für Franz – ganz selbstverständlich, ja im wörtlichen Sinne natürlich, vom »Bruder Büffel« zu sprechen wie im folgenden Brief vom Dezember 1917 aus der Gefangenschaft, den man zu Recht eines der bewegendsten menschlichen Zeugnisse nennen darf (Luxemburg, 410 ff.):

»Ach Sonitschka, ich habe hier einen scharfen Schmerz erlebt; auf dem Hof, wo ich spaziere, kommen oft Wagen vom Militär, voll bepackt mit Säcken oder alten Soldatenröcken und Hemden, oft mit Blutflecken ..., die werden hier abgeladen, in die Zellen verteilt, geflickt, dann wieder aufgeladen und ans Militär abgeliefert. Neulich kam so ein Wagen, bespannt statt mit Pferden mit Büffeln. Ich sah die Tiere zum ersten Mal in der Nähe. Sie sind kräftiger und breiter gebaut als unsere Rinder, mit flachen Köpfen und flach abgebogenen Hörnern, die Schädel also unseren Schafen ähnlicher, ganz schwarz mit großen sanften Augen. Sie stammen aus Rumänien, sind Kriegstrophäen ... die Soldaten, die den Wagen führen, erzählen, dass es sehr mühsam war, diese wilden Tiere zu fangen und noch schwerer, sie, die an die Freiheit gewöhnt waren, zum Lastdienst zu benutzen. Sie wurden furchtbar geprügelt, bis dass für sie das Wort gilt ›vae victis‹ ... An hundert Stück der Tiere sollen in Breslau allein sein; dazu bekommen sie, die an üppige rumänische Weide gewöhnt waren, elendes karges Futter. Sie werden schonungslos ausgenutzt, um alle möglichen Lastwagen zu schleppen und gehen dabei rasch zugrunde. – Vor einigen Tagen kam also ein Wagen mit Säcken hereingefahren, die Last war so hoch aufgetürmt, dass die Büffel nicht über die Schwelle bei der Toreinfahrt konnten. Der begleitende Soldat, ein brutaler Kerl, fing an, derart auf die Tiere mit dem dicken Ende des Peitschenstieles loszuschlagen, dass die Aufseherin ihn empört zur Rede stellte, ob er denn kein Mitleid mit den Tieren hätte! ›Mit den Menschen hat auch niemand Mitleid!‹, antwortete er mit bösem Lächeln und hieb noch kräftiger ein … Die Tiere zogen schließlich an und kamen über den Berg, aber eins blutete … Sonitschka, die Büffelhaut ist sprichwörtlich an Dicke und Zähigkeit, und die war zerrissen. Die Tiere standen dann beim Abladen ganz still erschöpft und eins, das, welches blutete, schaute dabei vor sich mit einem Ausdruck in dem schwarzen Gesicht und den sanften schwarzen Augen, wie ein verweintes Kind. Es war direkt der Ausdruck eines Kindes, das hart bestraft worden ist und nicht weiß, wofür, weshalb, nicht weiß, wie es der Qual der rohen Gewalt entgehen soll … ich stand davor und das Tier blickte mich an, mir rannten die Tränen herunter – es waren *seine* Tränen, man kann um den liebsten Bruder nicht schmerzlicher zucken, als ich in meiner Ohnmacht um dieses stille Leid zuckte. Wie weit, wie unerreichbar, verloren die freien, saftigen, grünen Weiden Rumäniens! Wie anders schien dort die Sonne, blies der Wind, wie anders waren die schönen Laute der Vögel oder das melodische Rufen der Hirten. Und hier – diese fremde, schaurige Stadt, der dumpfe Stall, das ekelerregende muffige Heu mit faulem Stroh gemischt, die fremden, furchtbaren Menschen, und – die Schläge, das Blut, das aus der frischen Wunde rinnt … O, mein armer Büffel, mein armer, geliebter Bruder, wir stehen hier beide so ohnmächtig und stumpf und sind nur eins in Schmerz, Ohnmacht, in Sehnsucht. – Derweil tummelten sich die Gefangenen geschäftig um den Wagen, luden die schweren Säcke ab und schleppten sie ins Haus, der Soldat aber steckte beide Hände in die Hosentaschen, spazierte mit großen Schritten über den Hof, lächelte und pfiff leise einen Gassenhauer. Und der ganze herrliche Krieg zog an mir vorbei …«–

Alle Quellen berichten übereinstimmend, dass Franz ein immer fröhlicher Mensch gewesen sei. In Situationen besonderer emotionaler Intensität sei er vom Predigen-Sprechen ins Tanzen und vor allem ins Singen übergewechselt. Die Freude, die er ausstrahlte und durch die er anscheinend – auch das darf als historisch gesichert gelten – eine für viele Zeitgenossen geradezu unwiderstehliche Anziehungskraft ausübte, muss etwas zu tun haben mit seinem Bewusstsein, selbst gewissermaßen im Innern der Schöpfung zu stehen, jedenfalls nicht der ausgeschlossene, entfremdete, unbehauste, des Schutzes vor der Natur durch Kleidung und Wohnung bedürftige Mensch, ein »Mängelwesen« zu sein. Seine auf das extremste Minimum reduzierte Kleidung – die mit einem Strick zusammengehaltene Kutte aus einfachstem grob gewebten Material – ist sicherlich auch darin begründet, zwischen sich und der natürlichen Umwelt möglichst alle Trennwände zu überwinden. Als er sich dem Tode nahe wusste, verlangte er, nackt auf den Steinboden von Porziuncula gelegt zu werden. Die ihm von seinen Mitmenschen gegebene Nahrung (er bestand darauf, dass seine Minder-Brüder, bevor sie betteln gehen, durch Eigenarbeit selbst für ihre Nahrung aufkommen müssten) nahm er mit Demut und als (göttliches) Geschenk an: Er bedurfte ihrer nur als absolutes Minimum. Die von ihm radikal vorgelebte körperliche Bedürfnislosigkeit darf man dabei aber auch als Weg zur Erkenntnis, zur Steigerung der Wahrnehmungsfähigkeiten, der Öffnung zur geschwisterlichen Natur hin sehen. Einer der deutschen Herausgeber und Übersetzer der »Werke«, Wolfram von den Steinen, bemerkt dazu: »Von der Askese steht es rein empirisch fest, dass sie im Menschen ungewöhnliche Kräfte ausbildet. Die entschlossene Herabsetzung der Bedürfnisse mindert die Sorgen, und die Abhärtung gegen das Leiden gewährt eine starke Unabhängigkeit. Wer den Hunger nicht fürchtet, ist für Notzeiten gewappnet; wer Martern nicht fürchtet, den werden Tyrannen nicht beugen. Darüber hinaus vermag das erdnahe Leben in dem Asketen ein Gefühl für die Pulse der Natur zu entwickeln, wie es in festen Häusern mit Bett und Herd und Licht und Heizung niemand erreicht … So naturwidrig Franz' Askese anmutet, sie war eben doch die Grundlage für seine mit Recht gefeierte Natürlichkeit« (in: Franz von Assisi, 1958). Der viel zitierte, viel interpretierte und viel übersetzte »Sonnengesang«, im umbrischen Dialekt des Italienischen geschrieben und einer der wenigen als authentisch geltenden Texte, ist ein großer Hymnus auf die Schöpfung von innen her, indem alle Erscheinungen des Kosmos – Himmel und Erde, Bruder Feuer und Schwester Wasser, Bruder Sonne, Schwester Mond und alle Sterne – wie selbstverständlich zu Geschwistern im Bewusstsein werden. Die Anrede der Sterne im »Sonnengesang« als solche »Geschwister« – *Am Himmel hast du sie geschaffen, hell, kostbar und schön* – enthält einige weiterführende Implikationen franziskischer Kosmologie: Nicht nur die (von der modernen, wissenschaftlichen

Astronomie errechneten, buchstäblich schwindelerregenden) Zahlen etwa des Erdalters mit 4 700 000 000 Jahren oder des Durchmessers allein unserer Galaxie mit 100 000 Lichtjahren müssten jeden *homo sapiens*, sofern er sich diese Bezeichnung rechtens verdienen will, zu einer rational begründeten Haltung der Demut, der Bescheidenheit und auch des Staunens zwingen, wie sie Franziskus ohne mathematische oder physikalische Erkenntnisse eigen war; mit dem Wissen um die zeitlichen und räumlichen Dimensionen des Kosmos steigt auch die gewissermaßen statistische Wahrscheinlichkeit der Existenz von beseelten Wesen auf »anderen Sternen« und rechtfertigt damit die Rede von ihnen als »Geschwistern«.

Es ist nur folgerichtig und kohärent, dass eine sinnliche Naturerfahrung neben den Lebewesen, der Pflanzenwelt und der unbelebten Materie auch die vier »klassischen« Elemente in die religiöse Weltwahrnehmung gleichberechtigt einbezieht. Vom Wasser war bereits die Rede. Dass es »lebt«, d. h. auf die verschiedensten Umwelteinflüsse reagiert, zeigen etwa Untersuchungen an mikroskopischen Photographien von Eiskristallen, die unterschiedliche Formen annehmen sowohl nach musikalischer Beschallung (und auch da noch unterschiedlich je nach Art der Musik), als auch durch optische Signale an das noch ungefrorene Wasser. Vergleichbares gilt, wie erwähnt, für die Botanik. Aber eben nicht nur die lebenden Geschöpfe sind im Blickfeld. Auch *Bruder Wind* gehört im »Sonnengesang« zu den Geschwistern des Menschen, der Wind, Luft in Bewegung, auch er – wie das Wasser – lebenspendend und -erhaltend, nicht zuletzt in unserer Gegenwart als wichtige, ökologisch sanfte Energiequelle entdeckt. Ebenso wird das Feuer brüderlich behandelt: *Er mochte niemals gern eine Kerze auslöschen, eine Lampe oder ein Feuer, so bewegt war er von Zuneigung und Liebe zu ihm;* andere Berichte sagen, dass *er es nicht wünschte, dass ein Bruder ein Feuer oder ein Stück schwelenden Holzes austrat, wie es so oft getan wird, sondern dass er es auf den Boden gelegt haben wollte aus Ehrfurcht vor dem, dessen Licht es ist.* Der göttliche – heilige – Ursprung des Feuers wird in den Zivilisationsmythen vieler Kulturen erzählt: für die europäische ist es die Geschichte des Prometheus, der den Göttern das Feuer stahl und damit den Menschen den Schritt in die Geschichtlichkeit ermöglichte. Mircea Eliade erkennt religionspsychologisch im Wunsch nach der Beherrschung des Feuers – von Jesaja über Vergil und die Kirchenväter bis zu Franziskus – die Sehnsucht nach dem Paradies. 1225, eineinhalb Jahre vor seinem Tode, verlor Franz fast völlig sein Augenlicht und die Ärzte emp-

fahlen zur Wiederherstellung die extrem schmerzliche Operation des Aus-
brennens der Schläfen (sie brachte keine Besserung). Es wird berichtet,
dass Franz jedoch dabei keinerlei Schmerzen verspürt habe, nachdem er
das folgende Gebet gesprochen hatte: *Mein Bruder Feuer, herrlicher als
die übrigen Dinge, kraftvoll, schön und nützlich hat dich der Allerhöchste
geschaffen. Sei mir in dieser Stunde gewogen, sei höflich! Denn schon lange
habe ich dich im Herzen geliebt. Ich bitte den großen Herrn, der dich geschaffen, er möge deine Hitze ein wenig kühlen, dass ich dein sanftes Brennen
aushalten kann.* Das mag eine der vielen frommen Legenden sein – aber
die demütige, respektvolle, um nicht zu sagen liebende Haltung gegenüber
diesem wie den anderen Elementen, ohne die Leben auf dieser Erde –
jedenfalls in der uns bekannten Gestalt – nicht möglich wäre, darf, ja muss
im Horizont der dramatischen Umweltzerstörung ernstgenommen und
zum ethischen Kompass erhoben werden, ohne dass wir sie deshalb so
radikal eins zu eins wie Franz praktizieren könnten: Einen Bruder, der einmal die Flamme löschen wollte, die Franz' Kutte erfasst hatte, bat er, das
nicht zu tun: *Liebster Bruder, tu dem Feuer nicht weh!*

Goethe hat diese sittliche Dimension der Naturfrömmigkeit in der Got-
tesverehrung der Parsen, in der das Feuer eine zentrale Stellung einnimmt,
für bedeutend gehalten, was sich – in der knappen Darstellung in den
»Noten und Abhandlungen« zum *West-Östlichen Divan* – wie ein franziskisches Glaubensbekenntnis liest: »Wichtig ist es jedoch zu bemerken, dass
die alten Parsen nicht etwa nur das Feuer verehrt; ihre Religion ist durchaus auf die Würde der sämmtlichen Elemente gegründet, in sofern sie das
Daseyn und die Macht Gottes verkünden. Daher die heilige Scheu das
Wasser, die Luft, die Erde zu besudeln. Eine solche Ehrfurcht vor allem was
den Menschen Natürliches umgiebt leitet auf alle bürgerlichen Tugenden:
Aufmerksamkeit, Reinlichkeit, Fleiß wird angeregt und genährt. Hierauf
war die Landescultur gegründet, denn wie sie keinen Fluss verunreinigten,
so wurden auch die Canäle mit sorgfältiger Wassersparniß angelegt und
rein gehalten, aus deren Cirkulation die Fruchtbarkeit des Landes ent-
quoll, sodass das Reich damals über das Zehnfache mehr bebaut war. Alles,
wozu die Sonne lächelte, ward mit höchstem Fleiß betrieben, vor anderm
aber die Weinrebe, das eigentlichste Kind der Sonne, gepflegt … Eine so
zarte Religion, gegründet auf die Allgegenwart Gottes in seinen Werken
der Sinnenwelt, muss, einen eignen Einfluß auf die Sitten ausüben. Man
betrachte ihre Hauptgebote und Verbote: nicht lügen, keine Schulden

machen, nicht undankbar seyn! die Fruchtbarkeit dieser Lehren wird sich jeder Ethiker und Ascete leicht entwickeln ...«

»Da droben im stillen Assisi ist ein Versöhnungsfest, das nicht ergreifender, nicht freudiger gedacht werden kann, zwischen zwei Freunden gefeiert worden, die sich so lange verkannt, dem Menschen und der Natur«, schrieb der Kunsthistoriker Henry Thode über die Giotto-Fresken vor einhundert Jahren in einem enthusiastischen Stil, der heute leicht befremdlich klingen mag. Ihm kommt das Verdienst zu, überzeugend und bis heute gültig herausgearbeitet zu haben, dass mit der Entdeckung der Natur durch Franz, damit, dass er den Menschen, die ihn predigen hörten und die seine »heitere und sinnige Freude an der Natur, die liebevolle Beobachtung des farbenprangenden Daseins« miterlebten, die Augen und alle Sinne öffnete, die moderne Kunst begonnen habe: »Eine Religion und Natur in harmonischen Einklang setzende Anschauung, die Einheit von Gott und Welt, ist der Grundgedanke in des Franziskus Predigt gewesen, er ist von seinen Schülern binnen kurzem über die Welt verbreitet worden und hat allüberall freudige Aufnahme gefunden – damit auch die Grundbedingung der modernen Weltanschauung, die Grundbedingung vor allem der modernen Kunst. Es vollzog sich dasselbe, was vor vielen Jahrhunderten die griechische Kunst ins Leben rief. Die Götter wurden zu Menschen und die Menschen zu Göttern!« (Thode, 113 f.) Man kann, auch wenn sie heute etwas verblasst sind, diesen Enthusiasmus für Natur und Welt, für die Schöpfung und die Geschöpfe in den Details der Giotto-Fresken noch erkennen, wenn man diesen dramatischen Erzählzyklus auf den historischen Hintergrund der rein spirituellen Goldgrundmalerei der prä-franzischen Kunst projiziert. Gleichwohl bedeutet der hier sichtbar gemachte Einbruch der Natur in die Welt nicht deren ästhetische Verselbständigung, wie sie in der Malerei des späten 14. und dann aufs Schönste steigernd sich im Laufe des 15. Jahrhunderts bei gleichbleibender biblischer Thematik zu beobachten ist. Die »Partnerschaftlichkeit« von Mensch und Kosmos wird in den Assisi-Fresken wie selbstverständlich in eine bildnerische Erzählung umgesetzt, in der alles dialogisch angelegt ist. Im Unterschied zu dem, wie sich das 12. und frühe 13. Jahrhundert ästhetisch und ikonographisch präsentiert, wird hier eine Welt zwar mit ihren sozialen Hierarchien, aber doch zugleich in Übereinstimmung mit sich und dem Göttlichen abgebildet – die Momentaufnahme eines kurzen, glücklichen historischen Augenblicks, die in Leben und Zeugnis des Franz von Assisi Wirklichkeit geworden ist. Die bald danach beginnende Objektivierung der Natur in beweglichen Tafelbildern, auf denen sie als Hintergrund zu biblischen Themen immer mehr in den »Vordergrund« rückt, schließlich ihre spätere Emanzipation vom theologischen Diskurs und ihre beobachtungsgenaue Ästhetisierung »vergisst« dann die Beseeltheit, macht Natur zum »Gegenstand« von »Kunst« und damit auch für andere – z. B. ökonomische – Zwecke verfügbar. In der Malerei der Gegenwart hat einzig Paul Cézanne noch einmal die spirituelle Dimension der Natur – diesmal in der geologischen Struktur als dem Kern der Schöpfung – erkannt und sie in den Bildern der Montagne Sainte Victoire ausgesprochen: »Um eine Landschaft richtig malen zu können, muss ich auch zuerst die geologische Schichtung kennen. Bedenken Sie, dass die Geschichte der Welt an dem Tage begann, an dem zwei Atome sich begegneten, zwei Wirbel, zwei chemische Tänze sich miteinander verbanden« (Cézanne, 50). Im »Bahndurchstich« malt er, so eine kunsthistorische Interpretation, »den Schnitt, der durch das Naturempfinden seiner Zeit geht, die Spaltung zwischen Natur (Berg) und Kultur (Haus), die immer größer werdende Distanz zwischen Natursehnsucht und wissenschaftlich-technischer Unterwerfung und Ausbeutung der Natur. Der Schnitt legt die Schichten der Erde frei; er zeigt in ein und derselben Bildmetapher die gewaltsame Veränderung durch technologische Eingriffe und die gewordene Natur-Geschichte, die bloßgelegten Wurzeln der Welt.«(Cézanne, 10). Aber Cézannes gemalter Theologie fehlt der Dialog mit der belebten Natur, hier kommen Tier- und Menschenwelt als Ensemble der Schöpfung nicht vor, sodass das ästhetisch artikulierte Leiden an der Natur-Unterwerfung der Moderne mit ihren gewalttätigen Eingriffen zur einsamen und hilflosen Nostalgie wird. Nur in der Musik, nur einem herausragenden Musiker unserer Zeit ist die Annäherung an den franziskischen Naturdialog in seiner Ganzheit gelungen: Olivier Messiaen hat in der Erkenntnis der Möglichkeit einer auch musikalischen »anderen Moderne« – seine Musik entzieht sich jeder Schul-Klassifikation – an Franziskus anknüpfend u. a. systematisch den Gesang von Singvögeln belauscht und ebenso in Musik umgesetzt wie die Gestalt bestimmter Blumen in der Turangalila-Symphonie, die »das Allumfassende darzustellen beansprucht« (Messiaen, 14). Was Messiaen von der in seiner Musik artikulierten »Freiheit«, sagt, könnte auch eine Umschreibung der exemplarischen Haltung Franz' sein:

»eine konstruktive Freiheit, die durch Selbstbeherrschung, Ehrfurcht vor den anderen, Staunen vor dem Geschaffenen, Meditation des Geheimnisses und Suche nach der Wahrheit erlangt wird.«(ebd.) Und es ist nur konsequent, dass Messiaen als sein »*opus summum*« eine Oper – als Gattung *das* ›Gesamtkunstwerk‹ der westlichen Kultur – über den von ihm verehrten »Saint François d'Assise«, schrieb, wie es ebenso konsequent ist, dass er das bei weitem längste und nach eigener Meinung »beste Bild der Oper« der Vogelpredigt gewidmet hat.

5. Wissenschaft

Ein dem künstlerischen verwandter bedeutender Impuls, der von der franziskanischen Naturverehrung und -partnerschaftlichkeit ausging und der wiederum die historisch nicht erprobte Möglichkeit einer anderen als der historisch durchgesetzten Moderne enthält, kann hier ebenfalls nur angedeutet und nicht ausgeführt werden, nicht zuletzt, weil sie selbst stecken blieb bzw. nicht weiterverfolgt wurde: Die Rede ist von der »Wissenschaft von der Natur«. Franz selbst verhielt sich zur Theologie seiner Zeit – bis weit in die Renaissance hinein, ehe sie von der Philosophie abgelöst wurde, die unbestrittene »Mutter« aller Wissenschaft – äußerst skeptisch, kam es ihm doch, wie an anderer Stelle bereits angesprochen, auf die gelebte christliche Praxis und nicht auf den geschriebenen Buchstaben und das Bücherwissen an. Selbst das einzige Exemplar der verehrten Heiligen Schrift konnte er, wie eine der Legenden berichtet, einer bedürftigen alten Frau zum Weiterverkaufen schenken, weil Gott die tätige, praktische Liebe gefälliger sei als das Lesen. Man wird diese Lehr-Fabel nicht zu wörtlich nehmen dürfen. Franz' Ablehnung galt zunächst der Bücherwissenschaft: Er las – aber anders; es heißt, er habe nicht weitergelesen, wenn er an eine Stelle kam, die ihn anregte, und sogleich darüber reflektiert, wie er das Gelesene für sich innerlich fruchtbar machen könne. *Diese Art zu lesen nannte er fruchtbringend, nicht aber in tausend Abhandlungen herumzustöbern.* Sodann aber galt seine Ablehnung jener empirie-feindlichen, theologisierten, dogmatischen Wissenschaft, wie sie damals und bis weit ins 17. Jahrhundert herrschte. Als der theologische Bann, dessen letzte prominente Opfer Galileo Galilei und Giordano Bruno wurden, schließlich gebrochen war, da war unter dieser Decke eine ihr strukturell ver-

wandte moderne Wissenschaft entstanden, deren analytisch-objektivie-
rendes Erkenntnisinteresse jeden Gedanken an die bloße Möglichkeit,
dass die zu erforschende Natur etwa »beseelt« sein könnte, kategorisch von
sich wies bzw. dogmatisch ausschloss. Das ist bis heute so geblieben. Franz
hatte dagegen seine emphatische Naturbeobachtung gesetzt und gelebt,
eine »zarte Empirie, die sich mit dem Gegenstand innigst identisch macht
und dadurch zur eigentlichen Theorie wird. Diese Steigerung des geistigen
Vermögens gehört einer hochgebildeten Zeit an« (Goethe). Eine solche
beobachtende Wissenschaft ist durchaus auf Erkenntnisse aus, aber auf
Erkenntnisse, die mittels Zuneigung zum Gegenstand, durch Empathie zu
gewinnen und die darum von anderer Qualität sind als die der Natur unter
Zwang abgerungenen. Letztere Vorgehensweise, die unbestrittene Methode der siegreichen wissenschaftlichen Moderne, hat Francis Bacon um
1600 mit dem unübertrefflichen Bild gekennzeichnet: man müsse die
Natur in einen Schraubstock zwingen und die Schrauben so lange anziehen, bis sie schreiend ihre Geheimnisse preisgibt. Dass die (natur-)wissen-
schaftlichen Methoden, mit denen Erkenntnisse gewonnen werden, nicht
»wertfrei« sind, sie vielmehr deren Resultate qualitativ konditionieren,
wird heute von niemandem mehr ernsthaft bezweifelt – dieses Ergebnis
epistemologischer Reflexionen der '60er bis '80er Jahre des vergangenen
Jahrhunderts aber war auch schon früheren Generationen bekannt und
bewusst. Die wissenschaftlichen Antworten, die wir bekommen, hängen
ab von den Fragen, die wir stellen – und wie wir sie stellen.

Sechshundert Jahre nach Franziskus unternahm der Wissenschaftler
Johann Wolfgang Goethe einen anderen Versuch, »gegen den Zeitgeist«
eine moderne Naturwissenschaft zu begründen, die wiederum auf dem
Primat der sinnlichen Erfahrung beruhte und dem Respekt vor der Gött-
lichkeit einer beseelten Natur ihr Erkenntnisinteresse verdankte – eine
andere als die Francis-Bacon'sche Moderne, die für Goethe den Namen
Newtons trug. In seinem Durchgang durch die Geschichte wissenschaftlichen Denkens zur historischen Begründung der »Farbenlehre« (die er
gelegentlich sein wichtigstes Werk nannte, denn dichten könnten viele,
aber eine wissenschaftliche Farbenlehre schreiben, das solle ihm erst einmal einer nachmachen) stieß er dabei auf Roger Bacon, dem er ein aus-
führliches Kapitel zum Auftakt seiner neuzeitlichen Wissenschaftsge-
schichte widmet. Roger Bacon (1216–1294) ist als der erste und zugleich
bedeutendste Wissenschaftler der frühen Neuzeit nicht zufällig, sondern

als Schüler der von Franziskus angestoßenen Natur-Empirie »notwendig« ein Franziskaner – der Begründer einer möglichen franziskischen Naturwissenschaft. Goethe findet Roger Bacon seinen eigenen – gegen die rationalistisch-technokratische Moderne vorgetragenen – Auffassungen so kongenial, dass er ihn ausführlich zitiert, um »unsere Überzeugungen in seinem Sinne auszusprechen.« In der unterlegenen, aber nicht widerlegten Wissenschaft Roger Bacons sieht Goethe seinen eigenen Konflikt mit Newton und dessen Farbenwissenschaft vorweggenommen und gespiegelt – gewissermaßen ein franziskisches Schicksal. »Dass man ihn (Roger; Verf.) der Irrlehre angeklagt, das Schicksal hat er mit allen denen gemein, die ihrer Zeit vorlaufen.« Was man sich nicht erklären kann – und das gilt in besonderem Maße für den so radikal anderen Umgang des Franziskus mit der Natur – das wird vom gemeinen Verstand »als zufällig herbeigerufen, im Widerstreit mit Gott und der Natur stehend« abgetan, bestenfalls gerade noch toleriert, in jedem Falle aber nicht ernst genommen. Eine Form, mit dem Außergewöhnlichen fertig zu werden, ohne sich ihm stellen zu müssen, ist dessen Historisierung; am Beispiel des franziskanischen Naturwissenschaftlers kritisiert Goethe, dass die Menschen »das Große und Übergroße, wenn es neben ihnen wirkt, so lange leugnen, bis es historisch wird, da es dann aus gehöriger Entfernung in gedämpftem Glanze leidlicher anzuschauen sein mag.« Goethe nennt diese Verweigerung der Anerkennung dessen, »was tiefen, unbekannten, festgegründeten, konsequenten, ewigen Naturkräften möglich ist«, Aberglauben. »Ein solcher Aberglauben erscheint immer wieder, nur unter einer andern Form. Der Mensch sieht nur die Wirkungen, die Ursachen, selbst die nächsten, sind ihm unbekannt; nur sehr wenige, tiefer dringende, erfahrene, aufmerkende werden allenfalls gewahr, woher die Wirkung entspringe.«

In der Nichtanerkennung von außergewöhnlicher, Gesellschaft und Geschichte transzendierender Größe sieht Goethe den »Wahnsinn unserer Zeit« – immer exemplifiziert am wissenschaftsgeschichtlichen Farbenlehre-Kapitel »Roger Bacon«, Begründer einer möglichen, aber historisch nicht eingelösten französischen Alternative zur positivistischen, an technologischen und ökonomischen Erkenntnisinteressen orientierten Naturwissenschaft. Da wird das Außergewöhnliche – in welcher Form auch immer es auftrete – psychologisch, soziologisch oder ökonomisch wegerklärt, um nicht als grenzüberschreitende Herausforderung – ›du musst dein Leben ändern‹ – ernst genommen werden zu müssen. Was Goethe hier über den von ihm als kongenialen historischen Vorläufer seines eigenen Angebots einer anderen modernen Wissenschaft erkannten Roger Bacon sagt, das hätte er auch über Franz selbst sagen können: »Man hat oft gesagt und mit Recht, der Unglaube sei ein umgekehrter Aberglaube, und an dem letzten möchte gerade unsere Zeit vorzüglich leiden. Eine edle Tat wird dem Eigennutz, eine heroische Handlung der Eitelkeit, das unleugbare poetische Produkt einem fieberhaften Zustande zugeschrieben; ja was noch wunderlicher ist, das Allervorzüglichste was hervortritt, das Allermerkwürdigste was begegnet, wird so lange als nur möglich ist, verneint. Dieser Wahnsinn unserer Zeit ist auf alle Fälle schlimmer, als wenn man das Außerordentliche, weil es nun einmal geschah, gezwungen zugab und es dem Teufel zuschrieb ...« (Goethe, 58 ff.).

Über Ausmaß, Umfang und die rasante Beschleunigung der ökologischen Katastrophen kann man heute in jeder Tageszeitung lesen, sofern man nicht selbst sogar Opfer wird; Umweltschutzmaßnahmen sind Teil aller Regierungsprogramme. Aber ohne veränderte Haltungen der Subjekte, also der Menschen – jedes einzelnen Menschen – werden sie nur Symptome kurieren und bestenfalls widerwillig ertragen, statt bewusst gelebt und weiterentwickelt zu werden. Der Universalhistoriker Arnold Toynbee hat schon vor Jahrzehnten deutlich ausgesprochen, was inzwischen zu inflationärer, lebloser Rhetorik verkommen ist, wie die nicht mehr ernst genommene Warnung vor den gesundheitsschädigenden Folgen des Rauchens als Fußnote zur zynisch-verführerischen Zigarettenwerbung – und doch bleibt es ohne Einschränkungen wahr: »Wird die Menschheit Mutter Erde ermorden oder sie erlösen? Sie könnte sie durch den Missbrauch ihrer wachsenden technologischen Macht töten. Oder aber sie könnte sie erlösen, indem sie die selbstmörderische, aggressive Gier überwinden lernt, die für alle lebenden Geschöpfe, einschließlich des Menschen, der Preis für das Geschenk des Lebens durch die Große Mutter ist. Dies ist die rätselvolle Frage, der sich die Menschheit heute gegenüber findet« (zit. Doyle, 141). Ohne sich direkt oder indirekt auf die franziskische Welt-Erfahrung zu beziehen, hat der als »Anwalt der Sonne« u. a. mit dem Alternativen Nobelpreis ausgezeichnete Sozialwissenschaftler und Politiker Hermann Scheer ausführlich und pragmatisch begründet, dass und warum die Vorwärtsentwicklung zur Sonnenenergie (und der Ausstieg aus der fossilen) die realistische Chance zu jener produktiven

Umkehr enthält, über die Toynbee nachgedacht hat und die in der radikal herausfordernden religiösen Natur-Haltung Franz von Assisis eine einzigartige kosmologische Begründung findet. Die zentrale Rolle, die gerade die Sonne bei ihm einnimmt, stellt sein historisches Zeugnis in die älteste Tradition der Bewusstseinsgeschichte der Menschheit, die in allen Kulturen in den verschiedensten Formen mit der Sonnenverehrung verbunden ist. Dass die Sonne mit ihrer Wärme und dem Licht »Leben« und »Gott« nicht nur symbolisch repräsentiert, sondern als Energiequelle schlechthin gewissermaßen auch »ist«, das lässt sich heute selbst ohne die Anerkennung einer religiösen Dimension ökonomisch und materiell demonstrieren. Franz' einziges und größtes Loblied der Schöpfung, *Laudes creaturarum*, trägt den ihm später im Deutschen gegebenen Namen »Sonnengesang« zu Recht – wie das erste auf den Herrn zu singende Lob ausweist:

Gelobt seist du, mein Herr, mit allen deinen Geschöpfen,
Besonders Herrn Bruder Sonne;
Der ist Tag, und du gibst uns Licht durch ihn,
Und schön ist er und strahlend mit großem Glanze;
Von dir, Höchster, gibt er Eindruck.
(Übers. Feld)

Dabei drängt sich eine erstaunliche und zugleich eben doch nicht erstaunliche spirituelle Verwandtschaft mit dem »Prolog im Himmel« auf, mit dem Goethe, der im »sonnenhaften Auge« den Schlüssel zum Göttlichen sah, den »Faust« eröffnet: »Die Sonne tönt nach alter Weise / In Brudersphären Wettgesang, / Und ihre vorgeschrieb'ne Reise / Vollendet sie mit Donnergang, / Ihr Anblick gibt den Engeln Stärke, / Wenn keiner sie ergründen mag; / Die unbegreiflich hohen Werke / Sind herrlich wie am ersten Tag.«

IV. Armut, Freiheit und Frieden – Das bleibende Ärgernis Franz von Assisi

1. Franziskisches Kreisen

Ein erster Kreis: Franz von Assisi, Simone Weil –
das Wagnis des Unbedingten

> »Die Armut des heiligen Franziskus war das Verlangen, in reiner Weise
> die Schöpfung zu genießen. Von diesem Ganzen ernähre dich durch die
> Loslösung.« (Simone Weil, Cahiers)

Wenige Zeitgenossinnen und Zeitgenossen haben Eigenarten des Franziskus so plastisch gesehen wie Simone Weil. Die französische Anarchistin und Pädagogin (1909–1943) kannte die Dimensionen »der« Wirklichkeit, physisch, metaphysisch, religiös musikalisch wie sie war, denkhandelnd, besser als die meisten ihrer und unserer Zeitgenossen. Fast immer, wenn sie Franz von Assisi berührt oder namentlich erwähnt, bildet die Qualität des *Unbedingten* den Kern.

»Der heilige Franziskus glaubte, den Befehl empfangen zu haben, Steine nach San Damiano zu tragen, und solange er in dieser Täuschung befangen war, wollte Gott, dass er Steine trug.

Wie ist es möglich, dass in einer menschlichen Seele, das Gefühl auftaucht, Gott wolle irgendeine bestimmte Sache? Das ist ein genauso rätselhaftes Wunder wie die Inkarnation.

Oder vielleicht, es ist das Wunder der Inkarnation selbst. Eine Seele, die unaufhörlich durch dieses Gefühl bestimmt wird, von der Geburt bis zum Tod, ist der Mensch gewordene Gott.

Die Kunst ist ein Wunder von gleicher Art, denn die künstlerische Eingebung in der Kunst ersten Ranges (die sehr selten ist) ist von diesem Wesen. Genauso jede Erleuchtung des Verstandes.

All diese Wunder bestehen in der Gegenwart des Unbedingten im Bedingten, in der Richtung, die dem Denken vom Bewegungslosen gegeben wird.

Ohne dieses Wunder wären wir keine irdischen Geschöpfe.

Alle jene – und das ist vielleicht der weitaus größte Teil –, die dieses Wunder niemals in sich selbst verspürt haben, sind rein irdische Geschöpfe.

Wie kommt es, dass manche es verspüren?

Aber es gibt ein zweites Wunder, nämlich dass die Taten und Worte, die aus einer Eingebung dieser Art hervorgehen, eine Strahlung besitzen, die auch die irdischen Herzen dazu bewegt, jene zu lieben« (Simone Weil, Cahiers 4, 143 f.).

Ein anderer Kreis: Das religiöse Individuum Franz

In seinem Drang einzuordnen, verfremdet Alois Dempf (1891–1981), seit 1948 katholischer Philosoph an der Universität München, geschichtsphilosophisch.

»»Niemand hat mir gezeigt, was ich tun soll, aber der Allerhöchste selbst hat mir offenbart, dass ich leben soll nach der Form des heiligen Evangeliums.‹ Die Nachfolge Christi im buchstäblichen Sinn ist das ganze Geheimnis dieses erhabenen Lebens. Das ist ganz schlicht und kindlich gedacht, aus seinsmäßiger, genialer Heiligkeit und darum größer als das geistige Verständnis dieses Lebens durch die Jünger. Viele Tausende haben dasselbe gewollt, und doch war nun diese Verwirklichung etwas ganz Einzigartiges und Neues, der Durchbruch einer neuen Zeit. Alle Heiligen hatten es bisher versucht, in den Gemeinschaftsformen der tausendjährigen Kirche, sie waren alle nicht herausgetreten aus den sozialen Formen der Christenheit und nicht aus dem Zeitbewusstsein ihrer Gegenwart. Franziskus aber weiß, dass niemand ihm gezeigt und vorgelebt hat, was er tun soll, er weiß, dass sein kindlicher Vollkommenheitswille mit dem einfachsten Mittel eines Bibelorakels, das ihn die entscheidende Stelle finden lassen soll, die unmittelbare Offenbarung des Gotteswillens enthält.

Das ist die Geburt des religiösen Individualismus, die eigene unmittelbare, religiöse Erfahrung macht Franz von der Vermittlung der Kirche und der Zeitform unabhängig, wie unmittelbar zu Gott. ... Er will immer das Höchste, die höchste Armut, die höchste Demut, den höchsten Dienst, die höchste Genauigkeit der evangelischen Armut, er will das absolute, das seinsgemäße Leben. ... (die Bekehrung) ist nicht mehr Eintritt in einen Orden, sondern die unmittelbare Erfahrung der Seinsumwandlung. ...

Der seinsmäßige Vollkommenheitswille ist das Unmittelbare und *Gefühlsnahe* ...

... Dennoch aber will Franz nicht selbst Priester werden, die evangelische Vollkommenheit scheint ihm unmittelbar ohne den ordo möglich und die soziale Wirklichkeit erscheint ihm, dem geborenen Willensmenschen, in erster Linie abhängig von dem persönlichen Beispiel des Vorlebens der Vollkommenheit durch den Priester selbst, non secundum auctoritatem sed secundum laborem. Denn das ist für ihn wie für Dominikus die Lösung der Zeitaufgabe, die neue Form der Seelsorge für das Volk, dass der Prediger selber arm dem armen Volke predige. ...

Von hier aus ist auch das *Armutsideal* Franzens zu bewerten. ... Es war die persönliche Lösung des völligen und freiwilligen Verzichts auf Geld und Gut, auf Ehren und Rechte, auf all die Dinge, die die Welt verwirren, der schlichte Gedanke der unbedenklichen Verwirklichung der evangelischen Räte; Armut, Keuschheit und Gehorsam, wiederum ohne die hergebrachten Formen des Ordenslebens, ja mit deren energischer Ablehnung aus dem sicheren Gefühl für ihren Feudalismus, der unzeitgemäß geworden war in den aufstrebenden Stadtstaaten. Das dargelegte Lebensideal ist dann mit unvergleichlicher Macht Umwertung der Lebenswerte geworden und hat das Zeitethos gewandelt. Von selbst trat das Armutsideal in den Vordergrund als beispielhafte Hilfe im Vorbild der Handarbeit und durch die Verdemütigung des Bettels für das Volk der minores – ... – aber nicht als Organisation des populo minuto, nur als vorbildlicher, *religiös-sozialer Pazifismus*, der sich selbst seinen Namen gab mit der Einreihung unter die Geringsten Christi, die minores, Math. 25, 40, die der Werke Barmherzigkeit bedürfen und damit durch Christus selbst ihm gleichgestellt sind. ... Die buchstäbliche Armut ... wird zur heiligen Armut« (Dempf, 293 ff.; Hervorhebung durch uns).

Ein dritter Kreis: Über die Freiheit eines Christenmenschen nach
Franz und nach Luther oder die unbedingte versus die bedingt
gespaltene Freiheit

Die Freiheit eines Christenmenschen: Martin Luther formulierte sie und präsentierte sie als Kern seiner Reformation. Auf die Frage existenzieller, religiöser Unsicherheit: wie erhalte ich einen gnädigen Gott, erfährt er die Antwort: Gott rechnet dem »Madensack« Mensch seine Gnade zu, diesem ununterscheidbaren Amalgam aus Sünder und Gerechtem, genannt Mensch. Als Akt göttlicher Imputation. »Ohn' all Verdienst und Würdigkeit«. »Er«, Gott, hebt den einzelnen Menschen auf, indem er die Person, aus menschlich nicht erklärlichen Gründen, gnädig annimmt (oder solche Gnade verwirft). Ein gnädiger Gott kann auf keine Weise erleistet oder erzwungen werden – weder durch gute Werke noch durch Bußübungen oder andere Anstrengungen. Darum gibt es auch keine »guten Werke« als Vorleistungen der Gnade Gottes.

Dies stellt einen ungeheuren Befreiungsakt von allen hierarchisch klassenspezifischen kirchlichen Autoritäten dar! (Katholisch können nur die geweihten Priester mit ihrem einzigartigen *character indelebilis* die Gläubigen gnadengerichtet vermitteln.) Es ist ein immenser Befreiungsakt von allen möglichen Fixierungen, nicht zuletzt solchen, die eigene Leistungen eitel bespiegeln oder Verfehlungen schuldschwer von irdischer Vergebung abhängig machen, wodurch der Manipulation Tür und Tor geöffnet werden.

Luthers reformatorischer Befreiungsakt zeitigte enorme Folgen, beispielsweise in Richtung verstärkter Individualisierung. Jede Person ist »unmittelbar zu Gott«. Die theologisch-christliche und irdisch-praktische Eigenart von Luthers Befreiung ist jedoch doppelt begrenzt. Beide Grenzen wirken verhaltensmächtig.

Zum einen verlangen die drei sola-Prinzipien nicht, dass der Christ sein irdisches Leben fundamental verändere, in Richtung einer imitatio Christi, einer Nachfolge, die die Bergpredigt wörtlich nimmt. Sola gratia, sola fide, sola scriptura: Allein durch die Gnade Gottes erfolgt die Rechtfertigung. Allein der Glaube an Gott zählt. Allein die Bibel ist als Wort Gottes für den Glauben maßgebend.

Zum anderen: Die irdische Sphäre bleibt »unerlöst« sich selbst überlassen. Irdische und himmlische Wirklichkeit werden zwiegespalten. Sie klaf-

fen irdisch auseinander. Historisch wird eine neue Kirche institutiona-
lisiert, die das religiöse Charisma alltäglich reduziert. Das Kirchenregiment
wird mit der gegebenen frühstaatlichen Herrschaft der Landesfürsten,
den domini terrae, unkritisch verknüpft. Jahrhundertelang, in deutschen
Landen bis 1918, sind Landeskirche und Landesherrschaft identisch. So
entstand das protestantische Staats- Kirchentum – Herrschaftskirche und
Kirchenherrschaft. In Deutschland ging erst die Bekennende Kirche, na-
tionalsozialistisch zum Widerstand und zur Emanzipation vom Staat geradezu gezwungen, kräftige, aber nur halbwegs ins Freie führende Schritte aus
dem verinnerlichten Herrschaftskäfig. In einem solchen hatte sie spätestens
die Luther- und Melanchthonsche Orthodoxie und ihr institutionelles,
zucht- und herrschaftsvolles Gebäude selbstverschuldet eingefangen.

Gehorsam und Freiheit
Die Franziskische Freiheit eines Christenmenschen zeichnet sich vier Jahrhunderte vor Luther nicht primär durch eine theologische, sondern durch
eine lebenspraktische Radikalität aus. Darum kann Franz von Assisi im
Rahmen der Kirche bleiben. Er sprengt ihn nicht. Wollte er eine »neue«,
eigene Kirche, müsste er sich ins herrschaftliche Geschäft mischen. Er
würde unvermeidlich selbst Teil von Herrschaft werden, so sehr er und die
seinen andere Wege zu gehen versuchten. Franz unterwirft sich und diejenigen, die ihm folgen, den kirchlichen Regeln. In die Unterordnung bis
zum »Kadavergehorsam« willigt Franziskus ein. Er wird Teil des in seinem
Namen und mit seinem Namen gegründeten Ordens. Die Ordensregeln
werden von ihm befolgt. Freilich achtet er sehr darauf, dass die Ordenregeln
der »minderen Brüder«, der *fratres minores* und deren Umgangsformen seinem Muster der unaufwendigen Nachfolge Christi ihrerseits nachfolgen.
Infolge ihrer prinzipiell nicht kirchenkritischen Haltung tragen Franz und,
wenige Jahre später schon, die Franziskaner, nolens volens dazu bei, dass
sich die katholische Herrschafts-Kirche festigte. Franziskaner zusammen
mit den Dominikanern, die als Funktionäre der Kirchenherrschaft noch
wichtiger waren, dienten dazu, alle, oft nicht unähnlich gerichtete Ketzerbewegungen zu vernichten (diese Repressionen und ihre Formen wurden
später zu einem der Motive für Luthers »reformatorischem Durchbruch«).

Franziskus' Freiheit ist eine andere Freiheit. Sie ist die Freiheit dessen, der
die Kraft aufbringt, Christus demütig, diesseits aller Formen und Normen

in ganzer Person nachzufolgen – als christlich aufgehendes Ich. Franz hat die Bergpredigt gelebt – er glich darin der Lilie auf dem Felde, dem Vogel unter dem Himmel. Erst jetzt kann es vorgestellt werden. Die wirklichen Lichtflecken sind der Phantasie voraus. Eine solche Freiheit, die das gesamte Leben in all seinen Äußerungen umgreift, ist Fleisch geworden – als das unpolemisch, unprogrammatisch Andere.

Menschenrechte in der anarchischen Schule des Franziskus

Unbedingt, dieses Adjektiv und das dazu gehörige Substantiv begegnen im franziskanischen Zusammenhang permanent. Unbedingt, diese Qualifizierung durchdringt die beiden Kennzeichnungen von Simone Weil und Alois Dempf. Wichtige Nuancen unterscheiden sie sonst.

»Unbedingt«, »unmittelbar«, »ganz«, zuweilen sogar »absolut« – alles Eigenschaften, die unter geschichtlich lebenden Menschen (fast) nie zutreffen, die allenfalls übertreibende, illusionär vernebelnde Rhetorik darstellen. Menschen leben bedingt. Darum sind Menschenrechte so wichtig, verstanden als den Menschen lebensnotwendige materielle Bedingungen in einem weiten Verständnis. Auf dass Menschen in ihren jeweiligen Zeiten und an ihren jeweiligen Orten sich selbst und anderen Menschen gegenüber würdig leben können. Menschen leben mittelbar. Selbst das anscheinend Unvermittelte, das, was wir als »spontan« bezeichnen, ist durch unsere Vergesellschaftung (»Sozialisation«), durch die Bedingungen, unter denen wir werden, was wir sind, durch den Kontext, die Umstände, in denen wir leben und die aktuellen Bedingungen »spontaner« Äußerungen vermittelt. »Ganz«, als geschlossen abgerundete Einheiten, treten die Menschen mit ihren Widersprüchen und der Fülle ihrer wechselnden Rollen praktisch nie in Erscheinung. Absolut, losgelöst von allen Kontexten, Voraussetzungen und Folgen ist menschlich vollends nichts außer dem unvorstellbaren Nichts oder der nur mystisch vorstellbaren göttlichen Einheit. Der *deus absconditus*, der ganz Andere, der Unbedingte schon im Alten Testament ist wörtlich zu nehmen. Er ist nicht zu sehen, nicht zu sprechen, nicht zu verstehen. Darum die ungeheure mystische Anstrengung!

»Unbedingt«, »unmittelbar«, »ganz«, »absolut« – und doch handelt es sich, wenn Franziskus damit charakterisiert werden soll, um mehr als schmückende Beiwörter. Gewiss: Franziskus war ein Mensch. Gottseidank! Sonst redete niemand mehr über seine ungewöhnliche Erscheinung. Diese menschliche Eigenschaft macht seine Gestalt so phantastisch. Im menschlich-existenziell und das heißt immer zugleich historisch gegebenen Kontext gelten für Franziskus jedoch die sonst törichten Epitheta als Wesensmerkmale.

Um das Ungewöhnliche in den Gewohnheiten des Franz von Assisi näher verstehen zu können, das Außeralltägliche in seinem Alltag, ist es angezeigt, zwei in Richtung, Sinn und Vorgang qualitativ verschiedene Formen der Abstraktion auseinander zu halten.

Von den qualitativen Unterschieden, die Abstraktionen bedeuten

Zum einen: Abstrakt-allgemeine Begriffe, Orientierungs- und Handlungsmargen
Die eine Form der Abstraktion kennen wir alle. Wir üben sie selbst. Sie wird an uns geübt. Wir leben mitten in ihrer gerade darum so schwer erkennbaren und abzuwehrenden Herrschaft. Schon wenn wir Begriffe gebrauchen oder eigens neu bilden, sehen wir von Besonderheiten ab. Wir reden nicht von diesem spezifischen Tisch aus Eichenholz in der Mitte eines Wohnraumes im Stadtteil X der Zeit Y. Wir sprechen vom Tisch als einer Dingbezeichnung allgemein, die wir, wie die Sprache selbst, früh und darum als etwas, was sich von selbst versteht, gelernt haben. Das ist in der Regel unproblematisch, weil wir unseren konventionell gewordenen Tisch-Begriff jederzeit so anwenden und ergänzen können, dass wir die Fülle der Besonderheiten wahrnehmen, die einen, eben darum eigengearteten Eichenholztisch ausmachen.

Problematisch wird der Umgang mit allgemeinen Begriffen dort, wo mit diesen soziale Umgangsformen bestimmt werden und mit ihrer Hilfe Herrschaft ausgeübt wird, ohne dass auf die Besonderheiten von Menschen, Tieren und Dingen noch geachtet würde. Die Ausländer; die Islamisten; der Schwarze Block; die Gewalttäter; die Deutschen! Fast alle unsere Gesellschaften heute prägenden Begriffe (und die mit ihnen gemeinten »Sachen«) zeichnen sich durch Abstraktionen von Besonderheiten aus. Sie werden meist in ihrer Gewalt und Herrschaft nicht mehr kenntlich. Zwei fast konträre Schlüsselphänomene unserer Wirklichkeit und ihre Begriffe mögen die Gewalt- und Herrschaftstümlichkeit illustrieren: Geld und Menschenrechte.

Zum einen: Geld. Geld rieche nach nichts, so meinte schon der römische Kaiser Vespasian. Alles, was irgend wertvoll für uns und andere ist oder sein kann, kann mit ihm gemessen, in ihm ausgedrückt, in ihm, und sei es virtuell, spekulativ in zukünftige Entwicklungen projiziert, angelegt, aufbewahrt und dazu benutzt werden, alle möglichen anderen »konkreteren« Werte aufzuheben. Im Geld geht fast alles auf, vom Geld fast alles aus. Als Äquivalent, Transformator und Kreator aller sonstigen Werte (Gebrauchsgüter u. Ä. m.). Um diesem Wertkondensat »Geld«, »rein« von gesellschaftlichen Besonderheiten, verstehend auf die Schliche zu kommen, Geld, das zugleich an sich selbst wertlos ist, nicht einmal mehr herkömmliche Münzwerte besitzt, das Abstraktum des bewohnten Globus schlechthin, ist eine Kaskade von Fragen zu beantworten. Wie kommen Geld-Werte zustande? Welche ›Werte‹ lassen sich mit Geld nicht kaufen, welche gesellschaftlichen Probleme mit ihm nicht lösen? Was wird bewirkt, wenn alle gesellschaftlichen Probleme in Geld verrechnet und gemäß ihrer »Effizienz« gemessen werden? Wie kommen Menschen zu Geld, welchen Entstehungs-, Verteilungs- und Verwertungsbedingungen mit welchen Konsequenzen unterliegt es? Anders gefragt, welche gesellschaftlichen Interessen spiegeln sich im Geld, werden von ihm befördert, welche werden unterdrückt und vernichtet? Wie verhält es sich mit seinem »Herrschaftscharakter«? »Geld« erscheint wie ein unfassbares Subjekt. Es wirkt als ein irdischer, aber unsterblicher Gott. Darum werden solche Fragen nicht gestellt. Darum ist in dieser Abstraktion, die sich in den letzten Jahrzehnten im »Finanzkapital« sprungartig weiter entwickelt hat, nicht mehr erkenntlich, welche Besonderheiten beseitigt, welche in seiner dennoch spezifischen Wertform bewahrt worden sind. Alle sind ihm in ihren Eigenarten ungleich unterworfen. Was sich geldlich nicht messen, was sich nicht zu Geld machen lässt, was nicht zu Geld produziert, sprich transsubstantiiert werden kann, zählt nicht.

Zum anderen: Menschenrechte. Wer setzte sich für sie nicht wenigstens verbal ein, wer missachtete sie als *die* »Werte« der Zeit? Sie sind, begriffsgemäß, universell gültig. Sie gelten für jeden Menschen. In diesem Sinne konstituieren sie normativ *die* Menschen als Menschen in einem menschenrechtlich emphatischen Sinne. Indes, Normen, die für alle Menschen aller Zeiten und Regionen zu gelten beanspruchen, müssen von den Besonderheiten absehen, unter deren Bedingungen Menschen vielfältig und ungleich leben. Was geschieht also mit den Menschen und ihren besonderen Umständen und Strebungen, wenn die allgemein abstrakten Menschenrechte auf sie angewandt werden? Die Frage stellt sich auch umgekehrt: da die allgemeinen Menschenrechte normative Qualitäten besitzen müssen, also nicht schlechterdings leer sein können, wer bestimmt diese Qualitäten, das in den allgemeinen Menschenrechten aufgehobene Besondere, das dadurch verallgemeinert wird? Wie werden diese verbleibenden Besonderheiten ihrerseits begründet und auf Gruppen von Menschen angewandt, die ihnen nicht entsprechen? Erneut ist festzustellen: beim Gebrauch des Begriffs der (modernen) Menschenrechte ist nicht zu erkennen, von welchen besonderen Bedingungen abgesehen wird und was die abstrakten Menschenrechte bewirken, wenn sie »unvermittelt« eingesetzt werden. Die diversen Interessen an den Menschenrechten und ihr Verhältnis zu modernen ökonomischen und politischen Produktionsformen sind nicht geklärt (obwohl sie, von Marx früh triftig gezeigt, analytisch klar und eindeutig sind). An den »klassischen« Menschenrechten am Ausgang des 18. Jahrhunderts (der nordamerikanischen und der französischen Erklärung der allgemeinen Menschenrechte) haben Carol Pateman, wie schon vor ihr Marx und viele andere bis hin zu Orlando Patterson, einsichtig gemacht, dass diese behaupteten *allgemeinen* Normen, die besonderen Interessen des westlichen, weißen, besitzenden Mannes mit der Aura der Allgemeinheit vergoldeten.

Bei beiden so verschiedenen, in der Logik der Abstraktion vergleichbaren Begriffen, Geld und Menschenrechte, handelt es sich also um globalisierte Begriffe. Ihnen werden Besonderheiten aller Art unterworfen, Menschen, die nicht zuletzt durch ihre besonderen Umstände, ihren (potenziellen) Eigensinn und ihre je individuelle Sterblichkeit gekennzeichnete Menschen sind. Diese Beobachtung gilt für alle Großbegriffe, die neuerdings alle Gesellschaften auf dem Globus bestimmen und deren Erkenntnis, Orientierung und Handeln in globaler Konkurrenz leiten: »Wachstum«; »Innovation«, »Entwicklung«, »Modernisierung« u. Ä. m. Sie gilt schon für die Entwicklungsphase zuvor, deren Geltung andauert: Staat, Nation, Zivilisation u. Ä. m. Dass dem so ist, hängt mit den veränderten Größenordnungen und den beschleunigten Geschwindigkeiten der Information und Kommunikation zusammen. Je größer die (sozialen) Räume, je geschwinder die (sozialen) Zeiten, je mehr Güter aller Art unter Menschen getauscht, produziert und verteilt, je mehr Menschen versorgt und irgend beteiligt werden müssen, desto mehr gilt das »Gesetz« der großen Zahl, der Großräume, der Gleichzeitigkeiten. Konsequenterweise »herrschen« abstrakt allgemeine und quantitativ ausweisbare Maßstäbe,

Erfolgsziffern und Produktionsformen ökonomisch, politisch, kultureller Art. Besonderheiten, die jeweils von herrschenden Kontexten gegründete Eigenart jedes Menschen, spielen mitten im Reden von Menschenrechten eine randständiger werdende Rolle.

Zum anderen: Konkret allgemeine Handlungen

Abstraktionen, die alles Besondere unterwerfen, sind wir gewohnt. Flexibel und mobil müssen wir uns individuell danach verhalten. Handeln als selbstbestimmtes Tun besitzt bestenfalls minimale Spielräume. Es ist schon immer der »Logik« der Abstraktionsbegriffe und ihrem abgehobenen funktionalen Sinn unterworfen. Franz' von Assisis Loslösungen zeigen in eine umgekehrte Richtung. Für sie passt deswegen der Begriff der Abstraktion nur in der von ihm gewählten Prozedur, nicht in der von ihm eingeschlagenen Richtung. Konzentriert auf das Verhalten seiner Person und das seiner (Ordens-) Brüder steht sein religiös-praktischer *Eigensinn* im Zentrum. Er sieht nicht von Besonderem ab. Er verstärkt *sein* und seiner Brüder Besonderes in radikaler Weise. Das tut er nicht demonstrativ, jedoch praktisch so, dass sein Tun und Lassen von seinen Brüdern imitiert werden können. Und seine Brüder (und Schwestern) sind prinzipiell alle Menschen. Um frei zu sein, niemandem untertan, verzichtet er fröhlich auf alles, was ihn und sein Tun entfremdend binden könnte. Er verzichtet auf all das, was mit dem seither unübersichtlich und dicht ausgewucherten Komplex von Besitz und Herrschaft zusammenhängt. Darum kann er der Kirche geben, was der Kirche ist. Bis hin zur Anerkennung der höherrangigen Mittlerqualität jedes Priesters. Und er kann seiner Christusnachfolge geben, was ihrer ist. Der Freiraum, den sich Franz von Assisi durch solche Ent-Bindungen für seine eigene individuelle und überindividuelle Nachfolge verbindlich schafft, ist riesig. Er schafft den Freiraum, indem er das eigene Leben in seinem Sinne gestaltet. Er setzt sein Leben ein. Das scheint der tiefere Sinn der Armut, die befreit, und der in Richtung auf das eigene Ziel reich macht. Das, was oben als Vorgang der Abstraktion skizziert worden ist, in dem alle Eigenheiten und Eigensinne geraubt, abgetan und schließlich ausgeschlossen werden, wird bei Franz von Assisi umgewandt. All das wird an schon abstrakten Merkmalen des Besitzes weglassen, was das eigene überragende Verhaltensziel gefährden könnte. Grenzen der Selbstbefreiung zur erfüllten Gottes- und Lebensfreude sind nur dort gegeben – Grenzen, die Franziskus zuweilen schier überschritt –, wo die

Freiheit des franziskischen Christenmenschen noch die menschlich materiell nötigen Minima untertrifft, indem er sie gläubig mystisch übertrifft.
Dann wächst die Gefahr, dass Selbstbefreiung statt einer Befreiung zum
selbst gewählten Weg, zur Befreiung vom Selbst werde, zur selbstverzeh-
renden Askese.

Die qualitativ verschiedenen Formen des Unbedingten – Differenzen ums Ganze

Wenn in Form angewandter Abstraktionen geurteilt und mörderisch gehandelt wird, weil Menschen in ihren Besonderheiten missachtet werden,
dann dominiert ein quasigöttlich-abstraktes Ziel. Mit ihm erfolgt herrschaftliche Identifikation (und wird nationale oder nationalsozialistische
oder sowjetische »Identität« durchgesetzt). Menschen sollen neu konstruiert werden. Das geschah konzeptionell in allen neuzeitlichen Planutopien.
Nach dem jakobinisch-terroristischen Vorspiel der Französischen Revolution wurde es schreckenspraktisch und schreckenssystematisch im stalinistischen Terror und im nazistischen Konzentrationslager (vgl. neuerdings
Michael Wildt, 2002). »Unbedingt«, bedeutet dann: ungehemmt und un-
beeinträchtigt von den Besonderheiten der nicht in den herrschaftsterroris-
tischen Kram passenden Menschen. Die jüngeren historischen Extreme
machen misstrauisch im Blick auf die Entwicklungen eines globalen, technologisch umgesetzten Kapitalismus. »Wachstum, Wachstum über alles …«
Selbstverständlich (!) über alle besonderen Menschen. Man sieht zehn
Prozent Wachstum in China oder den USA oder anderen Prozentziffern
anderenorts, beispielsweise der BRD, nicht an, wie viel Menschen dazu in
immergrünen »ursprünglichen Akkumulationen« »verheizt«, missachtet
und in Slums marginalisiert werden.

»Unbedingt« im Zusammenhang Franz' von Assisis, dort, wo das Verhalten der Menschen hier und heute alles zählt, meint das Gegenteil des
konstruktivistisch Unbedingten in totaler Herrschaftsabsicht. Franziskus
gemäß meint es die Unabhängigkeit des Menschen, sich nicht nur seines
eigenen Verstandes aufklärerisch zu bedienen, sondern das eigene Leben
dem eigenen Lebensziel entsprechend zu leben.

Mit der »Abstraktion« des Franz von Assisi verhält es sich also gründ-
lich anders als bei den Abstraktionen, die unser aller Leben heute dominieren. Und diese »Logik der Moderne« hob um Franz' von Assisis Zeit
allmählich an. Das Unglaubliche und Unerhörte, das in Franziskus huma-

nes Ereignis wurde, besteht darin, dass er um seiner äußersten Menschlichkeit willen von nahezu allem absah, was sonst zu den Menschen zu gehören scheint: Das Interesse an allen möglichen Gütern, an Wohlstand und Bequemlichkeit, an Sicherheit vor anderen. Franz dachte nicht abstrakt. Er folgte keinen abgehoben-allgemeinen Programmen. In und mit Franz von Assisi kann als »Programm« nur das erkannt werden, was er selbst konkret täglich lebte. Als ein solches konkretes Wesen in der Stadt Assisi und Umgebung sah er von allem ab, was Herr und Frau Omnes, wie Luther sich ausdrückte, also alle »gewöhnlichen Sterblichen« sonst zu brauchen scheinen. Darum verzichtete Bruder Franz auf alles, was »üblicherweise« erstrebt und bekämpft wird. Auf Reichtum und Maloche; auf Sorgen für den anderen Morgen und auf Ängste vor Räubern und bösen Tieren. Er wurde dadurch frei, alles, was ihm begegnete, Mensch und Tier, ja sogar Dinge, bei ihm in Anführungszeichen zu setzen, »Dinge«, Felsen beispielsweise, liebend als etwas an und für sich selbst Wertvolles zu erfassen. Er wurde dadurch unabhängig von allem knechtenden Verlangen nach immer gefährdetem, beständig zu vermehrendem Besitz. Keine »Begierde zum Haben und auch zum Herrschen« machte ihn töricht, sprich zum Tor des Verlangens nach Haben. Ein solches ergreift von Menschen schließlich Besitz, macht sie besitzabstrakt, entfremdet sie. Darum werden sie zu Dummköpfen voll des Verlangens, andere zu beherrschen. In der Folge, und das ist das Äußerste an Dummheit, werden sie selbst von diesem Verlangen aktiv und passiv in diversen Mischungen beherrscht. Dagegen steht groß, nicht stramm, aber schier einmalig und allenfalls Nachfolgenden zugewandt ein homo pacificus. Der konnte im Überfluss leben, weil er auf (fast) alles verzichtete. Also genoss er, froh in allem und jedem, die Schönheiten der Schöpfung und lobte den Schöpfer.

Diesem konkreten Menschen Franziskus dient die Abstraktion von ankettenden Begierden, die wundersame Erscheinungsfülle des Konkreten wahr-zu-nehmen. Das, wovon er absieht, geschieht im Dienst der Fülle erscheinender Menschen, Tiere und Dinge. »Das Schöne gehört jedem Menschen, der es empfinden kann«, unterschrieb Heinrich von Kleist das Bildnis eines Mädchens.

Machtvoll, weil güterarm, nachfolgereich, weil machtarm, –
die nicht zähmbaren, widerspenstigen Eigenarten des Franziskus

Armut. Heilige Armut. Sie ist heilig, weil sie frei macht. Erst sie erlaubt die Freiheit eines Christenmenschen. Sie ist heilig, weil sie heilt. Woher sollten sich die Aggressionen speisen? Wovon sollte der Neid zehren? Wie sollte die Ungleichheit unter den Menschen zur dauernden Verwundung, zum anhaltenden Be- und Gedrücktsein dort Anlass geben oder zum leeren Selbstbewusstsein überlegenen Rangs auf der Sonnenseite des Habens und des Herrschens? Die Anarchie, sprich die Herrschaftsfreiheit, wäre schon infolge der Habensgleichheit fast gegeben. Nichts findet sich hier von der erwähnten, heute global geltenden »Begierde zum Haben und auch zum Herrschen«, die Kant gemäß allen Menschen »von Natur« eigen ist. Darum geraten die Menschen in Zwietracht. Bei Kant bewirken sie darum, unbeschadet ihrer engen Einzelinteressen, konkurrierend den Fortschritt der Zivilisation.

Armut wird bei Franz von Assisi nicht um ihrer selbst willen geadelt. Sie wird nicht im Sinne einer Art angestrebten Urkommunismus zum Programm erhoben (s. Max Weber 2001). Gerrard Winstanley im 17. Jahrhundert spitzt, theologisch christlich erfüllt, polemischer zu. Angesichts der nun frühliberal allgemein werdenden Lehre, Freiheit und Besitz seien auf Dauer und von Gott verehelicht, wird sein Kampfruf einer Minderheit verständlich: Freiheit und Besitz widersprechen sich. Materielle Gleichheit wird als Voraussetzung hier und heute geltender Freiheit erkannt, nicht das »Jenseits«, das aktuelle Diesseits und die Lebensbedingungen aller werden Gegenstände religiösen Engagements. Ohne dass ein franziskanischer Einfluss kenntlich wäre, weiß Winstanley, dass Menschen ihre fünf Sinne verschlechtern, sobald sie sich und ihre Vorstellungskraft auf äußere Besitztümer fixieren und projizieren (s. Christopher Hill).

Und doch steckt in der gelebten Armut des Franziskus ein Programm. Es durchdringt alle seine sonstigen, weniger formulierten, als praktizierten Äußerungen. Nur besitzlos wird es möglich, nichts und niemanden auszubeuten. Natürliche Erscheinungen können als schön erfahren werden. Keine instrumentalisierende Absicht enteignet Vorhandenes. Sich anderen Menschen gegenüber gleich zu benehmen, brüderlich und schwesterlich, ist nur habelos möglich. Sonst mischen sich selbst in die besten Absichten und Verhaltensweisen Herablassungen und Patriarchalismen ein. Kants kategorischer Imperativ, man dürfe keinen Menschen primär als Mittel missbrauchen – nun erst ist er zu verwirklichen.

»Geistliche Armut«, von der neutestamentlich seligpreisend die Rede ist, wird eins mit irdisch gelebter. Franz lebt vor, was geistlich demütige Armut vor Gott und vor den Menschen in materieller Armut heißt. Nur dieses geistlich-materielle Zusammenspiel, diese Analogie zwischen Ziel und Verhalten lässt den Freiheitsanspruch über alle theologische Prätention hinaus wahr werden. Das wiederholt hier, was oben anlässlich der qualitativen Differenz zwischen der lutherschen und der franzschen Freiheit eines Christenmenschen angemerkt worden ist. Das dreidimensionale Freiheitsverständnis des Franziskus, das er nicht verkündet, sondern lebt, ist im dreidimensionalen Armutsbegriff und im Leben in der Armut fundiert. Armut an materiellen Gütern macht den Rucksack der Abhängigkeit leicht. Man sammelt, nimmt und pflückt, was es gibt, was andere geben. So wie man selbst gibt, was man hat. Kein Produktionsverhältnis, kein Arbeitsvertrag machen untertan. Arm an materiellen Gütern zu sein, fern aller sozialen Produktions- und Verteilungszwänge zu weilen, befreien Seele, Geist und Handeln zu dem, worauf es allein ankommt: zum fröhlichen Dasein in Gott und seiner Schöpfung. Solche Armut findet in der Freiheit ihre Erfüllung, wie Freiheit in der Armut aufgeht und sie tanzen macht. Glauben, Bergpredigtleben – hier in Franziskus wird alles Ereignis.

800 Jahre später

Differenzen. Klüfte, die nicht zu überspringen sind. Sie stechen sofort ins Auge.

Schon im 12./13. Jahrhundert war Franziskus eine Ausnahme. Diese Ausnahme konnte nicht zur Regel werden. Dort, wo sie zur Regel wurde, haben die Franziskaner »im klerikalen System der katholischen Unterdrückung ihren Platz eingenommen« (Duby, 1984, 238 ff.).

Doch im 12. Jahrhundert war Franziskus als Ausnahme möglich, so unwahrscheinlich und skandalös er auch damals war. Sonst wäre das Gärhefige an ihm von Innozenz III. und Gregor IX. nicht umgehend ordentlich gehegt, institutionell kooptiert und instrumentalisiert worden. Dies geschah, indem man Franziskus zum Heiligen entkörperte und zum Ordensgeber hierarchisch zuspitzte. Zwar waren Hunger und Angst nicht mehr die fast überall anwesenden Leitgegebenheiten und existenziellen Befindlichkeiten wie noch im europäischen 9. und 10. Jahrhundert. Aufbruch lautete vielerorts, in jedem Fall in den italienischen Städten die Devise. Die Gleichzeitigkeit der Ungleichzeitigkeit sehr verschiedener Verhältnisse beim Vorrang des Lokalen und Regionalen darf nicht aus den Augen verloren werden. Doch strebte die Zeit, wie es Ernst Kantorowicz formuliert hat, »nach einer Synthese des Diesseitigen und des Jenseitigen, des Zeitlichen und des Ewigen, des Weltlichen und des Geistlichen« (E.H. Kantorowicz, 65). Die *christomimetes*, die Christusnachahmer, wenngleich eher in herrschaftlich päpstlich und kaiserlichen Formen, muteten seinerzeit nicht absurd oder abstrus an, wie sie dies täten, begegneten solcherlei Ansprüche heute. Die »unbedingt christozentrische Periode der abendländischen Kultur«, von der Kantorowicz spricht, hatte, seiner Periodisierung 900–1100 gemäß, bis zur Jugend von Franziskus gedauert. Sie war gerade erst im säkularisierenden Schwinden.

Der Sprung über acht Jahrhunderte ist nicht heil zu überstehen. Will man Europa verstehen, wird man die längst gespaltenen christlichen Kirchen und ihre habituellen Prägekräfte beachten müssen. Von christlich dominierender Kultur kann heute nicht mehr gesprochen werden. Der »Zeiten ungeheurer Bruch« scheint so groß, so tief, so weit, dass keine vernünftige Brücke mehr über die Klüfte hinweg von Franz von Assisi zu uns führt. Es sei denn als anachronistischer Zwang. Dieser Franziskus verfremdende Einwand gilt auch dann, wenn man bedenkt, dass Franziskus nicht zufällig dem Frühbeginn der Moderne zugehört. Seine religiöse Mystik zeichnet sich in ihrer Individualität dadurch aus, dass sie, wie man zu sagen pflegt, gegenwärtig anschlussfähige Elemente enthält. Kann man jedoch Verhaltensmuster Franz von Assisis in Zeiten der kapitalismustollen und ungleichheitsvollen Globalisierung übertragen, ohne sie vollkommen zu enteignen und ihres konkreten Sinn zu berauben (= davon zu abstrahieren), Zeiten, nicht zufällig voll von kriegerischen Alsob-Fundamentalismen? Dürfen wir, weil es uns kapitalismus- und gegenwartskritisch gerade so behagt, den Nicht-Programmatiker Franz von Assisi, dessen gelebte *imitatio Christi*, programmatisch nach unserem Verstande ausbeuten? Dazu missbrauchten wir dieses redliche Leben, wir mischten es mit unserem Dreck.

Der zeitgenössische Franz-Gebrauch wird dort noch ungleich schwerer, wenn nicht unmöglich, wenn man von all den geschichtlichen Differenzen souverän absieht, wenn man sich schier unmittelbar dem Leben des Franziskus und seiner bedürfnisoffenen Bedürfnislosigkeit stellt.

144

Wer von uns möchte, könnte, wollte hier und heute Franziskus Leben musterschülerisch nachfolgen? Gewiss, metaphorisches Wasser steht üppig zu Gebote. Das kann je nach Geschmack und Vermögen in den Wein gegossen werden. Dieser wird dadurch erträglich. Er kann alltäglich genossen werden. Wir bedingen das »Unbedingte« an Franz' Leben. Wir vermitteln das Unvermittelte. Wir teilen das Ganze in nicht zu viel verlangende Teile. Wir relativieren das Absolute. Wo bliebe dann noch Franz von Assisi über einen geradezu infam geborgten Namen und die uns bestrahlende geborgte Aura hinaus? Vor allem – das ist das Problem aller Ethik von Anfang bis Ende –, wo halten wir mit den Bedingtheiten, den Vermittlungen, den Relativierungen inne? Was tun wir anders als das, was wir anderen vorwerfen – den christlichen Kirchen oder »realpolitisch« gewordenen programmatischen Intellektuellen oder Politikern, die im okkasionellen Dezisionismus, also im Opportunismus der Gelegenheiten aufgehen –, indem wir große Programme, große Praktiken und das Rare schlechthin, »große Menschen«, symbolisch missbrauchen? Wo bliebe Franz von Assisi? Wäre er eines der vielen Symbole des Edlen, Gerechten, Wahren?

Das haben sich Innozenz III. und Gregor IX., fromm und herrschaftsgewitzt in einem, schon zunutze gemacht. Damit kann man keine Reformhunde mehr zum Jagen motivieren. So das Leben des Franz von Assisi voll des Unabgegoltenen steckte, tut es das nur, wenn man ihm, dem existenziellen Nachfolger, existenziell nachfolgt. Nur darum hat er die Bergpredigt wieder zum Leuchten gebracht, weil er sie nicht als »evangelische Räte« unverbindlich verhimmelte. Er hat sie erdenschwer wörtlich genommen. Das ist die allgemeine Botschaft des Franz von Assisi, wenn es eine gibt: sprich nicht von Gutem, tue Gutes. Worte sind nur so gut wie die Taten, die sie verkörpern. Worte werden dann zu Taten, wenn sie »Fleisch«, wenn sie Verhalten werden.

Wir leben am Beginn des 21. Jahrhunderts. Die kapitalistisch herrschende Modernisierung ist zum globalen Schicksal geworden. Abstrakte Bezüge dominieren all das enteignet Konkrete, die *entia concretissima*, die Menschen zumal. Materiell fundierte, also konkret verwirklichbare Menschenrechte sind angesichts dieser Art der erreichten Globalität und der dynamisch fortgesetzten Globalisierung unwahrscheinlicher denn je. Das »Gehäuse der Hörigkeit« (Max Weber) weitet und verinnerlicht sich. Ungleichheit unter den Menschen ist Trumpf. Sie bleibt Trumpf. Sie wächst multidimensional in Form absoluter und relativer Verarmung. Die ungleiche Verteilung der Lebensgüter und der Lebensqualitäten in einzelnen Ländern und zwischen Ländern und Kontinenten nimmt nicht ab. Armut wächst in Form bleibender und wachsender Unfähigkeit, Welt zu verstehen und sich anzueignen. Der allgemeine Wirklichkeitsverlust gerade bei den Reichen und Superreichen wäre unerträglich, wenn wir ihn nicht schier unendlich (herrschafts-)tragsam, selbst wirklichkeitsverloren, aushielten. Er wird noch ungeheurer. Armut spurt verstärkt in den fast perfekt gewordenen Mängeln, das eigene Geschick, soweit menschenmöglich, mitzubestimmen. Die »unerträgliche Leichtigkeit des Seins«. Das, was die Moderne an befreiendem Fortschritt zu bringen schien – nicht zuletzt in Form enormer Mobilitätsgewinne als Freiheits-*Erfahrungen* in wörtlichem und übertragenen Sinne –, wird durch die Definitionsmacht abstrakter Phänomene »zweiter Natur« zum Fortschritt der Enteignung. Tödliche Verarmung greift nicht zuletzt dort um sich, wo viele der – verglichen noch zum nahen 18. Jahrhundert – schier unvorstellbar gewachsenen Zahl von Menschen für den wachsenden Fortschritt des Wachstums nicht, nicht einmal mehr als Konsumenten benötigt werden. Die Globalisierung der Armut und Globalisierung als Verarmung – das ist es, was Pierre Bourdieu und andere in »La Misère du monde« vorgestellt haben. Mike Davis spricht in seinem jüngsten Buch von den Slums als dem neuen Kontinent (Bourdieu, 1995; Davis, 2006).

Die wachsenden »Armuten« garantieren, dass die Reservoire an Aggressionen zunehmen. Sie garantieren den ungleichen, militärisch ausgerüsteten Wettlauf der Habenden und der Nicht-Habenden. Die einen wollen sich ihre Anteile an der globalen, ungeselligen Aktiengesellschaft geopolitisch und geokapitalistisch sichern, die anderen endlich solche Teilhabe den Habend-Herrschenden entgegentretend erwerben. Kollektive Gewalt nimmt unter diesen Bedingungen nicht ab. Sie wird zunehmen, wenn nichts Drastisches geschieht.

Angesichts dieser Situation und der bedrückenden Auswegslosigkeit meist blass bleibender »Dritter Wege« drängt die Frage nach möglicher »Rettung«.

Das »Kommunistische Manifest«, 155 Jahre alt, vermag den Weg nicht mehr zu weisen. Die Ausgebeuteten und die kolonialistisch-neokolonialistisch »Verdammten der Erde« (Frantz Fanon) werden nicht evolutionär zur emanzipatorischen Massenbewegung des Globus zusammenkommen

und sich revolutionär zusammenschließen. »Völker höret die Signale ...«.
Und doch: ist der Weg, den Marx prinzipiell gewiesen hat, nicht derjenige,
der inmitten des Herrschaftskapitalismus und kapitalistischer Herrschaft
allein angezeigt und menschlich allein gangbar ist? Sind nicht Verhältnisse
vorzustellen, anzustreben und täglich schrittweise zu schaffen, in denen
alle Menschen ihre menschlichen Bedürfnisse angemessen befriedigen
können? Und zwar in politisch nachpolitischen Gesellschaften (»nachpolitisch« insofern, als es keine Herrschaft mehr geben dürfte)? Dazu aber
ist es vonnöten, die kapitalistischen Produktions- und Herrschaftsver-
hältnisse möglichst (vollkommen?) umzugestalten, damit an ihre Stelle
Assoziationen frei praktizierter Menschenrechte treten könnten.

Der veränderte und zu verändernde Marxsche Weg, wie immer man
ihn sich heute vorstellen kann, steht dem der Armutsfreiheit als Freiheit in
und durch Armut des Franz von Assisi konträr entgegen.

Ob sich Marx je zur angeblich »akosmischen Liebesethik« von Franz von
Assisi (Max Weber) geäußert hat, blieb unüberprüft. Hätte man indes das
Leben des Franz von Assisi programmatisch als Argument inmitten der
großen kapitalistischen Transformation des 19. Jahrhunderts gebraucht –
und das war in meist christlich beeinflussten Arbeiterwohlfahrtsbestrebun-
gen ohne direkten Bezug auf Franz von Assisi im Sinne »heiliger Armut« der
Armen zu einem Teil der Fall –, Marx hätte sie mit guten Gründen bestenfalls als süßlich eskapistische Ideologie törichter Nichtanalyse entlarvt.
Marx wollte eine Umwälzung der Produktionsverhältnisse, ein Ende aller
Verelendung, Entfremdung und Ausbeutung, nicht einen selbstgenügsa-
men Verzicht der nicht selbstverschuldet Armen auf die Fülle neuer Möglichkeiten des Konsums. Zu Recht hätte er zu seiner Zeit ein Genügsam-
keitsprogramm, gar ein Programm »heiliger«, hochinteressiert geheiligter
Armut als Trick der herrschenden Klassen betrachtet. Ein solches Programm wäre darauf angelegt gewesen – und es gibt nicht wenige Beispiele
dafür, wenngleich ihnen die franziskische Radikalität mangelt –, einseitig
über die antagonistischen Klassenverhältnisse hinwegzutäuschen. Die
kapitalistisch klassenspezifisch und ausbeuterisch arm Gemachten hätten
so zusätzlich zur kapitalistischen Ausbeutung und staatlichen Unterdrückung religiös befriedet, also auch kognitiv und emotional ausgebeutet
werden sollen.

Wie steht es damit heute? Die Veränderungen des Kapitalismus seit
Marx' Zeiten, 120 Jahre nach seinem Tod, machen gravierende analytische

Neuerungen nötig. Sind jedoch – sehen wir von Marx' geschichtsphilosophisch begründeten Revolutionshoffnungen ab – sein analytischer Ansatz
und sein Verlangen einer fundamentalen Veränderung zugunsten gleich-
rangiger Lebenschancen aller ohne materielle Not irgend unrichtig geworden? Wenn Marx' zeitgemäß umformuliertes Versprechen weiter gälte,
hieße das, dass Franz von Assisi vom Anfang des 13. Jahrhunderts ein großer, weil praktizierender Christ bleibt, ein Menschenkristall, das über die
Jahrhunderte leuchtet. Aus Franz' gelebtem Leben könnten wir jedoch
nichts lernen, soweit wir darauf ausgerichtet sind, ein Leben jenseits des
globalen Kapitalismus, seiner abgründigen Gefahren und täglich anfallen-
den Kosten zu führen (?!).

Ist das die Frage, lässt sie sich jedenfalls nicht im Sinne des Ausrufungs-
zeichens beantworten, das das Fragezeichen in der Klammer am Ende des
vorigen Satzes ergänzt. Eher das Gegenteil gilt. Franz von Assisi ist lebendig zu erinnern. Von seinem Leben und den in ihm steckenden Botschaften kann, ja muss noch gelernt werden. Bliebe das Nicht-genügend-Ler-
nen das brutalisierende *factum brutum* unserer Zeit, zeitigte es riesige
humane Kosten.

Aus der langen und komplexen Geschichte des europäisch-angelsäch-
sisch initiierten und bis heute für die Führenden profitabel inszenier-
ten Kapitalismus, insbesondere der Zuspitzungen und Katastrophen des
20. Jahrhunderts, wollen wir eine Beobachtung pointiert herausgreifen.
Darauf gilt es die Folgerung zu begründen: Franziskus' Botschaft ist lern-
prall. Sie bleibt skandalös. Sprich: sie bildet einen bohrenden Stachel im
Fleisch der Gegenwart. Sie bildet einen täglich schmerzenden Stachel in
uns allen.

Was muss zuerst kommen: veränderte Formen der ökonomischen, der
politischen und der kulturellen Produktion oder neue Bewusstseins- und
Verhaltensweisen? Die Antwort lautet, historisch begründet, allemal: un-
gleichzeitig zugleich.

Klar und eindeutig ist jedoch, wenn man Menschenrechte als materielle,
institutionelle und verfahrensbezogene Bedingungen freier und gleicher
Lebenschancen aller ernst nimmt, dass es heute nicht nur radikal anderer Produktionsformen bedürfte, im Übrigen aber die Ziele gleich bleiben könnten. Vielmehr gilt, dass beim Verhalten, bei den Bedürfnissen der
Menschen gleicher Weise anzusetzen wäre, vor allem bei denjenigen, die

haben und herrschen (dafür gibt es im Sozialismus / Kommunismus / Anarchismus verschiedene, meist eher untergegangene Ansätze: bei Marx, Luxemburg, bei Kropotkin, Goldman, Landauer u. a. m.). Ließe sich die »Macht der Bedürfnisse« nicht allmählich umpolen, im Sinne einer geradezu franziskischen Bedürfnisfülle aufgrund der Bedürfnislosigkeit im Üblichen, insbesondere im kapitalistischen Sinne, dann müsste man alle Hoffnung fahren lassen (Gronemeyer, 1988).

Mit anderem und doch von Franz von Assisi nicht zu weit entferntem Akzent hat Helmut Gollwitzer christlich das Notwendige formuliert:

»Ob Jesus und die Urgemeinde selbst sozialrevolutionär aktiv wurden, ist demgegenüber unwesentlich: sie waren es durch ihre Existenz. Eine nicht einmal spezifisch christliche, sondern in ähnlicher Weise auch bei nicht-christlichen Autoren zu findende Lebensregel … »goldene Regel« … Besteht darin das wahre, das neue Leben, wie es von ›Gesetz und Propheten‹, also von dem am Heile der Menschheit arbeitenden Gott Abrahams, Isaaks und Jakobs gemeint ist, dann bedeutet das die Verneinung des gesellschaftlichen Privilegiensystems als einer Todesmacht, die abgetan sein wird im Reich Gottes, in dem es keine Menschenknechte geben wird, sondern nur Gottesknechte, die alle Herren sind, entsprechend abgetan sein muss in der Gemeinde und entsprechend untergraben, zurückgedrängt und abgebaut sein muss in der Gesellschaft, soweit es dem Einfluss der Jünger nur möglich ist« (Gollwitzer, 109 f. Wenig später spricht er vom »Evangelium als dem Sprengstoff für die Klassengesellschaft«).

Wenn angesichts der kapitalistischen Globalisierung alternative Vergesellschaftungen mehr Not tun, als je zuvor – auch, wenn sie, das ist die Katastrophe heute, unwahrscheinlicher denn je zuvor geworden sind –, dann ist bei Marx, dann ist jedoch auch bei Franz von Assisi in die Schule zu gehen. Und gute Schüler lernen über die Schule hinaus. Helmut Gollwitzer verband beide. Das machte seine Wirkgröße, seine Präsenz aus. Sie fehlen nicht nur seinen Freunden schmerzlich. »Krummes Holz. Aufrechter Gang«.

Das, was Franziskus tut, ist eine Umwertung der Werte, wie sie Nietzsche nicht vorgesehen hat (obwohl er sie taubenfüßig, jenseits allen Ressentiments und seiner Kritik, hätte denken können. Selbst sein partienweise schier unsäglicher, partienweise fast franziskusnaher »Antichrist«, enthält Elemente einer solchen). Indem Menschen, die ihm wenigstens kräftige

Schritte folgten, zu sich selbst kämen, vermöchten sie eine entsprechende Gesellschaft samt ihren nötigen Produktionsformen täglich zu bauen. Und zwar in der Art, wie sie leben. Das ergäbe eine Überflussgesellschaft ohne den Tanz ums Goldene Kalb. In ihr würde Politik im weiten aristotelischen Verständnis die ausschlaggebende Rolle spielen. Der alle umfassende, allen geltende fortdauernde Wettbewerb darum, das Zusammenleben und damit auch das Leben jeder einzelnen Person in der *Koinonia*, in der Gesellschaft so gut wie irgend möglich, so dionysisch lustig, spaß- und gedankenvoll wie machbar, zu gestalten. An Konflikten, an verschiedenen Wegen bestünde kein Mangel. Die Konflikte wären aber keine solchen innerhalb der Besitz- und Herrschaftsklassen zwischen Herren, Knechten und Mägden. In- und Exklusionen, ohne die Gesellschaften nicht möglich sind, hörten auf, tödliche Ausgänge zu produzieren mitsamt all den Rüstungen zuvor. Die verschiedenen Wege bestünden nicht in diversen Ausbeutungs- und Ab-/Ausgrenzungsformen anderer, sondern darin, die Organisationsweisen zu testen, denen gemäß sich alle am besten beteiligen und anerkannt »finden« könnten.

Weit ist der Weg von Franziskus zu uns und unserer Situation. Schier unendlich weit.

Selbst wenn sich die Zeitspanne überspringen ließe, selbst wenn sich die christliche Gläubigkeit zwar nicht ersetzen, aber im Bewusstsein notwendig transzendenter Bezüge verschmerzen ließe, die Differenz zu Franziskus' Lebensprogramm und dem, was wir vermögen, stellt nicht nur eine quantitative, sie stellt eine qualitative Kluft dar. Wir vergingen uns an Franziskus, wir täuschten uns und andere, wenn wir diesen Unterschied, diese Differenz ums Ganze, nicht einräumten. Franz von Assisi ist kein Georg Büchmann, nachzuschlagen für fromm und unfromm zu beherzigende Alltagssprüche.

Wird diese mehrgestaltige Differenz nicht verdeckt, dann sind wir frei, von diesem, in seinen Bescheidungen großartigen Franz von Assisi zu lernen. Indem wir wissen, dass wir ihm nicht nachfolgen können, können wir doch von ihm lernen, ohne seine programmlos-programmatischen Botschaften beliebig zu verwässern bis zur Unkenntlichkeit.

In diesem Sinne seien einige Minima Franziskiana formuliert:

Jede(r), der irgendetwas mit (Selbst-)Erziehung zu tun hatte, weiß, den

Ausschlag gibt nicht das, was man sagt, den Ausschlag gibt, wie man sich benimmt. Worauf es ankommt ist, wie man lebt.

Eng damit verbunden ist die Einsicht, dass die Umgangsformen mit allem, dem wir begegnen, mit Menschen zuerst, jedoch auch anderen Lebewesen und Dingen der Natur, mehr über unsere Ziele aussagen, als der normativ über uns ausgebreitete gestirnte Himmel. Fast gibt es so etwas wie einen kategorischen Imperativ im Sinne Franz von Assisis. Kein Imperativ im lebendigen Geiste Franz von Assisis kann, versteht sich, kategorisch ausnahmslos und abstrakt allgemein formuliert werden. Die Verhaltensdevise also lautet:

Nimm jeden anderen Menschen als eine ganze Person ernst, nimm aber andere Lebewesen und Dinge zuallererst wie Lebewesen und Dinge für sich, dann wirst du es schaffen den anderen, das andere zu lassen, wie er oder es dich lässt. Du wirst dich seiner erfreuen, wie er sich deiner erfreut. Dann erst wird es möglich sein der grundlegenden Devise der Moderne entgegenzuarbeiten, die nicht zuletzt die Angstvereinigung staatlichen, kapitalistischen und individuellen Sicherheitsverlangens mit aller Gewalt bewirkt: »Fürchte den Nächsten wie dich selbst!«

Kommt die Gleichheit materieller Bedingungen, prinzipiell aller Positionen in einer Gesellschaft hinzu, sodass es keine Arbeitsteilungen gibt, die Hierarchien fördern, dann haben viele Fixierungen und Ängste ein Ende. Der andere ist dann nicht mehr als Konkurrent potentiell die Hölle. Man braucht den anderen nicht mehr zu fürchten wie sich selbst. Die eigenen Ansprüche sind nämlich wie die des anderen nicht mehr habens- und herrschaftsgerichtet. Armut muss so gesehen nicht in der Radikalität des Franz von Assisi verwirklicht werden. Das kann sie nicht. Wo könnte sonst gebettelt werden? Armut jedoch, die den Bedürfniskranz klein hält, die darauf angelegt ist, nie herrschaftsmehr und habensschwer zu werden, lässt frei und kreativ werden, ohne dass andere gedrückt und ausgebeutet werden. Herrschaft aller Arten, insbesondere jedoch kapitalistische Herrschaft könnte nicht einen Tag weiter gelten, wenn alle groben und feinen Unterschiede als ihre organisatorischen und sozial- wie individualpsychologischen Bedingungen nicht stündlich reproduziert und neu produziert würden, institutionell geronnen wie sie durchgehend sind. Die Verdinglichung des Menschen im expansiven Besitz und im darin (und in der Angst) gründenden (entfremdeten) Selbst- und Sicherheitsbewusstsein prägt den »Prozess der Zivilisation« in wachsenden, gewaltsamen Verengungen. Was Wunder, dass der Prozess der Unterdrückung anderer Menschen als sich vergrößernder Schatten dem verharmlosend »zivilisatorisch« hochgewerteten folgt.

Erst wenn wir so ansetzten – der einvernehmende Plural mag ausnahmsweise gestattet werden –, besteht eine Chance, dass die mordvolle Zivilisation der Moderne kosmopolitisch plural würde. Die je anderen könnten ihre eigenen Wege gehen. Soziale Schließungen diskriminierten nicht mehr.

Diese Äußerungen besitzen unvermeidlich utopische Qualität. Sie sind auf menschliches Verhalten und den Umgang mit anderen und dem Anderen gerichtet. Solches Verhalten und solche Umgangsformen begegnen nur ausnahmsweise, randständig, wie Spurenelemente. Anders ist dies mitten in kapitalistischer Globalisierung nicht möglich. Andere Verhaltensweisen und Umgangsformen konkret zu begreifen, dazu kann Franziskus verhelfen. Wir können ihm sicherlich nur teilweise folgen. Dieses »Teil« aber scheint entscheidend. So wie das, was man sich utopisch vorstellt, von Menschen aus Fleisch und Blut betrieben werden können muss, ihnen wohl tun muss, so muss das, was man hier und jetzt kritisiert und anders haben will, heute zu leben versucht werden. Ohne von Franziskus vorgelebte Elemente geht das nicht. Marxsche und anarchistische müssten hinzukommen. Franz von Assisi *und* Karl Marx also durchaus. Und Rosa Luxemburg, Simone Weil und Emma Goldmann und viele, viele anderen Fackelträger und Fackelträgerinnen. Dann, aber nur dann, ist die geringe Chance nicht völlig vertan, wenn starke Fermente des Friedensgebets von Franz von Assisi von mehr Menschen begriffen und lebend verwirklicht würden.

Herr,
mach mich zu einem Werkzeug deines Friedens;
dass ich liebe, wo man hasst;
dass ich verzeihe, wo man beleidigt;
dass ich verbinde, wo Streit ist;
dass ich Glauben bringe, wo Zweifel droht;
dass ich Wahrheit sage, wo Irrtum ist;
dass ich Hoffnung wecke, wo Verzweiflung quält;
dass ich Freude bringe, wo Traurigkeit wohnt;
dass ich Licht entzünde, wo Finsternis regiert.

Meister, lass mich trachten,
dass ich mehr tröste, als dass ich getröstet werde;
dass ich mehr verstehe, als dass ich verstanden werde;
dass ich mehr liebe, als dass ich geliebt werde.

Denn wer gibt, der empfängt;
Wer verzeiht, dem wird verziehen;
Und wer stirbt, der erwacht zu ewigem Leben.
(s. Boff)

Das Ärgernis Franz von Assisi bleibt. Viele Ärgernisse. Die banalen mögen außer Acht bleiben. Sie werden ihm nur angetan. Sie finden sich nicht in seiner Gestalt.

Aber auch in Sachen Franz von Assisi gilt Nietzsches Wort, sei ein Mann oder eine Frau und folge mir nicht nach. Eigen-Sinn, eigene Praxis, die Form im Ziel und das Ziel in der Form ... – das, was sich fast, als sei's für eine Fibel geschrieben, an Franz von Assisis Leben ablesen ließe, gibt eine lange Liste. Ihr kann man gerecht werden, wenn man Franziskus mit Hilfe eines anderen Toren des Altertums, mit Hilfe von Sokrates, in gezielte Fragen ans eigene Verhalten und seine Ziele übersetzt. Dann mag man fröhlich inmitten der Überfülle herrschender Regelungen, ihrer sicherungssüchtigen Legitimierungen und ihrer leeren Substanz lernen, Franz- und zeitgemäß arm zu sein. Was meint es, so Sokrates am Anfang des 3. Jahrtausends unserer Zeitrechnung, wenn man meint, auch heute sei von diesem Menschlein, dem Poverello, Anfang des 13. Jahrhunderts zu lernen? Wie wird dieses Lernen hier und heute praktisch?

»Was mich angeht, ist der psychologische Typus des Erlösers. Derselbe
k ö n n t e in den Evangelien enthalten sein trotz der Evangelien, wie sehr
sie auch verstümmelt oder mit fremden Zügen überladen: wie der des
Franciscus von Assisi in seinen Legenden erhalten ist trotz seinen Legen-
den. N i c h t die Wahrheit darüber, was er gethan, was er gesagt, wie er
eigentlich gestorben ist; sondern die Frage, ob sein Typus überhaupt
noch vorstellbar, ob er ›überliefert‹ ist?« (Nietzsche 1980, Bd. 6, 199)

2. Der radikal Andere

Nähern wir uns Franz von Assisi, rückt er in die Ferne. Je ungestümer wir
dies tun, umso schwerer wird es, die Distanz zu überbrücken. Darum ist
methodisch und habituell ein umgekehrter Weg ratsam. Nur, wenn wir die
enormen Unterschiede zwischen Franz von Assisi als historischer Gestalt
und uns mit unserer Zeit wenigstens anloten, besteht eine Chance, Franz
von Assisi ›an sich selber‹ und zugleich für uns wahr zu nehmen.

Franz von Assisi war Kind einer *anderen* Zeit. Selbst in dieser anderen Zeit
fiel er als radikal Anderer auf und aus ihr heraus. Freilich: das, was ihn
anders machte und ihm bis heute einzigartig anhaftet, wird hell vor dem
Hintergrund und im Kontext seiner Zeit. Was Franz von Assisi über die
Jahrhunderte hinweg zu einem authentischen Menschen werden ließ,
einem Menschen für sich mit der Aura urchristlichen Charismas, kann
nur verstanden werden im Horizont des 12. und des 13. Jahrhunderts.
Soweit es überhaupt verstanden werden kann. Erich Auerbach hat das
trefflich zusammengefasst: »Zu Beginn des 13. Jahrhunderts erscheint in
Italien eine Gestalt, in der sich die hier in Rede stehende Mischung von
sublimitas und humilitas, erhabener Gottverbundenheit und demütig
konkreter Alltäglichkeit auf beispielhafte Weise verkörpert, wobei sich
Handlung und Ausdruck, Inhalt und Form nicht mehr trennen lassen; das
ist Franz von Assisi. Der Kern seines Wesens und die Wucht seines Auftretens beruht auf dem Willen zur radikalen und praktischen Nachahmung
Christi; diese hatte in Europa, seit es keine Märtyrer des Glaubens mehr
gab, eine vorwiegend mystisch-kontemplative Form angenommen; er gab
ihr eine Wendung zum Praktischen, Alltäglichen, Öffentlichen und Volkstümlichen. So sehr er selbst ein sich hingebender, kontemplativer Mystiker
war, so entscheidend war für ihn und seine Gefährten das Leben zwischen
dem Volk, unter den Geringsten, als die Geringsten und Verachtesten von
allen: sint minores et subditi omnibus. ... «.

Das ist es, was diese *imitatio* und *mimesis* Christi ausmacht: dass Sein
und Wesen so eng zusammenrücken, wie dies menschlich möglich erscheint, obwohl es ›normal‹ schlechterdings unwahrscheinlich ist. Zugleich
wird diese Voraussetzungslosigkeit zu leben, so volkstümlich sie ist und
gewirkt hat, zu einer Lebensform, die in ihrer Anspruchslosigkeit nur von
wenigen gelebt werden kann. »Philosophisches Ideal wäre«, so formulierte

Theodor W. Adorno einmal, »dass die Rechenschaft über das, was man tut, überflüssig wird, indem man es tut.« Franz von Assisi hat weder ein Ideal noch ein Programm propagiert. Eine eigene Theologie oder Christenlehre wird bei ihm deswegen überflüssig, weil er lebt, was er spricht. Seine Sprache hat, seine Sprache ist Leben. Die bereits geschilderten (Volks-)Predigten belegen es. Er gibt nur dem Namen, was er lebt. Einfachheit und Demut erweisen sich aber als das Schwierigste, sobald Franz von Assisis Nachahmung seinerseits nachgeahmt und von anderen anverwandelt werden soll. Als hätte er den später von Mahatma Gandhi berühmt gewordenen Richtsatz vorab verwirklicht: der Weg ist das Ziel. Weil das Ziel zum langen, kontinuierlich verfolgten Weg geworden ist, hat Franz von Assisi sein Ziel im Weg aufgehoben. Der Weg verläuft als eine lebenslange Erfüllung des Zieles. Darum fällt die sonstige Trennung von Zielen und Mitteln und der Widerspruch zwischen beiden dahin.

All diese Merkmale werden von der gläubigen Person Franz von Assisi verkörpert. Gelebter Glaube, das macht sie aus. Ein Glaube, ein Leben. Dieses außergewöhnliche Lebenskristall, in dem fast keine Trübungen erscheinen, Menschliches, allzu Menschliches nur in der hemmungslosen Offenheit, Gleichheit und Demut, hebt Franziskus selbst aus einer Zeit heraus, die verglichen mit heutigen Zeiten, als eine christlich durchmächtigte, auch im Alltag durchdrungene Welt bezeichnet werden kann. Allein die Glaubenskämpfe, die Ketzerbewegungen, die über die nächsten Jahrhunderte bis zur Reformation als dem Ketzer- und Kirchenbruch anhalten, illustrieren, wie viele Menschen von der später von Luther formulierten Frage nach der Gnade Gottes, nach einem »gerechten Gott« und den Voraussetzungen der Sündenvergebung umgetrieben worden sind. Diese Feststellung gilt, auch wenn die Beobachtung nicht unterschlagen wird, wie viel Macht- und Herrschaftskapital formell weltlich und formell geistlich aus diesem Rechtfertigungsdrang, dieser Sündenangst, diesem Jenseitsstreben skrupellos geschlagen worden ist. Das gesamte Macht- und Herrschaftsgetümmel der Zeit – »Kaiser, Rom und Renovatio« –, das gleichfalls erste modern staatliche Züge kenntlich machte, war nur in diesem Glaubensdickicht und seinen Lichtungen möglich. Das prägte die Zeit der frühen Jahrhunderte des 2. Jahrtausends. Wo Transzendenz überall lungerte und lugte, wer hätte ein »postmetaphysisches Zeitalter« auch nur denken können, heute ein Philosophengeschwätz?!

Franz von Assisi war Teil dieses Jahrhunderts. Noch die Legenden, in die er schon zu Lebzeiten eingesponnen wurde, noch die Funktionalisierungen seiner Gestalt und des nach ihm benannten Ordens künden: er war banalerweise seiner Zeit verhaftet. Die Umstände des 13. Jahrhunderts waren auch die seinen. Aber Franz war qualitativ anders und mehr. Sein gelebter Glaube wurde dem gerecht, was uns das Neue Testament von Jesu Bergpredigt überliefert. Nicht als hehre und ehrsame Weisungen, die man wohlgefällig und spruchfest zitieren kann, interpretierte sie Franziskus. So tat und tut es die Amtskirche mit ihren Gliedern, wie sie sich seit ihrer herrschaftsmächtigen Konstitution Anfang des 4. Jahrhunderts, der »konstantinischen Schenkung«, bis heute entwickelt hat. Nicht lauwarm empfing Franz von Assisi die regellosen Regeln der Bergpredigt – er lebte sie. (Lauwarmes spuckt der Gott der Offenbarung des Johannes aus.) Die arglose, die sinnenfröhliche Hinwendung zu jedem und allem der Bergpredigt war sein in Praxis getauchtes Programm, seine Predigt an alles, was im Himmel und auf Erden west.

3. Bruder Franz

Früh in der Geschichte des Christentums gab es theologischen und zugleich höchst herrschaftspraktischen Streit. Er kreiste um die Eigenart der Menschwerdung Gottes. War Jesus, Gottes Sohn, Gott gleich oder Gott ähnlich? Dieser Streit verband sich einem anderen. Was bedeutete Gottes Menschwerdung in Jesus? War Jesus, der Menschensohn, ganz und gar ein Mensch, den ›nur‹ besondere Gaben und Botschaften auszeichneten? Oder bleibt Jesus Gottes Sohn, der in seinem irdischen Leben, seiner Kreuzigung, seinem Tod immer zugleich Gott geblieben ist? Nicht ohne Risiko, die vielen Unterschiede zu verkürzen, könnte man zusammenfassend in Form einer nichttheologischen Theologie sagen: Je mehr Jesus vergöttlicht wurde, desto mehr eignete er sich als Gegenstand voraussetzungsvoller Vermittlung, desto mehr konnte mit ihm eigentümliche kirchliche Herrschaft legitimiert werden.

Bei Franz von Assisi stellen sich die vorgängigen Fragen nicht. Solche Kontroversen sind darum ausgeschlossen. Das war ein Mensch, uns gleich in seinen existenziellen Äußerungen und Grundbedürfnissen, so sehr er über normale menschliche Maße hinaus Bedürfnislosigkeit im üblichen

Verstande lebte. Franz von Assisi lebte aber als Mensch der gläubigen Mimesis Jesu. Er tat dies in einer praktischen Mystik, indem er Lehren, wie sie auf Thomas aus Jesu Jüngerkreis zurückweisen, wie selbstverständlich verwirklichte. So ist ihm das ›Bild Gottes‹ in allem gegenwärtig, wenngleich die meisten Menschen dessen nicht gewahr werden. Die ungewöhnliche amerikanische Theologin, Elaine Pagels, hat diese Zusammenhänge in ihrem jüngsten Buch sacht und deutlich herausgearbeitet (vgl. Pagels). Einer solchen Sichtweise nähert uns Franz von Assisi als Bruder Franz in mehrfacher Weise. Nun wird gerade die historisch-gesellschaftliche Distanz zum Hebel, uns an seinen religiös mystischen Einsichten zu bereichern, höchst alltäglich, wie sie sind, und doch den Alltag übersteigend (vgl. insgesamt Sölle).

– Sei es bei Franz oder sei es bei Goethe: Hier kann man vernehmen, was im Sinne einer anderen Moderne gesagt wurde. Hier kann man lernen, dass Leben, Wirklichkeit in und außer uns wahrnehmen und verändern, nur dann ohne fortgesetzte Katastrophen für uns, andere und anderes geschehen kann, wenn wir aus dem modern und zum Teil schon antik einseitigen Verhältnis heraustreten: Hier herrschendes Subjekt, wir die vielen aktuellen menschlichen Egos, an erster Stelle das längst versachlichte Superego: ich produziere und profitiere – dort alle möglichen Objekte. Zu solchen Objekten machen wir alle anderen Menschen und alle Lebewesen und Dinge, wenn diese instrumentalisierende Verdinglichung unseren kurz angebundenen Interessen, unserer »Begierde zum Haben und auch zum Herrschen« zupasskommt. Diese Objekte richten wir zu, machen sie uns zuhanden, instrumentalisieren wir, beuten wir aus, bis uns Gegengewalt, bis uns die »Tücke« des Objektivierten, bis uns Katastrophen kurz aufhalten, bevor wir dann um unserer »Sicherheit« willen die Objektivierung disziplinierend totalisieren und damit uns selbst verdinglichend unterwerfen. Darum die Dialektik der Aufklärung als die »Rache« des permanent unterdrückten und ausgebeuteten anderen. Darum Goyas Albträume der Vernunft. Kants wichtigster kategorischer Imperativ, Menschen – wenn schon nicht alle Lebewesen und Dinge – nie primär als Instrument zu missbrauchen, ist darum längst zu einem Feierspruch verkümmert. Franziskus' Schule kennt keinen Meister. Lehrer wie Schüler, Schüler wie Lehrer verhalten sich als eine Einheit mimetisch. Sie vertrauen allenfalls auf die sokratische Hebammenkunst anderen gegenüber. Alle anderen und alles andere werden ihrerseits bzw. seinerseits zu aktuellen und zu potentiellen Subjekten. Also besteht kein unterwerfender Verkehr zwischen (herrschendem) Subjekt und (unterworfenem) Objekt. Vielmehr bereichert der Verkehr unter Menschen und Dingen, die sich wechselseitig als eigensinnige Subjekte achten. Erst ein solches franziskisches Verständnis des Verhältnisses von Subjekt zu Subjekt, statt von herrschaftlich identifizierendem, Ambivalenzen zerstörenden Subjekt zu allem anderen als Objekt, ließe erkenntnistheoretisch-methodologisch wie praktisch ein humanes »Inwelt«- und »Umwelt«-Verhältnis begründen, das der »inneren« und der »äußeren« »Natur« des Menschen entspräche, selbst dort wo Ausnutzung und Ausbeutung nicht gänzlich unterbleiben könnten. Davon sind auch diejenigen, die sich um Umweltpolitik kümmern, wie sie seit den 60er Jahren des 20. Jahrhunderts allmählich gefasst worden ist, ganze Qualitäten weit entfernt. Sie drohen zumeist Mensch und Gesellschaft hier, »natürliche« Umwelt dort, wie zwei unabhängige Einheiten voneinander zu trennen. Darum erscheint das, was »Umweltpolitik« genannt wird, mit Gesellschaftspolitik kaum etwas zu tun zu haben. Man kann sie als bloße »Technologie«- und »Energie«-Politik mitten im Kapitalismus mit einigen gesetzlichen Austarierungen und Kontrollen betreiben.

– In Klassengesellschaften, Gesellschaften mit großen Unterschieden zwischen den Schatten- und Lichträumen, denjenigen, die rudernd eingekrümmt schwitzen, und denjenigen, die freie Steuerluft atmen, in solchen andauernd vermehrten Klassengesellschaften schreit der Skandal der Ungleichheit und der Ungleichheitsproduktion. Das gilt, gerade wenn der Schrei vom repressiv präventiven Einsatz staatlichen Gewaltmonopols und stumpfer Gewohnheit verhartzt und erstickt wird. Dagegen, danach und davor, als wahre andere Gesellung, die allen nottut – auch dem oben genannten anderen, den Tieren und Sachen –, gilt die von Franz von Assisi verkörperte nicht allein biblisch formulierte Einsicht: der Mensch lebt nicht vom Brot allein. Menschen brauchen Brot. Viele Menschen brauchen viel Brot. Heute sind es um die 6 Milliarden von ihnen. Eine ungeheuerliche Aufgabe des Brotanschaffens. Und doch gilt zugleich, dass dieser Brotbedarf nur dann nicht entgleitet und zur künstlichen Brotherrschaft wird, wenn menschliche Phantasie und Gestaltungskräfte nicht auf den Erwerb und noch einmal Erwerb und wieder

Erwerb konzentriert werden. Das ist im Sinne eines hoffnungslosen und kostenreichen »Besitzindividualismus« in kapitalistischer Weltvergesellschaftung der Fall, die Vergesellschaftung nur noch im negativen Sinne wachsend produzierter A-Sozialität genannt werden kann. Franz von Assisi, der Ärmling, hat Gleichheit gelebt. Er tat dies indes – und entsprach so der Thomas-Überlieferung, die oben erwähnt wurde –, in dieser Welt, nicht separiert von ihr. Darum vermag er anzuspornen, die eigenen Bedürfnisse bester Wirklichkeitsgestaltung wuchern zu lassen, gerade darum aber die einseitigen, doppelt verknechtenden Bedürfnisse im engen Zaum zu halten – um der Freiheit willen. Das ist, zeitgemäß gesprochen, eine geradezu radikale anti-neoliberale Programmpraxis. Die einzige dieser Art. Diese Freiheit verlangte, sich von abträglichen, gegen andere und anderes gerichteten Bedürfnissen zu befreien (sich human von kapitalistischer Totalität zu emanzipieren) – die uns allen kapitalistisch, als wären sie ureigene, eingeherrscht worden sind und werden. So sind viele »ureigenen« »Bedürfnisse«, längst vorbewusst habitualisiert. Der Weg ins Freie führte in Richtung fruchtbarer und möglichst aggressionsfreier Gestaltung bestehender Beziehungen zwischen Menschen, aber darum zugleich auch zwischen Menschen und Natur-Sachen, z. B. Ressourcen.

– Gelänge solche Umpolung, zu der heute ungleich mehr Anlass besteht als zu Zeiten von Bruder Franz, dann könnten wir auch dort in seine antischulische Schule gehen, wo er uns am meisten abverlangt: seiner Allliebe. Diese ist nicht das, was Max Weber am Christentum faszinierte und abstieß in einem: »akosmisch« (vgl. die bekannte Passage in »Politik als Beruf« von 1919). Sie ist rundum »kosmisch«, sprich: sie ist von dieser Welt und für diese Welt eben als eines Kosmos und entsprechender Kosmopolitik. Sie entspricht nicht einem kapitalistisch dauernd angeheizten, primär staatlich ausgeführten Krieg aller gegen alle, mag derselbe nun nationalstaatlich kollektiv oder von nicht staatlich scheingeadelten Gruppen ausgeführt werden. Eine Welt ohne Feinde – welche riesige, welch fordernde, welch faszinierende Aufgabe der Gestaltung. Bruder Franz' kosmische Liebesethik, nein: sein praktisches Liebesverhalten, vor- oder nachpolitisch, stößt an, wie immer man dasselbe bezeichnen mag.

Auch dort, wo wir Franz als Bruder erkennen und nicht in angemessener Verfremdung Franz von Assisi nennen, auch dort ist Bruder Franz uns um unerreichbare Längen voraus. Das macht seine Größe aus, von der Karl Jaspers gehandelt hat, als er uns Nach- und Kleinergeborenen »Große Menschen« exemplarisch vorstellte. In Franz' von Assisis Fall gilt solche Größe allerdings nicht in dem Sinne, dass sie eigenartige Nachfolge verhindern sollte. Allzu rasch und vereinfachend mag die Aussage, dieser oder jener Mensch habe sich durch besondere Größe, durch Genialität, durch unerreichbares Virtuosentum ausgezeichnet, dazu (ver-)führen, sich aus aller Pflicht zu nehmen, den Spuren dieser »Großen« zu folgen (einmal davon abgesehen, dass, je nach historischer Perspektive, das Große groß nicht bleibt und das Kleine nicht klein, wie Bert Brecht am »Grunde der Moldau« ausmachte). Gerade die menschliche Machbarkeit ist es, die solche Größe jedenfalls in der Franz-Nachfolge zulassen soll. Große Menschen sind groß und bleiben es, wenn sie neue Möglichkeiten des Möglichkeitsbündels Mensch verwirklicht und darum wahr gemacht haben: So könnte man leben. In diesem Sinne ist Franz von Assisi der berühmten These eines ganz anderen, eines fremden und doch fremdvertrauten Mannes vergleichbar, der 11. Feuerbachthese des seinerseits ganz anders großen Karl Marx. Die Theologen haben die Welt seither auf verschiedene Weise ausgelegt und ihrer christlichen Richtung den »rechten Weg« gewiesen. Es kommt aber darauf an, eine andere Welt zu leben. Ein wenig davon zu lernen, davon zu gewinnen, Bruder Franz, wäre im Kleinsten das Größte.

4. Einige Schwierigkeiten, die der Umgang mit Franz von Assisi bereitet

Ein anderer christlicher Radikaler, Sören Kierkegaard, ein Intellektueller freilich, kein lebenspraktisches Vorbild, stellt 1855 fest:

»O Luther, du formuliertest 95 Thesen. Die Sache verhält sich aber entsetzlicher: Es gibt nur eine These: Das Christentum des Neuen Testaments existiert überhaupt nicht. Es gibt hier nichts zu reformieren.«

Franz von Assisi gab der Bergpredigt Leben. Er äußerte keine Kritik. Die katholische Kirche, zu seinen Lebzeiten vollends auf dem Weg zur *ecclesia triumphans* als päpstliche Herrschaftskirche – Innozenz III. und Leo IX. verkörpern sie –, hat Franz von Assisi nicht weiter beachtet. Er ist seinen Weg in einer Art *amicabilis injectio*, einem friedlich liebenden Einsprengsel, im Rahmen der Kirche gegangen, ohne erkennbarer Weise auch nur so etwas zu tragen wie ein »schlafendes Schwert«. Er verhielt sich anders. Er ließ sich von Innozenz III. empfangen. Er ließ sich jedoch nicht funktional im Sinne eines geschlossenen Ordens einbinden, soweit er das durch eigenes Verhalten oder Nicht-Verhalten abwehren konnte. Indes: er erwehrte sich nicht der mächtigen, übermächtigen und sich auch seiner Gruppierung bemächtigenden Kirche. Letzteres war schon zu seinen Lebzeiten absehbar wie die Funktionalisierung via Heiligsprechung, die seinem Tod in herrschaftlicher Kooptation folgte. Durfte Franz von Assisi jedoch die »heilige christliche Kirche«, die er in all seinen Handlungen und Äußerungen akzeptierte, jedenfalls nicht infragestellte, einfach ihren, dem seinen so unähnlichen Weg gehen lassen, wenn er von seinem Weg überzeugt war? Gewiss: wer christlich mimetisch leben und anderer Leben dazu führen will, hat keine Zeit für irgendwelche Allotria. Alles andere bleiben unwesentliche, allenfalls politisch strittige Angelegenheiten. Demut und freie Unterwürfigkeit waren außerdem die Eigenarten, die den praktischen Glauben des Franziskus ausmachten. Sie suchte er lebend zu lehren. Das ist es auch, was die oben berührte Größe des Franz von Assisi ausmacht: diese ungeheure Zucht der Konzentration in einer wunderbaren, nach außen sichtbaren Innerlichkeit. Indes: das »aber« als Stachel in der Bewunderung bleibt. Franz von Assisi suchte keinen veränderungserpichten Marsch durch die Institution Kirche. Er blieb in der Institution. Er akzeptierte sie, wie sie war und wurde, ohne an ihr als Institution machtinteressiert teilzunehmen. Er und die Seinen verhielten sich strikt alltäglich außeralltäglich. Nicht-institutionell, nicht kämpferisch-kritisch antiinstitutionell oder mutmaßlich hoffnungslos, indes nie ins Auge gefasst: außerinstitutionell. War diese institutionelle »Naivität« der Preis? Hat dieser Preis nach Franz von Assisis Tod bewirkt, dass aus seiner Gruppe ein fester Orden und aus diesem ein Instrument päpstlicher Herrschaft gegen Ketzerbewegungen geschmiedet wurde? Oder blieb und bleibt bis heute ein unaufgezehrter Kern »Naivität«, mit Ernst Bloch gesprochen, ein unabgegoltenes, zeitweise gelebtes Versprechen, das beispielsweise unter den Franziskanern und vielen anderen nominellen Christen und Nichtchristen in Lateinamerika als Befreiungstheologie und befreiende Praxis wider die aufgeherrschte Armut der Bevölkerung akut geworden ist? Wir müssen noch nach tieferen Wurzeln wühlen, um Franziskus und unseren himmel- und erdweiten Unterschied zu ihm zu ahnen, damit wir darum von ihm auf- und angetrieben werden können.

Indem Franz von Assisi nicht kritisierte, nicht propagierte, nicht organisierte, sondern Zeichen setzte, in der Art, wie er lebte, geradezu reine Praxis, forderte er damit »seine« Kirche, seine Zeit und uns alle nach ihm
nicht ungleich mehr und erst richtig? Eigene Lebenspraxis ist das, was ihn
auszeichnet. Nicht Anspruch, nicht Lehre: er ist, was er lebt. Das ist das
ungeheuerlich Menschliche an ihm, das ihn über uns alle erhebt und ihn
doch bei uns bleiben macht. Panthea, in Hölderlins wunderbarer Utopie,
dem »Tod des Empedokles«, rührt daran wie ein Unmögliches. Franz von
Assisi schließt die Kluft:

»O ewiges Geheimnis, was wir sind

Und suchen, können wir nicht finden: was

Wir finden, sind wir nicht – ...«

Darum trifft, was Friedrich Hölderlin, ein anderer, andersartig Verrückter, übers Gedicht sagt, wie ein Menschenhauch, mit den notwendigen Veränderungen, auf Franz von Assisi: »Ein Rätsel ist Reinentsprungenes.«

Armut und die Freiheit des Christenmenschen in der Version des Franz von
Assisi gehören zusammen. Eigentum und eine Vielfalt damit verbundener
Bedürfnisse sind nicht nur Diebstahl an anderen, solange die Gleichheit der
Lebenschancen aller Menschen fraglich ist. Eigentum und eine Vielfalt in
ihm steckender, aus ihm wachsender Bedürfnisse konstituieren Unfrei-
heit. So formulierte der seinerseits theologisch-christlich Radikale, Gerrad
Winstanley, im 17. Jahrhundert in England bilderreich. Besitz und Eigentum müssen notfalls mit Gewalt gesichert werden. Sie benötigen Grenzen,
Abgrenzungen, Ausgrenzungen. Sie schaffen Klassen, Klassenfeinde und
Klassenkriege. Das menschlich Böse nistet zuerst im Diebstahl. Als Menschen auf die Eigenschaften programmiert, die wir aus Besitz und Position
erwerben können und als unseren gesellschaftlichen Status erworben
haben, scharen uns unsere individuell a-sozialen Ängste kollektiv ums
staatliche Gewaltmonopol, das darum in praktischer Legitimation, Hobbes
wusste das früh, wie ein Übersubjekt, ein sterblicher Gott mit allen möglichen projektiven Talaren und auratischen Scheinen versehen wird. Dass
der europäisch-angelsächsische Freiheitsbegriff, längst katholisch, also global geworden, im abgrenzbaren und abgegrenzt gesicherten Besitz seinen
genetischen und bis heute funktional mehr denn je dominierenden Kern
hat, liegt als Ursache aller Ursachen der »Dialektik der Aufklärung« als eines
ausschluss- und mordfundierten und Ausschluss und Mord verlangenden

»Prozesses der Zivilisation« zugrunde. All das, was Frieden »positiv«, bedeuten kann, all das, was schonender Umgang mit Kreatur und belebt/ unbelebter »Natur«, immer emphatisch sozial bestimmt, heißen müsste, heißt nur Wunschdenken nachzujagen, »Friede, Freude, Eierkuchen ... «. Es sei denn, es gelinge konzeptionell, organisatorisch und habituell, Konflikte in und zwischen Menschen, »aus krummen Hölzern«, wie sie gewiss geschnitzt sind, primär auf andere, letztlich Politik gestaltende Eigenschaften zu orientieren, jenseits der andere und anderes ausschließenden Habens- und Herrschenskonkurrenzen. Die erste Voraussetzung dafür besteht selbstredend darin, und diese ist aller Anstrengung wert, Verhältnisse zu schaffen, in denen lokal, regional und weltweit, menschliche Bewegungsfreiheiten im wörtlichen und übertragenen Sinne sich im Kontext gleicher Lebensbedingungen abspielen. Freiheit und Gleichheit als doppelgeprägte Münze. Dann erst kann von Menschenrechten anders als fetischtisch gesprochen werden.

Bedingt aber eine Armut, wie sie Franz von Assisi predigte und lebte, nicht eine andere, möglicherweise auf die Dauer ungleich gewichtigere Abhängigkeit? Eine Abhängigkeit nämlich vom Reichtum anderer Menschen, sobald die Phase von Hirten- und Jägergesellschaften, den ersten »Überflussgesellschaften«, schon infolge der Zahl zu ernährender Menschen zurückgelassen worden ist?

Die Achse zwischen Freiheit und Armut, auch und gerade im ökonomisch-gesellschaftlichen Verstande, zerbricht diese Frage nicht. Sie bleibt erhalten. Ebenso drängt aber die Notwendigkeit, die vielen Armen und Freien zu nähren. Zu wissen, der Mensch lebt nicht vom Brot allein, schließt das Wissen ein, er brauche als *minimum existentiale* »Brot«. Wie der Notwendigkeit von Produktion und Verteilung einer Fülle von Gütern für eine Fülle von Menschen entsprochen werden könnte, steht auf einem anderen Blatt. Das kann man nicht aus Franz' von Assisis Leben und Zeit »herausreißen« und phantasievoll auf die Gegenwart übertragen. Schrecklicher Reduktionismus wäre die Folge. In Form einer Andeutung muss eine negative und müssen zwei positive Hinweise genügen. Zuerst negativ: zu den großen, im Zuge der Globalisierung vermehrten und intensivierten Täuschungen kapitalistisch herrschaftlicher Vergesellschaftung gehört das Versprechen, das Hoffnungen von Milliarden von Menschen verschlingt, wer heute noch arm, ausgebeutet und unterdrückt, kümmerlich, abhängig, marginal, wie vor Hitze saftlos gewordene Pflanzen dürre und jämmerlich dahinvegetiere, der oder die möge individuell und kollektiv nur noch ein wenig warten. Bald komme die Zeit, gemäß der Dynamik des entwickelnden, ja des galoppierenden Fortschritts. Dann würden zwar nicht alle Menschen gleich. Nur gleichmacherisch terroristische Kommunisten könnten so denken. Wohl aber werde der Wohlstand aller Menschen so wachsen, dass sich die Pyramide der Ungleichheit über dem breiten Massiv des größtmöglichen Glücks der größtmöglichen Zahl türme. Darum komme es hier und heute darauf an, kräftig mit eigenen Zugaben und Opfern, manchem Verzicht gewiss, den ökonomisch gesetzlich bewiesenen Refrain der Welthymne in unterschiedlichen Sprachen, Regionen, Klassen und Kasten kräftig mitzusingen: Wachstum, Wachstum über alles ... Dieses Versprechen belegt, wie das in ihm enthaltene Ziel, erneut die inhaltliche, zum Teil sogar die verfahrensförmige Analogie zwischen vergangenem Marxismus/Leninismus und »freiem« Kapitalismus. Versprechen, die in die Zukunft gehängt werden, sollen gegenwärtige Hinnahme und Opfer rechtfertigen (im Extrem die Kombination von »Humanismus und Terror«, sprich Terror heute, damit die goldene Zukunft erreicht werde; vgl. Merleau-Ponty 1966). Sie machen kapitalistische Vergesellschaftung zum pseudoreligiösen, pseudomessianischen Versprechen: einst wird kommen der Tag, da wir alle in der Fülle leben. Hinzukommt J. M. Keynes' sarkastische Interpretation der Versprechensformel aller Entwicklungs-, Modernisierungs-, Transformations- und Wachstumstheoretiker/praktiker, »in the long run« werde der »Wohlstand für alle« ergattert. »In the long run«, so Keynes, »we are all dead.« Über diesen Analogiebeleg hinaus lässt sich an der global kapitalistischen Vergesellschaftung systematisch zeigen, dass und warum sie und ihre machtvoll ungleichen Interessenten ihr legitimatorisch betörendes Versprechen nicht halten können, alle Menschen würden shareholders und nie gänzlich verlieren. Dieses Versprechen stellt keine Utopie, sondern eine kapitalismustümlich wohlverpasste (Massen-)Illusion dar.

Knappe Bemerkungen zu den beiden positiven Hinweisen. Zum einen gilt die Einsicht in das »Adäquanzverhältnis« (M. Weber) von Zielen und Mitteln, wenn schon die Gleichsetzung, die Franz von Assisi gelebt hat, nicht in großer Zahl nachgeahmt werden kann. Sprich: Produktionsziele und Produktionsformen sind von der damit befassten Vereinigung von Menschen eng miteinander zu koppeln. Wenn dem weltweiten goodspeak-Wort des »sustainable development«, des nachhaltigen Wachstums, wie es zuerst im Brundtlandbericht von 1987 auftaucht, irgend entsprochen werden sollte, dann dürfte das von einseitigen Innovationen beflügelte, seinerseits ungleiche Wachstum nicht zum Konkurrenzöl schlechthin werden. Dazu gesellt sich das Erfordernis, in vielfältiger Pluralität örtlich und regional so zu produzieren und zu verteilen, dass der Warenfetisch und der ihm angehängte Bedürfnisfetisch an bestimmender Kraft verlöre. Wachstum und Innovation würden zu sozial bestimmten Größen, nicht zum Gesellschafts- und Entwicklungsersatz. Ihrer bedürfte man, um lokale und regionale Nöte ausgleichend zu beheben. Ein solcher Ausgleich folgte einer Art verkehrtem Ricardo-Theorem, nämlich, örtliche und lokale Vorteile auszugleichen. Dazu wäre es geboten, überregionale, ja globale Institutionen einzurichten. Deren mögliche herrschaftliche Abstraktion sollte von lokalen und regionalen Bleigewichten umgangsnah darnieder gehalten werden. Genug der Andeutungen, die unvermeidlich Missverständnisse und Missdeutungen auskristallisieren lassen. Wichtig ist an dieser Stelle nur, die Vorstellungskraft der von Franz von Assisi Faszinierten hier und heute im 21. Jahrhundert anzuregen oder zuerst zu erkennen, welche faszinierenden Möglichkeiten die Grenzgestalt des Franz von Assisi birgt. Armut entgegen aller Ausbeutung und herrschaftlichen Anhäufung von Besitz wäre dann keine wohlverpasste Herrschaftsideologie. Sie könnte nicht als bürgerliche Drohgebärde missbraucht werden, die Angst und angstbestimmtes Sicherheitsverhalten eintrimmen. Armut, das heißt sich von verdinglichten Besitztümern soweit irgend möglich zu befreien, von den meisten, kapitalistische Vergesellschaftung dynamisch zusammenhaltenden Fixierungen auf »ewig«, sprich modisch erneuerte Fetische, machte erst eine andere Welt, eine andere Moderne möglich. Um dies erkennen, sich vorstellen und leben zu können, müssen wir nicht zu radikalen Franziskanern werden. Den Kern der Botschaft von Franziskus müssten wir aber habituell begreifen, selbst wenn wir ihn nicht christlich leben und lesen können.

5. Ein Leben mit Maßen für uns im 21. Jahrhundert

All die fernen Weiten, aber auch die fernen Nähen, die den Weg von uns zu Franz von Assisi umständlich und schwierig machen, verlangen von uns Zeitgenossinnen und Zeitgenossen des 21. Jahrhunderts einen doppelten

Sprung. Vorausgesetzt, wir schlagen uns, wenn wir den Nutzen und Nachteil von Franz' von Assisis historisch-überhistorischer Gestalt bedenken, auf die Seite einer nicht antiquarischen, sondern am Hier und Heute und seiner gründlichen Änderung interessierten Betrachtung.

Der erste Sprung gilt uns selbst. Wir müssen dessen gewahr werden, was wir sind und was wir selbst handelnd wollen, eingebunden in ein »falsches Leben«, das kaum noch Eigenräume bietet (vgl. Adornos Minima Moralia). Dieser »Sprung«, genauer ein zäher und mühsamer und nie ganz erfolgreicher Lösungsprozess, ist darum so schwierig, weil wir in unseren Bedürfnissen, Interessen und nicht zuletzt unseren Als-Ob-Spontaneitäten von allgemeinen und besonderen gesellschaftlichen Umständen vermittelt sind. Wir sind ungleich mehr *sub-jecta*, längst versachlichten gesellschaftlichen Umständen Unterworfene, als dies unser Stolz und unsere menschenrechtlichen, aus der Aufklärung überkommenen Bezugsnormen zulassen. Der zweite, damit gekoppelte Sprung, ein Sprung also, bei dem beide Beine zusammengebunden sind, verlangt aus unserer Zeit ein Stück herauszuhüpfen. Letzteres kann zunächst nur reflexiv geschehen. Soll diese Reflexion jedoch nicht, wie die romantische, eine unverbindliche und folgenlose Attitüde bleiben, muss sie zum Habitus werden, der sich im alltäglichen Verhalten bewährt.

Vier Vergangenheiten und Zukünfte postulieren den Doppelsprung, ohne dass zwingende Gründe für ihn angegeben werden könnten. Das lässt unsere Folgerungen als »moralisch« qualifizieren. Diese Qualifikation irritierte uns nur, wenn sie als doppelte Moral oder als eine abstrakte, mit dürrem Zeigefinger sekundärtugendgerecht, gekennzeichnet werden könnte. Ansonsten zeichnet sich das Möglichkeitswesen Mensch im gesellschaftlichen Zusammenhang gerade dadurch aus, dass es ebenso mehr, nämlich humaner, wie weniger human, nämlich inhumaner werden kann.

– Die erste Vergangenheit der Gegenwart ist im Jahr 2005, 60 Jahre »danach«, bedacht worden. Das Ende des nationalsozialistischen Deutschland und des von ihm vom Zaun gebrochenen 2. Weltkriegs. In dessen Mitte die »Endlösung«, der Genozid an europäischen Juden, an Sinti und Roma und anderen sog. fremdvölkischen Gruppierungen, die nicht in die »arische Großraumpolitik« passten. Ist es, wie Theodor W. Adorno und andere 1945 und danach verlangten, auch nur ansatzweise gelungen, ist es wenigstens versucht worden, in Deutschland und anderwärts, die diversen Gesellschaften dieser Erde und ihre Verhältnisse so zu organisieren, dass Menschen ausrottende Konzentrationslager und genozidartige Verbrechen nicht mehr möglich werden? Die Frage zu stellen und sich die gegenwärtigen globalen Bedingungen und hauptsächlichen Vergesellschaftungsformen anzusehen, heißt sie verneinen. Das ist es, was Walter Benjamin vorausgreifend meinte: das ist die Katastrophe, dass alles so weitergeht!

– Die zweite Vergangenheit und fast unmittelbar gegenwärtige Gegenwart besteht in der fortgesetzten Friedlosigkeit dieser global zusammenhängend entwickelten Oikoumene. Der Gedanke mutet gespenstisch an. Er droht praktisch dennoch ins Schwarze zu treffen. Dass die nicht natur-, die vielmehr kapitalmacht- und herrschaftswüchsige Entwicklung des 21. Jahrhunderts mehr an kollektiver Gewalt aufwerfen wird, als das 20. Jahrhundert mit seinen beiden Weltkriegen in der 1. Hälfte. Wenn dem aber so ist, wenn das so sein könnte, dann gibt es keine andere Aufgabe, als alles zu tun, den negativen und den positiven Frieden zu stärken.

– Mit der raubbauenden Ressourcen-Konkurrenz der meist ver- und durchstaateten Bevölkerungen dieser Welt hängt der Raubbau an der inneren und äußeren Natur von Mensch und Gesellschaft zusammen. Die konkurrierenden Räder aller Gesellschaften werden in ungleichem Maße und mit ungleicher Macht auf Größenwachstum der Habensmacht und des Machthabens bereift. Das hat zur Folge, dass die mächtigsten Länder am Rand der Katastrophen weniger mächtiger Länder entlangschrammen. Das Schlüsselwort der Zeit, das Schlüsselmotiv und die Bedingung der Möglichkeit verdichtender Expansionen, »Innovation«, wird darum allein technologisch dekliniert, weil etablierte Verhältnisse ungleichen Wohlstands und ungleicher Macht nicht riskiert werden sollen.

– Der katastrophale Mangel gesellschaftlich-institutionellen Lernens, von der versäumten Antwort auf den nazistischen und stalinistischen Grabenbruch der Vergangenheit über gewaltfördernde Herrschafts-, Ungleichheits- und Ausbeutungsformen bis hin zu allein instrumentellen Innovationen eigener Techno-Kapital-Logik, hat zur Folge, dass alle demokratisch-menschenrechtlichen Versprechen ins Gegenteil umschlagen. Kein Ausgang aus der selbstverschuldeten Unmündigkeit findet statt. Vielmehr wachsen Formen abstrakter, sachzwangartiger Herrschaft derart, dass eine universelle Verdinglichung an sich gesellschaftlicher Ziele und eine Objektivierung der Subjekte im Sinne ihrer personenfeindlichen Unterwerfung weltweit der Fall sind.

Dieser galoppierenden Quadriga entgegen ist personales Handeln ohnmächtig. Es höbe an mit der unwahrscheinlichen Kunst, Nein zu sagen. Und doch besteht sie im eigenen Handeln auf diversen Ebenen als einziger Möglichkeit, die gewählt werden kann und unseres Erachtens verantwortlich gewählt werden muss. Das kann und muss an erster Stelle von Franz von Assisi gelernt werden. Er wurde zum Ziel und Instrument in einer Person. Er besaß keine Mittel. Hätte er sie besessen, er hätte sich ihrer entkleidet. Er wusste, Mittelbesitz veräußerlicht. Er gäbe eine Macht, die übermächtigt. Seine eigene Umkehr zählte allein. Seine eigene Art, ein Zeichen zu setzen. Indem er anders lebte. Nur so ist dem gegenwärtigen geschichtlichen Gang in Richtung »Ende der Geschichte«, der Annahme, es gäbe keine anderen Formen der Vergesellschaftung als kapitalistisch herrschaftliche, im Namen einer von Menschen verantworteten Geschichte zu widerstehen. Und sei es nur als Sandkorn im Getriebe. Sich ohne Franz' von Assisis Glauben zurzeit quer zu stellen, wenngleich nicht in unmittelbarer Nachfolge, scheint schier unmöglich. Auch wenn wir uns selbst befragen, nach dem, was wir geleistet haben, nach dem, was wir noch leisten könnten, werden wir nicht euphorisch gestimmt. Nein, als Wegweiser können und möchten wir uns nicht aufstellen. An sich selbst ansetzen und mit lernendem Spaß arbeiten, kann aber jede und jeder von uns täglich.

Franz von Assisis unprätentiöses Vor-Leben und seine orientierende Strahlungskraft mögen eine auf Kant zurückgehende Unterscheidung zwischen konstitutiven und regulativen Prinzipien nutzen lassen. Wir setzen an die Stelle von »Prinzipien« in personenarmer, genauer: in personenfeindlicher Zeit Franz von Assisi gemäß Personen. Eine *imitatio Francisci* ist nicht möglich. Zeit- und problemgemäß nicht. Zeit- und problemgemäß gilt zwar: diese von Ungleichheit und Herrschaft durchzogene Welt käme keinen Tag ohne franziskische, ohne anarchistisch in gegenseitiger Hilfe gelebte Elemente und Fermente aus mitsamt der nicht geringen Zahl von Personen(gruppen), die die Zehrgelder der Hilfe aus ihrer Person nehmen (und sich darum auch immer wieder auf Gestalten wie Franz von Assisi beziehen). Jedoch sind die etablierten Strukturen so interessenhart und funktionieren so dynamisch, dass alle Hilfe immer zu spät kommt.

Die »normalen Katastrophen« werden nicht verhindert. Eine praktische Orientierung an der Nachfolge Franz' von Assisis unbeschadet aller nötigen Veränderungen – mutatis mutandis – überstiege außerdem das religiöse Vermögen aller potentiell Lesenden wie uns selbst. In diesem Sinne kann Franz' von Assisis Leben nicht konstitutiv für das unsere sein. Sein Leben könnte aber regulativ gelten. Sprich: als eine verbindliche Orientierung mit folgenden Orientierungsmargen:

– zu leben, was man behauptet, also dem dauernden und durchsichtigen Versuch, die Kluft zwischen Programm und Praxis zu schließen;
– wie man sich selbst zu einem Objekt degradieren muss, um Abhängigkeiten u. ä. m. herauszufinden, so hat man alle anderen und alles andere als Subjekte mit eigenem Sinn wahrzunehmen und zu behandeln;
– materielle Armut in dem Sinne, dass man es sich mit dem nötigen Brot genug sein lässt, bei unbegrenzter kultureller Phantasie und ebenso unbegrenztem Reichtum kulturellen Gestaltens;
– Bildung und Teilnahme an lokalen/regionalen Assoziationen als Teil jedes eigenen Berufes.

Indem wir solche regulativen Prinzipien unser aller personalen Verhaltens formulieren, vom Geist Franz' von Assisis wenigstens berührt, sind wir uns bewusst, dass alles moralisch allgemeine Räsonnement in Gefahr ist, zur betulichen Platitude zu werden. Erst Praxis zeigt, was leere Prätention, was widerständiges Verhalten ist. Erst mitten im bestehenden Interessengetümmel, mitten im sozialen Ort, in dem wir leben, gilt die klassische griechische Rhodosforderung. Hier haben wir zu belegen, ob und wie wir »springen« können.

Diese und andere Verhaltenserfordernisse bilden das Bleigewicht dort, von Franz von Assisi geborgt, wo über ihn hinaus notwendige Kritik geübt und konkret-utopisch andere Formen der Gesellung entworfen werden. Auch aller Kritik, so scharf sie ausfallen mag und muss, ist jedoch eine Franz von Assisi geschuldete Grenze gegeben. Die anderen, und kritisiere man deren Tun und Lassen geradezu fundamental, die anderen, sagen wir, sind nie und nimmer als Feinde abzustempeln, auszugrenzen, zu verfolgen. Gewaltfreiheit schon im Gedanken und seinem Ausdruck gilt durchgehend. Der Lohn solchen Verhaltens, solchen Eingedenkens und Vordenkens ist beträchtlich: die wachsende eigene Freiheit, nicht nur, aber auch im Sinne einer aufklärerisch-franziskischen Selbstbefreiung.

Demut aber ist dort und insoweit erforderlich, als man sich nicht hybris-
gleich übernimmt und vermeint, voluntaristisch und mit revolutionärem
Gestus »die Welt« ändern zu können, wenn sich aber zeigt, dass dies nicht
so geht wie gedacht, das Liegebett der Resignation zu beehren. Hölderlins Wort aus dem Hyperion könnte im Sinne von Franz von Assisi, frei
übersetzt, ausgelegt werden: nicht das Größte zu zwingen, das Kleinste zu
halten, ist göttlich *(Non coerceri maximo, sed contineri minimo divinum
est)*.

PS.: Eine letzter, wahrscheinlich fremd und seltsam klingender Gedanke
mag geäußert werden. Noch einmal gehen wir auf Franz zurück, indem
wir mitten in unserer Zeit wandern. Je mehr die kapitalistische Globalisierung alle gesellschaftlichen Fugen und die individuellen Verhaltens
durchdringt, täglich perfekter und sublimer möglich gemacht durch technologische Gleichzeitigkeiten, Beschleunigungen, Konstruktionen und
Feingriffe in unsere dagegen kaum noch empfindsame Unversehrtheit von
Körper, Geist und Seele, desto mehr drohen wir humane Zeit zu verlieren.
Antigone repräsentiert eine kaum noch verständliche Gestalt. Sie befolgt
»ungeschriebene Gesetze«, indem sie darauf ausgeht, ihren im Kampf
gegen die eigene Stadt gefallenen Bruder gegen die Herrschaftsabsichten
ihres regierenden Onkels zu beerdigen. So wie uns diese Orientierung an
den »Sitten der Alten«, dem Herkommen abhanden gekommen ist, so
droht es uns in Sachen zukünftiger Orientierung zu ergehen. Angesichts
der fürsorglichen Belagerung abstrakt produzierter innovatorischer Angebote, Begierden und Bedürfnisse, bleiben wir mobil und flexibel immer
schon entfremdet stehen. »The Power of Now!« David Riesman hat solcherlei Beobachtungen schon vor 50 Jahren angestellt (»Die einsame
Masse«). Sie stecken in den geschichtsphilosophischen Thesen Walter
Benjamins. Wir können schon darum Franz von Assisi nicht nachfolgen,
dieser religiös aufgehobenen, vernichteten und bewahrten Person in
einem. Erneut könnten und müssten wir aber bitterernst und zugleich als
Narren von ihm lernen, dass selbst die Minima Moralia menschlichen
Zusammenlebens und seine Bezugswerte nicht erinnert, nicht gelernt und
nicht praktiziert werden können, wenn wir nicht um die Meta-Physik
ahnend wüssten, um den riesigen, unauskündbaren (Schiller) und doch
entscheidenden Raum dessen, was wir nicht zuletzt von großen Menschen
als menschlich übermenschliche Bezugsgrößen erfahren haben. Vernunft

wird nur dann im Albtraum nicht weggeängstigt, wenn sie in ihren Grenzen ihre eigene Transzendenz erfährt. Dann geben sich Franz von Assisi, der sich rundum nackt dem anderen, Christus, Gott öffnete und Sokrates die Hand. Der wusste – nicht im banal schülerhaften Sinne –, dass er nichts wusste.

Literaturverzeichnis

1. Dokumente und Quellen

Bonaventura di Bagnoregio: Franziskus, der Engel des sechsten Siegels. Sein Leben nach den Schriften des heiligen Bonaventura. Einführung, Übersetzung, Anmerkungen von P. Dr. Sophronius Clasen OFM, Franziskanische Quellenschriften, Band 7, Dietrich Coelde Verlag, Werl 1962

Celano, Thomas von: Leben und Wunder des heiligen Franziskus von Assisi (P. Engelbert Grau OFM); Franziskanische Quellenschriften, Band 5, Werl/Westf. 1955

Die Dreigefährtenlegende des heiligen Franziskus von Assisi von Bruder Leo, Rufin und Angelus; Anonymus Perusinus. Einf., Übers. u. Anm. v. Engelbert Grau u. a., Franziskanische Quellenschriften Bd. 8, Butzon & Bercker; Dietrich-Coelde-Verlag, Werl 1993

Esser, Kajetan, OFM und *Lothar Hardick* OFM, Die Schriften des Hl. Franziskus von Assisi, Einführung, Übersetzung, Auswertung. Franziskanische Quellenschriften, Band I., Dietrich Coelde Verlag, Werl 1951

Esser, Kajetan OFM: Die Opuscula des hl. Franziskus von Assisi. Neue textkritische Edition, Grottaferrata 1976

Fonti francescane, Editio minor, Ernesto Caroli (coordinatore generale), Editrici francescane, Assisi 1986

Franz von Assisi: Legenden und Laude. Otto Karrer (Hg.). Zürich, 1945 (Neuauflage Manesse 1977)

Franz von Assisi: Die Werke. Übersetzt von Wolfram von den Steinen und Max Kirschstein. Mit einem Essay zum Verständnis der Werke und einer Bibliographie von Wolfram von den Steinen, Rowohlts Klassiker der Literatur und der Wissenschaft, Hamburg 1958 (Neuauflage Diogenes 2004)

Hardick, Lothar OFM (Hg.): Nach Deutschland und England. Die Chroniken der Minderbrüder Jordan von Giano und Thomas von Eccleston. Franziskanische Quellenschriften, Band 6, Dietrich Coelde, Werl 1976

Leben und Schriften der Heiligen Klara von Assisi, Einf., Übers. u. Anm. v. P. Engelbert Grau OFM; Franziskanische Quellenschriften, Band.2, Werl/Westf. 1952

2. Zitierte Sekundärliteratur

Auerbach, Erich: Mimesis. Dargestellte Wirklichkeit in der abendländischen Literatur, Bern 1946

Ders.: Über das Persönliche in der Wirkung des Hl. Franz von Assisi, in: Gesammelte Aufsätze zur romanischen Philologie, Bern/München 1967

Bachtin, Michail: Rabelais und seine Welt: Volkskultur als Gegenkultur, Frankfurt 1987 (1965)

Bartoli Langeli, Attilio: Le radici culturali della »popolarità« francescana, in: Il francescanesimo e il teatro medioevale. Atti del convegno tenutosi a San Miniato ottobre 1982, Castelfiorentino 1984

Ders.: Gli scritti da Francesco. L'autografia di un »illitteratus«, in: Frate Francesco d'Assisi, XXI Convegno internazionale di studi francescani, Spoleto (CISAM) 1994

Bauer, Dieter R., Helmut Feld, Ulrich Köpf (Hg.): Fanziskus von Assisi. Das Bild des Heiligen aus neuer Sicht; Köln/Weimar/Wien 2005

Bauer, Hermann: St. Elisabeth und die Elisabethkirche zu Marburg. Marburg 1990

Belting, Hans: Die Oberkirche von San Francesco in Assisi. Ihre Dekoration als Aufgabe und die Genese einer neuen Wandmalerei, Gebr. Mann Verlag, Berlin 1977

Benjamin, Walter: Über Sprache überhaupt und über die Sprache des Menschen, in: Gesammelte Schriften, Band II-1, Frankfurt/M. 1991

Ders.: Denkbilder, in Gesammelte Schriften, IV, 1, Frankfurt/M. 1991

Bösch, Paul: Franz von Assisi – neuer Christus. Die Geschichte einer Verklärung, Düsseldorf 2005

Boff, Leonardo: Daß ich liebe, wo man haßt. Das Friedensgebet des Franz von Assisi, Düsseldorf 2000

Bourdieu, Pierre und andere: Das Elend der Welt. Zeugnisse und Diagnosen alltäglichen Leidens an der Gesellschaft, Konstanz 1987

Brandt, Reinhard, »Können Tiere denken?« Frankfurt/M. 2008

Budde, Elmar: »Vom Zauber des Unmöglichen.« In: Daniel Schlee und Dietrich Kämper (Hg.), Olivier Messiaen, Köln 1998

Cardini, Francesco: L'avventura di un cavaliere di Cristo. Appunti per uno studio sulla cavalleria nella spiritualità di San Francesco, in: Studi francescani, LXXIII, 1976

Ders.: Francesco d'Assisi, Mondadori, Mailand 1989

Cézanne, Paul: Bilder eines Berges. Hg. von Hajo Düchting, München 1990

Chesterton, Gilbert Keith: Franziskus. Der Heilige von Assisi. Frankfurt/M. 1986

Cunningham, Andrew: Science and Religion in the Thirteenth Century Revisited: The Making of St. Francis the Proto-Ecologist, The Pergamon Press, Cambridge 2001

Davis, Mike: Die Geburt der Dritten Welt. Hungerkatastrophen und Massenvernichtung im imperialistischen Zeitalter, Berlin/Hamburg/Göttingen 2004

Ders.: A Planet of Slums, London 2006

Delcorno, Carlo: Origini della predicazione francescana, in: Atti del convegno della Società Internazionale di Studi Francescani, Francesco d'Assisi e Francescanesimo dal 1216 al 1226, Assisi 1977

Dempf, Alois: Sacrum Imperium. Geschichte und Staatsphilosophie des Mittelalters und der politischen Reaissance, 2. Aufl., Darmstadt 1954

Dieterich, Veit-Jakobus: Franz von Assisi, Reinbek 1995

Doglio, Federico: Il francescanesimo e il teatro medievale, in: Il francescanesimo e il teatro medioevale. Atti del convegno tenutosi a San Miniato ottobre 1982, Castelfiorentino 1984

Doyle, Eric: Von der Brüderlichkeit der Schöpfung. Der Sonnengesang des Franziskus. Zürich 1987

Duby, Georges: Die Zeit der Kathedralen. Kunst und Gesellschaft 980–1420, Frankfurt/M. 1992

Ders.: Krieger und Bauern. Die Entwicklung der mittelalterlichen Wirtschaft und Gesellschaft bis um 1200, Frankfurt/M. 1984

Elisabeth – Leben und Legende der Heiligen (nach Dietrich von Apolda), Frankfurt/M. 1997

Elm, Kaspar: Franz von Assisi. Bußpredigt oder Heidenmission, in: Società internaz. di studi francescani, Espansione del francescanesimo tra occidente e oriente nel secolo XIII, Atti del convegno internazionale (1978), Assisi 1979

Emoto, Masuru: »Das Gesicht des Wassers«; in: Körper und Seele 6/2002, Berlin

Feld, Helmut: Franziskus von Assisi und seine Bewegung, Darmstadt 1994

Ders.: Die Zeichenhandlungen des Franziskus von Assisi, in: Institutionalität und Symbolisierung. Verstetigung kultureller Ordnungsmuster in

Vergangenheit und Gegenwart. Hg. von Gert Melville, Köln 2000, S. 393–408

Fink, Humbert: Franz von Assisi: Der Mann. Das Werk. Die Zeit, München 1981

Frugoni, Chiara: San Francesco e l'invenzione delle stimmate, Einaudi, Turin 1993

Dies.: Vita di un uomo: Francesco d'Assisi, Einaudi, Turin 2001 (1995); deutsch: Franz von Assisi. Die Lebensgeschichte eines Menschen, Zürich/Düsseldorf 1997

Gaita, Raimond: Der Hund des Philosophen, Hamburg 2003

Ginzburg, Carlo: Volksbrauch, Magie und Religion, in: Ruggiero Romano u. a. (Hrsg.): Die Gleichzeitigkeit des Ungleichzeitigen. Fünf Studien zur Geschichte Italiens, Frankfurt/M. 1980

Gobry, Ivan: Franz von Assisi, Reinbek bei Hamburg 1958

Goethe, Johann Wolfgang: Naturwissenschaftliche Schriften II (HA, Bd. 14). München 1976. – Gedichte und Epen II (HA, Bd. 2). München 1978

Gollwitzer, Helmut: Die kapitalistische Revolution, München 1974

Gronemeyer, Marianne: Die Macht der Bedürfnisse, Reinbek bei Hamburg 1988

Grundmann, Herbert: Religiöse Bewegungen im Mittelalter, Hildesheim 1961

Ders.: Litteratus Illitteratus. Der Wandel einer Bildungsnorm vom Altertum zum Mittelalter, in: Ausgewählte Aufsätze, Teil 3, Bildung und Sprache, Stuttgart 1978

Handwörterbuch des deutschen Aberglaubens, Berlin 1927

Hartung, Wolfgang: Die Spielleute. Eine Randgruppe in der Geschichte des Mittelalters, Wiesbaden 1982

Havel, Václav: Moral in Zeiten der Globalisierung, Reinbek bei Hamburg 1998

Hill, Christopher: The World Turned Upside Down. Radical Ideas During The English Revolution, Penguin Books 1972

Hoeberichts, Jan: Feuerwandler. Franziskus und der Islam. Edition Coelde, Verlag Butzon & Bercker, Kevelaer 2001

Holl, Adolf: Der letzte Christ. Franz von Assisi, Frankfurt/M./Berlin/Wien 1982

Huizinga, Johan: Homo ludens. Vom Ursprung der Kultur im Spiel, Hamburg 1987

Illich, Ivan: Im Weinberg des Textes. Als das Schriftbild der Moderne entstand, Frankfurt/M. 1991

Illich, a cura di Cayley, David: Conversazioni con Ivan Illich. Un profeta contro la modernità, Elèuthera, Mailand 1994

Jaspers, Karl: Die maßgebenden Menschen. Sokrates, Buddha, Konfuzius, Jesus, München 1964

Kantorowicz, Ernst H.: Die zwei Körper des Königs. Eine Studie zur politischen Theologie des Mittelalters, München 1990

Kelletat, Alfred: Celans »Assisi«, in: Studi Urbinati, Urbino, 1971

Kirchhoff, Hermann: Sympathie für die Kreatur. Mensch und Tier in biblischer Sicht, München 1987

Krauß, Jutta: Die heilige Elisabeth von Thüringen, Regensburg 2007

Krippendorff, Ekkehart (Hg.): Goethes Anschauen der Welt. Schriften zur wissenschaftlichen Methode, Frankfurt/M. 1994

Krüger, Klaus: Der frühe Bildkult des Franziskus in Italien, Berlin 1992

Lanczkowski, Johanna: Lexikon des Mönchtums und der Orden, Wiesbaden 1997

Le Goff, Jacques: Francesco d'Assisi. Edizioni Biblioteca Francescana, Mailand 1998

Ders.: Franz von Assisi, Stuttgart 2006

Ders.: Tempo della chiesa e tempo del mercante, Turin 1977

Lessing, Gotthold Ephraim: »Dass mehr als fünf Sinne für den Menschen sein können«. Werke 1778–1781, Frankfurt/M. 2001, S. 229–232

Löwith, Karl: Der christliche Gentleman. Über die Schizophrenie eines gesellschaftlichen Ideals, in: Sämtliche Schriften, Band III, Stuttgart 1985

Lunghi, Elvio: La Basilica di San Francesco di Assisi, Scala, Florenz 2006

Luxemburg, Rosa: Herzlichst Ihre Rosa. Ausgewählte Briefe, Berlin 1989

Manselli, Raul: San Francesco d'Assisi, Editio maior, Edizioni San Paolo, Mailand 2002

Ders.: »Nos qui cum eo fuimus«. Contributo alla questione francescana, Rom 1980

Ders.: Franziskus. Der solidarische Bruder, Zürich/Einsiedeln/Köln 1984

Ders.: La povertà nella vita di Francesco d'Assisi, in: Società internazionale di studi francescani: La povertà del secolo XII e Francesco d'Assisi, Assisi 1975

Marx, Karl: Ökonomisch-philosophische Manuskripte vom Jahre 1844, Leipzig 1988

Merleau-Ponty, Claude: Humanismus und Terror, Frankfurt/M. 1966

Messiaen, Olivier: Turangalila-Symphonie. Programmheft 18 (Saison 1999/ 2000), Berliner Philharmonisches Orchester

Miccoli, Giovanni: La storia religiosa, in: Storia d'Italia, vol.II, Tomo I, Dalla caduta dell' Impero romano al secolo XVIII, Einaudi, Turin 1974

Ders.: Francesco d'Assisi. Realtà e memoria di un‹ esperienza cristiana, Turin 1991

Narr, Dieter: Studien zur Spätaufklärung im deutschen Südwesten. Stuttgart 1979

Nietzsche, Friedrich: Kritische Studienausgabe in 15 Bänden, Berlin 1988

Nigg, Walter: Franz von Assisi, Zürich 1997

Otto, Rudolf: Reich Gottes und Menschensohn, München 1954

Pagels, Elaine: Beyond Belief. The Secret Gospel of Thomas, MacMillan, New York 2003

Patterson, Charles: Eternal Treblinka. Our Treatment of Animals and the Holocaust, Lantern Books, New York 2002

Perler, Dominik und Markus Wild (Hg.), Der Geist der Tiere, Frankfurt/M. 2005

Ritvo, Harriet: The Animal Estate: The English and Other Creatures in the Victorian Age, Harvard U. Press, Cambridge/Mass. 1987

Ruf, Gerhard: Franziskus und Bonaventura. Die heilsgeschichtliche Deutung der Fresken im Langhaus der Oberkirche von San Francesco in Assisi aus der Theologie des Heiligen Bonaventura, Assisi 1974 (Neuauflage 2004)

Ruh, Kurt: Geschichte der abendländischen Mystik, Band II (Frauenmystik und Franziskanische Mystik der Frühzeit), München 1993

Sabatier, Paul: Leben des Heiligen Franz von Assisi, Zürich 1919

Scheer, Hermann: Solare Weltwirtschaft, München 1999

Schmalenbach, Werner: Über die Liebe zur Kunst und die Wahrheit der Bilder. Gespräche mit Susanne Henle, Ostfildern-Ruit 2004

Schmucki, Oktavian: Schrittweise Entdeckung der evangeliumsgemäßen Lebensform, in: Franziskanische Studien, 66, 1984

Schneider, Reinhold: Die Stunde des Heiligen Franz von Assisi. Kolmar im Elsaß o. J.

Ders.: Elisabeth von Thüringen, Frankfurt/M. 1997

Schreier, Helmut: Bäume – Streifzüge durch eine unbekannte Welt, Hamburg 2004

Sölle, Dorothee: Mystik und Widerstand. »Du stilles Geschrei«, Hamburg 1997

Thode, Henry: »Franz von Assisi und die Anfänge der Kunst der Renaissance in Italien«, Berlin 1904 (2. Aufl.), Essen o. J.

Tilemann, H., Studien zur Individualität des Franziskus von Assisi, Leipzig/Berlin, 1914

Treu, Martin (Hg.): Martin Luther und die Tiere. Eine Textsammlung aus Luthers Tischreden, Briefen und Schriften von Martin Treu; Stiftung Luthergedenkstätten in Sachsen-Anhalt, Heft 14, 2004

Türcke, Christoph: Askese und Performance. Franziskus als Regisseur und Hauptdarsteller seiner selbst, in: Neue Rundschau, 111/4, 2000

Volponi, Paolo – Leonetti, Francesco: Il leone e la volpe. Dialogo nell' inverno 1994, Einaudi, Turin 1995

Weber, Max: Wirtschaft und Gesellschaft. Die Herrschaft und die gesellschaftlichen Ordnungen. Nachlaß. Max Weber Gesamtausgabe I 22–4, Tübingen 2005

Ders.: Wissenschaft als Beruf 1917/19. Politik als Beruf 1919. Max Weber Gesamtausgabe I, 17, Tübingen 1992

Ders.: Wirtschaft und Gesellschaft. Religionssoziologische Schriften I, 22–2, Tübingen 2001

Weil, Simone: Cahiers. Aufzeichnungen 1–4, München/Wien 1993–1998

Weiss, Peter: Vorübung zum dreiteiligen Drama divina commedia (1965), in: Rapporte, Frankfurt/M. 1968

Wendelborn, Gert: Franziskus von Assisi, Leipzig 1977

Wies, Ernst W.: Elisabeth von Thüringen, Esslingen/München 1993

Wildt, Michael: Generation des Unbedingten. Das Führungskorps des Reichssicherheitshauptamtes, Hamburg 2002

Zanardi, Bruno: Il cantiere di Giotto. Le storie di San Francesco ad Assisi. Con note storico-iconografiche di C. Frugoni, Skira, Mailand 1996

Zanardi, Bruno: Giotto e Pietro Cavallini. La questione di Assisi e il cantiere medievale della pittura a fresco, Mailand 2002

Zerfaß, Rolf: Der Streit um die Laienpredigt. Eine pastoralgeschichtliche Untersuchung zum Verständnis des Predigtamtes und zu seiner Entwicklung im 12. und 13. Jahrhundert, Freiburg/Basel/Wien 1974